人民日报记者说

# 好稿怎样
# 讲故事

费伟伟 著

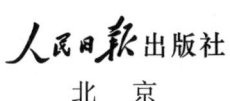人民日报出版社
北京

## 图书在版编目（CIP）数据

人民日报记者说：好稿怎样讲故事 / 费伟伟著. — 北京：人民日报出版社，2021.6

ISBN 978-7-5115-5504-5

Ⅰ.①人… Ⅱ.①费… Ⅲ.①新闻写作 Ⅳ.① G212.2

中国版本图书馆 CIP 数据核字（2021）第 089957 号

| | |
|---|---|
| 书　　　名： | 人民日报记者说：好稿怎样讲故事 |
| | RENMIN RIBAO JIZHE SHUO：HAOGAO ZENYANG JIANGGUSHI |
| 著　　　者： | 费伟伟 |
| 出 版 人： | 刘华新 |
| 责任编辑： | 林　薇 |
| 封面设计： | 费晨仪　观止堂_未氓 |
| 出版发行： | 人民日报出版社 |
| 社　　　址： | 北京金台西路 2 号 |
| 邮政编码： | 100733 |
| 发行热线： | （010）65369509　65369527　65369846　65363528 |
| 邮购热线： | （010）65369530　65363527 |
| 编辑热线： | （010）65369526 |
| 网　　　址： | www.peopledailypress.com |
| 经　　　销： | 新华书店 |
| 印　　　刷： | 大厂回族自治县彩虹印刷有限公司 |
| 法律顾问： | 北京科宇律师事务所　010-83622312 |
| 开　　　本： | 710mm×1000mm　1/16 |
| 字　　　数： | 315 千字 |
| 印　　　张： | 21.5 |
| 版次印次： | 2021 年 7 月第 1 版　2025 年 11 月第 6 次印刷 |
| 书　　　号： | ISBN 978-7-5115-5504-5 |
| 定　　　价： | 49.00 元 |

# 代序

## 回望与感悟

米博华

费伟伟同志嘱我为本书写点导读性文字，我犹豫再三。

本已退出工作岗位，久不涉编务，业务早已荒疏；但打开文件夹，翻看一篇篇文章，心里却涌动着一种难以言诠的复杂感情。书中所选案例的作者，多是朝夕相处的同事。有些稿子可能是自己上夜班时处理过的，仍有印象；有些则是经伟伟同志点评，又有了新的感悟——如见其面，如数家珍。

对我来说，专业是写评论；新闻采写实践极少，几乎就没有写过像样的消息和通讯，实在说不出什么门道。我认真通读书稿，掩卷沉思，感到让我真正兴味盎然的恰是珍藏在心底的、与同事们一起走过的难忘岁月。

"苍山如海，残阳如血"——许多往事涌上心头：

记得，范敬宜同志曾经邀我给清华新闻学院讲评论课。每次他都和学生们一起在那里静静地听课，神情文雅而高简。我说："范总，您不用陪了，您坐在那里，我紧张。"他说："我得听，我愿听。"谦谦君子，磊落胸襟，望之若大儒！记得，前几年还与艾丰同志一起在泳池戏水。他谈吐依旧不凡，仿佛是一个永不枯竭的思想库，完全不睬"老之将至"。还记得，年轻时与吴元富同志（吴昊）切磋杂文。他见事之透彻、文思之敏锐，确有"倚马可待"的天赋异禀。或许是人民日报这个舞台实在难得，但同样重要的是，也恰是他们使人民日报这个舞台更加闪亮。我与伟伟同志或有共同感受,就是我们的职业生涯能够遇到这样一些德艺双馨的人中之杰,乃是一大幸运。他们是可亲可敬的领导,更是优秀的新闻记者。

6年前,我离开工作岗位时,感到无限惆怅。我们无法留住青春年少,非常留恋为国家服务的机会,更希望与大家一起继续工作。但,日月星辰,昼夜交替,春去秋来,唰唰脚步谁也挡不住。

人虽走,心还在。我远远地眺望着同事们的进步和成长,也不禁回想和大家一起相处时的点点滴滴。

——与一兵从天津来到总社时的促膝长谈,与慧敏在宁波采访时的坦诚交流,与张忠在成都小巷游走时的认真探讨,与士安、泓冰在上海从未间断的联系合作,与富荣在蒙古包彻夜畅叙,与金星在郑州促发行的星夜奔走,与锦庚在齐鲁大地的奔波劳顿,与赵鹏在福州住所的促膝神侃,与斌来走了一省又一省迎来送往,与裕国在莫斯科红场向列宁墓鞠躬致敬,与金海从评论部到地方部的一路切磋,与伟良在日本访问的观察与思考,与齐强多年以来经常的问候与祝福。还有,增辉的成熟,何聪的善良,申琳的厚道,崔佳的踏实,跃峰的进取,祥武的刻苦,郝洪的聪慧,海鹰的朴实,鑫焱的机智……都深深地印在我的脑海里。

我想说,当我们起早贪黑为国家奉献心力的时候,有时恰很难体会其中的价值和意义;而一旦离开了岗位,才痛感一个人能够工作的时间并不多,机会也有限,失去了就不会再来。劳动才能使人充实与快乐——亲爱的同事们,好好珍惜为社会工作的每一天吧。

伟伟在地方部有"费扒皮"之称,意谓审稿、编稿极为严苛。凡是他经手的稿子,一定会一个字一个字看完,每个标点都毫不含糊。同时,看到同事写的好稿,他也会兴奋不已,鼎力推荐。伟伟同志是我所知的、极为少见的如此热爱新闻工作的同事。他在经济部办专版,雅致而有创意;到地方部负责业务工作,投入而又专精。他多次和我说:"我就是喜欢写稿编稿,不觉其累,乐在其中。"所以,短短几年,他连续出版四本关于新闻采编方面的业务专著,我丝毫也不觉得意外。

关于编采评，伟伟已经说了很多，很专业，很精到。如果狗尾续貂，我再说几句，那就是要学会学习。一个人做到刻苦已属不易，而要做到"会学"更为可贵。我在学校教书，发现大部分学生都可以做到认真、刻苦，但最优秀的学生还得加一条，就是不停地学习"如何学习"。

读这本专著，颇涉联想。结合新闻工作实践，或可概括为三点：一、全程学习。把每天的工作（尤其是新闻采访）都看作是汲取知识的功课，整理记录后记着存盘，以后一定有用。二、全域学习。把生活中的点滴都看作是学习机会，包括养花种菜、烙饼炖肉、房屋维修、写字画画……只要用心，处处都是学问。那种不屑于从生活中特别是从劳动中汲取知识养分的人，往往比较单薄。三、全效学习。善于把零碎的知识联系起来，形成新的知识网络，升级为新的知识系统；而不是"单打一""一根筋"。想象力是"会学习"的"化境"。

我身边有不少"会学习"的同事。通读这部书稿后，我确信，伟伟同志对新闻工作不仅痴迷与热爱，而且是善学习、会学习的优秀报人。他"痴"得可敬，"迷"得可爱。我们有理由期待伟伟写出更精彩的新著。

2021 年 1 月 20 日

（作者系复旦大学新闻学院院长、人民日报社原副总编辑）

## 目录 Contents

001　导言　好故事首先要有意义

### 第一辑　文以载道

013　见识独到才会视角独特
021　附：油气开发给南疆少数民族送来"福气"/ 王慧敏
023　附：新疆生产建设兵团实现历史性跨越 / 王慧敏
025　附：玉环再改图 / 王慧敏

027　回答当下社会的追问
032　附：担当，是改革者必须的修行 / 郝　洪
036　附：勇于担当的"邹碧华精神" / 李泓冰
037　附："陆良八老"种树记 / 胡洪江

042　咫尺应须论万里
048　附：医治建筑业浪费顽症　包工包料是一剂良药 / 费伟伟　初孔刚
050　附：中国的海外油田 / 费伟伟

054　抓住内核，才能凸显新闻的思想与价值
063　附（原稿）：西海固吃上了"智慧水"
066　附（见报稿）："云"解塬上渴 / 李增辉　朱　磊　王汉超
068　附：江苏以综合考核引领高质量发展 / 何　聪　申　琳

070 背景，给报道插上腾飞之翅
078 附：山西遭遇近年来最严重"电荒" / 刘鑫焱　冀　业
082 附：再生铝要快快热起来 / 费伟伟

085 报道先进人物不要拔高
094 附：他有一股无畏无惧的"犟"劲 / 禹伟良　范昊天

## 第二辑　文贵有物

101 问题是报道的灵魂
105 附：吉林白山　努力填补爱的空白 / 孟海鹰
107 附：二十五项重大决策缘何被否决 / 刘裕国　孔祥武

114 "把整个人物的弧光放大"
118 附：一个被互联网改变的村庄 / 孔祥武　王伟健
126 附：护佑童年 / 卞民德　郝　洪　禹伟良　申　琳

136 没有冲突就没有故事
147 附：高新贷　为科创企业救急 / 申　琳
152 附：老杨种菜记 / 程　焕

156 写出那个脸庞自己的故事
163 附：乡医　乡恋　乡愁 / 王乐文　姜　峰
167 附：弦动人落泪　夜雨谁操琴 / 王汉超

172 少点工作味　多点人情味
178 附：老城公厕变形记 / 高　炳
183 附（原稿）：吉林："河湖连通"修复西部生态

186 附（见报稿）：河湖连通，这里四季能赏景 / 岳富荣　祝大伟

188 抓"明确、具体、特定的细节"
197 附：新时代大庆这样回答"铁人三问" / 王一彪　费伟伟　吴齐强　孙　振
200 附："她用生命完成了最后一堂课" / 王汉超　吴炳辉
203 附：信仰之花永不凋零 / 颜　珂

## 第三辑　文须有序

207 **结构当服从主题**
215 附：十年治荒　山河披绿 / 赵　鹏
219 附："妈妈教我放鸭子" / 刘　衡
222 附：月光如水照新村 / 范敬宜

223 **以命运为主线来写**
231 附："816"，一个无法抹去的生命代号 / 阎晓明　牛一兵　王斌来
　　　　　　　　　　　　　　　　　　　　禹伟良　崔　佳
242 附（原稿）：辽宁营商环境建设监督局打出组合拳
244 附（见报稿）：辽宁出实招优化营商环境 / 王金海　刘洪超

246 **把故事点当作一条线**
252 附：河南扛稳粮食安全重任 / 龚金星　马跃峰
254 附：贸易战接下来可能造成多大破坏 / 戴维·林奇

256 **双线叙事　交织并进**
262 附："第一书记"收牛记 / 姜　峰
267 附：因为爱　所以爱 / 徐锦庚
281 附：别了，不列颠尼亚 / 周树春　胥晓婷　杨国强　徐兴堂

**283** 讲故事不能只会"分段式"
  **289** 附：红色资源，引入民间守护人 / 戴林峰
  **292** 附：村里来了 100 万，怎么花 / 程　焕

**296** 好结尾令结构更完美
  **301** 例：永远做草原上的"红色文艺轻骑兵" / 费伟伟　吴　勇
  **305** 附：守水记 / 陈　华

**307** 附录一　上海长江医院的行骗黑幕是这样被撕开的
**316** 附录二　抓什么　怎么抓　怎么写

**328** 后记　最好的感恩

# 导言

## 好故事首先要有意义

成功的欣喜常常只是昙花一现，而受挫的刺痛往往让人铭记终生。

对我来说，1985年春的那次毙稿就是如此。

那年春天，我到山东采访。其时，我从大学毕业参加工作才一年多，又是在人民日报总编室上夜班，采访机会极少。而一到山东，正好赶上一桩轰动齐鲁的大事——济南军区抽调部队赴中越前线参加战备值班。谁会想到呢，从事新闻工作之初居然就撞上这样的大新闻！我倍感欣喜，顿时激情燃烧。

"最后一口口粮，做了军粮；最后一件老棉袄，披到了担架上……"山东是老解放区，素有拥军爱兵的光荣传统。陈毅元帅曾经深情地说过这样一句话："淮海战役的胜利，是山东人民群众用小车推出来的！"

30多年过去了，这动人的情景仿佛又在齐鲁大地重现。缝鞋垫、织锦袋、绣手巾、煮鸡蛋……时代变了，拥军的方式变了，但那一颗颗心滚烫依旧。

"军号已吹响，钢枪已擦亮，行装已背好，部队要出发。"锣鼓喧天，祝愿凯旋的鼓乐回响大地；扶老携幼，亲人们热泪滚滚地送出一程又一程……

采访中，常常泪水就噙满了眼眶；写稿时，常常泪水就洇湿了稿纸。

这次到山东采访，总编室领导在行前也是布置了选题的，但我想，还有什么比这样的选题更好呢？就在到山东采访之前，领导通知，由我编辑、刊发在《人民日报》一版《凡人新事》专栏的《"才迷"张襄祺》（1984年12

月22日）一稿，作者所在单位河北日报决定推荐参评1984年全国好新闻奖（后来获二等奖），带着这份欣喜，我相信这一次自己一定能写出一篇出色的报道。

可以说，我是带着几分自负交出那篇倾情采写、长达五六千字的通讯的。

然而，时任总编室副主任吴元富——之前微笑地告诉我编的稿将参评全国好新闻奖——看完稿子，严肃地对我说：这篇稿不能用，并且，也不准你以人民日报记者的名义往外投。

那时我采访回来，常喜欢写点游记、小通讯啥的投给相关报纸杂志。

"为什么？"主任严肃的告诫与我的心理预期落差太大，我不禁反问。

"不真实！"回答斩钉截铁。

我当时的第一反应是：自己怕是听错了。

怎么可能不真实呢？稿件里大量场景、细节，不少都是我亲身经历的。还有的，也是来自山东省委机关报《大众日报》。那几天，《大众日报》用很多版面、很大篇幅连续报道这股席卷齐鲁大地的拥军热潮，甚至上了头版头条。和主任谈话前我有准备，这些报纸也都带着，于是拿给主任看。

吴主任接过报纸放一边，说："你上夜班也有一年多了，问你个问题，我们国家现在的大政方针是什么？"

坦率地说，那时我不是很关心时政，但毕竟每天和人民日报一版打交道，脑袋里大概念还是有的，脱口而出："改革开放！"

"对呀。"吴主任的口气略有和缓。

1984年，是改革开放最关键的一年，也是最具标志性的年份。

这年10月，党的十二届三中全会通过《关于经济体制改革的决定》，突破了把计划经济同商品经济对立的观念，确认我国社会主义经济是"公有制基础上的有计划的商品经济"。《决定》中还第一次出现了"市场"二字，市场经济的大潮由此在神州大地汹涌而起，研究者后来将这一年定义为"中国企业元年"。比如：33岁的王石办了"深圳现代科教仪器展销中心"，4年后改名"万科"；35岁的张瑞敏，出任青岛电冰箱总厂厂长；40岁的任正非，用2.1万元转业费创办了一家小公司，即华为的前身；27岁的李东生，在广东惠州租了一个农机仓库录磁带，TCL由此起步；40岁的柳传志，用中科院的20万元投资办了中科院计算所公司,后来发展为联想集团(这一年,北京中关村除柳传志的公司外,还有"两通两海"——四通、信通、京海、科海,便是"中关村电子一条街"的前身);这年11月,武汉市还聘请联邦德国专家、65岁的格里希任武汉柴油机厂厂长,顿时轰动中外⋯⋯

1984年开放方面也是频见鸿篇华章。1月22日至2月17日,邓小平同志视察了深圳、珠海、厦门特区,说:"特区是个窗口,是技术的窗口,管理的窗口,知识的窗口,也是对外政策的窗口。"后来,全国很多城市的干部分批到深圳这个"窗口"学习,驻华的外国使节也受邀分批到深圳考察。这年5月,中央决定,开放14个沿海港口城市:大连、秦皇岛、天津、烟台、青岛、连云港、南通、上海、宁波、温州、福州、广州、湛江、北海。

对外开放步入一个新阶段。并且,进入1985年,形势越来越喜人。1985年2月,中央批准将长江三角洲、珠江三角洲和闽南厦门、漳州、泉州三角地区划为沿海经济开放区。1985年3月,中共中央又做出《关于科学技术体制改革的决定》。

吴元富副主任和颜悦色地说:"中央提出改革开放,一再申明我国和平发展的决心,目前中越边境的战争虽说还没有结束,但我们的方针不是要大打,而是保持一种高度戒备态势,所以《人民日报》上已经很少报道中越边境的战事,偶尔有,也只是一些篇幅很小的动态消息。如果这时发出这样的长篇通讯,那么外界会做什么样的解读呢?唯一一种解读,就是中国的边境战争可能又要升级。这样的话,符合当下中央的政策、符合改革开放的形势、符合我们的大局吗?因此说,这篇稿子不真实,它和中央把改革开放作为压倒一切的第一位的中心工作这个精神不一致。所以,不只是我们不能发,也不允许你以人民日报记者的名义投给其他报纸杂志去发。"

真的是醍醐灌顶!

一篇经过扎扎实实采访、认认真真写作、精心打磨的作品,就这样被毫不留情地"枪毙"了,但听完吴元富副主任那一番鞭辟入里的分析,心里顿觉透亮了很多。俗话说:"听君一席话,胜读十年书。"我当时便是这样的感觉,在自己的新闻生涯开始之初,就能及时得到前辈这样的点拨、提醒,使人倍感欣慰。

可我还有一个困惑,我指着他桌上那几份报纸问,《大众日报》也是党报,为什么它就能用整版篇幅、用头版头条来报道这件事呢?

"因为《人民日报》代表的是我们国家,《大众日报》是地方党报,国外对它的声音是很难关注到的。"吴主任回答。那时,世界还不是"平"的——那是普通人连"互联网"这个词都还没听说的年代。

我想,如果今天还需要回答这个问题,吴主任对地方党报这样的版面处理,定然也会断然否定。因为,时代变了。

那次谈话已过去30多年,而当时的场景至今历历在目,更重要的是,吴主任的那番教诲深深地烙刻在了我的心底。我由此而明白了一个十分重要的道理:做报道首先要考虑的就是选题的意义。好故事都是有意义的,而最大的意义,就在于能够反映时代精神,能够和时代主旋律同频共振。所以古人特别强调:"文章合为时而著。"

"吴楚东南坼,乾坤日夜浮",时代在前进,而前进的轨迹不会是一条直线。与时俱进,有时也意味着因时而变,或退一步,再进两步,在徘徊中探索,在探索中调整。但无论怎么变,"文章合为时而著"之道不变,及时反映时代的进步和变迁,始终是报道的灵魂。

1993年1月11日,《人民日报》二版头条刊发了一篇我写的报道:

(主题)山东集资办电结硕果

(副题)10年集资76.4亿元,新建扩建20台大中型机组,连续3年发电量居全国之首

报道里说到,山东于1981年率先打破"独家办电"投资体制,发挥中央、地方和企业几方面积极性集资办电,首创国家、地方和企业集资方式,建成了国内第一座集资电厂——龙口电厂,李鹏总理为此亲笔题词肯定:"集资办电,全国首创"。

发电机组投资巨大,所以集资办电办的往往都是小火电。小火电当然比

不上大机组经济、高效，为什么还要作为电力建设的一项基本政策给予鼓励呢？当时社会上对"集资办电"是有不同看法的，因此，在这篇报道的后面，我写了篇短评《"众人拾柴"发展快》加以阐释：

> 我国能源工业长期滞后，主要原因就是投资不足。按照中央制定的发展规划，我国要在今后二三十年里赶上中等国家的用电水平，以每人一个千瓦装机计算，全国就还要装13亿—14亿千瓦机组，而去年是装机最多的一年，大大小小火电、水电、地方办电，都加上也才1400万千瓦。照这样的速度，全国人均装机千瓦，要100年！这显然是不行的。
>
> 出路何在？山东省集资办电的成功经验给人以启示。他们首创了中央、地方多级按投资比例分电的办法，调动了大家合力办电的积极性。看来，集资办电，是解决国家财政不足困难、加快电力建设的一条重要出路，也是一个颇具战略意义的重要思路。办路，办矿，发展其他基础产业，都可以试一试。

在当时电力装机不能满足国民经济快速发展需求这一背景下，为克服国家财政不足的困难，中央及时出台了鼓励社会各方投资办电的新政策。我及时配合中央精神，报道了依靠社会办电走在全国前列的山东的做法。

但是，仅仅过了4年，1997年9月9日，我又在《人民日报》上发了一篇报道《便宜一半的电为什么发不出？》，对各地集资办电仍势头不减这一现象，旗帜鲜明地提出批评。

不是自己在评论里说，集资办电"是一个颇具战略意义的重要思路"吗？为什么才4年多就又来否定其"战略意义"呢？

1997年初，我国经济发展势头不错，人民日报策划做一组特别报道《东部的探索》，反映东部沿海省市解放思想、转变观念、解决难点、实现更高水平发展的做法。

5月，编辑部派采访组分赴天津、山东、江苏、浙江、上海、福建、广东、海南8个省市进行采访，由我执笔的《再造优势展雄姿——东部沿海调整经济结构创生机》,作为"展示新成就迎接十五大"专栏的首篇,于 8 月 14 日在头版头条刊出。

在上海采访时,我偶然听说一个情况:上海有座全国最先进的火力发电厂——石洞口二厂,新投产一台 60 万千瓦超临界机组,投产后一直开开停停,发电量竟还不足其负荷的一半。

在《便宜一半的电为什么发不出?》一文中,我对大火电为何比小火电便宜一半做了这样的分析:

> 小火电由于技术含量低,发电煤耗明显高。以江苏省的调查为例,10 万千瓦以上(不包括 10 万千瓦)机组煤耗每一个千瓦时(即一度电)为 363 克,而以小火电为主的地方电厂和自备电厂平均煤耗为每千瓦时 505 克,比大机组多耗 142 克。也就是说,拿小机组发 2 个千瓦时电耗的煤,大机组可以发 3 个千瓦时。由于小机组多,我国火电机组煤耗比工业发达国家每千瓦时要高出 90 克左右。我国年发电量 1 万多亿千瓦时,就意味着我国每年比工业发达国家多耗电煤近 1 亿吨,这相当于我国电煤年产量的近 1/4。

> 多耗煤本身就意味着多污染,又加上小机组设备水平低,除尘效率连 80% 都达不到,比大机组低 15% 以上,仅此一项,每年就多向大气排放灰尘 700 万吨以上。二氧化硫是造成酸雨的原因之一。据了解,小机组单位电能二氧化硫排放量一般比大机组高 60%,最高的超过 100%。

> 多耗煤就意味着成本高、价格高。大机组一般上网价为每千瓦时 0.3 元—0.4 元,而小火电的上网价起码在 0.6 元以上。

电价便宜一半、二氧化硫排放量也至少减一半,这样的好事为啥还办不好?当时听罢,我大吃一惊。那时我国电力工业的家底还不厚实,好不容易投产了这样一台高水平大机组,为什么竟开开停停呢?

那次采访主要是发现亮点、展示成就,这个话题不便涉及。但我后来在采访中，只要感觉采访对象身份比较合适，都会旁敲侧击地问一问这个问题。采访组最后一站是我国改革开放最前沿的广东，广东发展水平一马当先，电力装机增速也居前列，会不会也存在"新投产的大机组开开停停"这一现象呢？

我再次发问。

我也再次震惊了！

就在深圳特区——我国市场经济最发达的地方，妈湾电厂两台30万千瓦发电机组投产了几年一直停停开开，被迫"限产"，能力闲置达2/3。而且其中有一台是利用外资建的，更面临还外汇的压力。

回到北京后，我便到国家计委了解情况。得知国家计委、国家经贸委、电力部正组成联合调查组，对东南沿海地区部分新投产大机组不能满负荷发电的现象做调研。

这种与市场经济优胜劣汰原则完全相悖的奇怪现象，是怎么发生的呢？

原因就在当初国家出台鼓励社会集资办电政策后，小火电——10万千瓦及以下发电机组发展迅猛，其时已占我国火电装机容量四成多。小火电确实缓解了电力紧张局面，但本来只是急就章，却硬是做成了正规军，便挤占了大机组的发展空间。因此，从1995年开始，国家对集资办电不再鼓励，国家计委、国家经贸委等多部门联合下发了《关于严格控制小火电设备生产、建设的通知》。八届人大四次会议通过的《九五计划和2010年远景目标纲要》，也明确限制小火电发展。

但愿望很美好，现实却极严酷。在地方利益、部门利益驱动之下，小火电不仅没限住，相反，进入"九五"后还在"扩军"。

我后来在报道里揭示了这一现象背后的深刻动因：

> 小火电虽然成本高，但是，由于它的定价权在地方，它加价所得的差额，一部分用于建设小火电的还本付息，剩余的就成了地方财政收入。国家为筹措三峡水利建设资金，每度电加收几厘钱，国务院为此几次开办公会议专题讨论。而有些县市级的供电部门，利用小火电动辄每度电

加价几角。因此，有些地方把办小火电作为发展地方经济、经营获利的手段，而千方百计钻政策空子大上小火电。如利用国家鼓励热电联产的政策，江、浙两省这几年上了大批供热电厂，实际上 90% 是不供热的小火电厂。

劣者不汰，拼命多发电，优者不胜却还被限产。怎么办？

从国家计委调查的情况来看，新投产大机组趴窝现象不算严重。加上小火电也曾经是"有功之臣"，国家有过政策鼓励，维护政策的严肃性，保持政策的连续性、稳定性，也是改革开放后我们反复强调的一条重要经验。小火电该不该否定？分寸怎么拿捏？否定小火电政策会不会传导其他信号？

并没人要我写这篇稿，而如果做这个报道的话，这些风险都是我不得不仔细掂量的。

"我们不能再等待了，等待就是倒退，因为历史已经前进了。"20 世纪 70 年代末，诗人北岛在《今天》杂志的创刊词里这样写道。

不能再等待！因为历史在前进。曾经的"有功之臣"在时代前进的洪流中落伍了，不能被动等待市场力量自然成长壮大，再把它顶出局。

一切从实际情况出发，"摸着石头过河"，是我国改革开放的一个重要经验，这种渐进式改革有其稳妥、可靠的一面，但也有不彻底的一面。时代在前进，各种以市场为导向的改革，也需要随着时代的进步、市场的发育而逐步调整、不断完善。正像邓小平同志在《答美国记者迈克·华莱士问》里说的："从另一个意义上说，我们现在做的事都是一个试验。对我们来说，都是新鲜事，所以要摸索前进。"[1]

一个成熟的记者，要与时代同步，就意味着面对变化了的世情、国情，要敏锐地去发现、捕捉那些变化了的、不同的声音，并根据时代的特征和要求，利用所掌握的话语优势，站在时代的前列参与思考，"摸索前进"。

《便宜一半的电为什么发不出？》就这样见报了。

---

[1]《邓小平文选·第三卷》，人民出版社，1993 年 10 月。

在这篇报道中，我剖析了小火电火爆的原因，旗帜鲜明地用新闻事实诠释：必须给小火电"清火"，用法制手段推动国家产业政策和环保政策的落实，并辅之以必要的经济、行政性手段。总之，要各种手段一起上，不仅是"控制发展""限制发展"，更要下决心淘汰小火电，给大机组腾出发展空间，为中国经济长期发展装备更先进、更强劲的"发动机"。

报道见报当天，国务院总理李鹏对报道做出批示，要求国家计委和电力部"研究如何鼓励大机组多发电，小机组少发电。这是电力部门转变增长方式的一个重要课题，也是节约能源、降低成本、降低电价、减少污染的有效途径。请你们认真抓，作为经济和电力管理部门大事来抓"。

紧接着，国家计委和电力部门召开专门会议研究解决这一难题。

电力行业的权威人士认为，这篇报道极大地推动了尽快让大机组替代小火电这个十分复杂的老大难问题。

改革开放后，作为国民经济"先行官"的电力行业，改革步履沉重而缓慢，小火电挤了大机组发展空间的问题，只是其中的乱象之一。直到2002年，中央才痛下决心全面进行电力体制改革。而我的这篇报道由于问题发现及时，并引起李鹏总理重视，推动小火电关停问题提前列入中央电力改革的议事日程。

颇具意味的是，1993年我报道的山东那个国内第一座集资电厂——龙口电厂，李鹏总理是题词肯定过的。1997年，我及时呼吁限制、关停小火电，李鹏总理又做了长篇批示给予充分肯定。

"明者因时而变，知者随事而制。"时代在前进，不同的时代有不同的声音，不同的时代需要我们及时做出不同的回答。

人民日报原总编辑范敬宜这样说过："大局不是一成不变的。20世纪80年代初期，'左'的思想束缚着人们的头脑，那时我们大力宣传'思想解放一些，胆子大一些，步子快一些'；后来，思想解放有些出格了，就提出了'坚持四项基本原则'；到了20世纪80年代末90年代初，出现了思想僵化的苗头，改革开放一度停滞不前，小平同志南行，重新提出了进一步解放思想，比80年代初的'解放思想'又有了新的发展。在这些问题上，如果掌握不好，就会犯导向错误,而不了解大局的记者,只能是一个文字匠。"①

不了解大局,就无法明辨新闻的意义,这位著名新闻大家近20年前说的这番话,阐明了为好故事构建意义的必由之路——了解大局,至今读来仍让人感觉精辟深邃、意味深长。

这是一本谈论新闻的书。新闻中的"导语"为何物?各类教科书说法有别,其意则一:导语是文章的开头,要用极简洁的语言,写出这篇报道最精彩的事实,或者提纲挈领地点明最重要的观点。

写好报道要学会讲故事,这在眼下已成共识。那么,好故事怎么讲?无论你说一千道一万,都会让人感觉挂一漏万。本书试图通过"文以载道""文贵有物""文须有序"三个部分,从立意、内容、结构三方面做一些粗略的梳理。要"用极简洁的语言"来给这篇大文章写个"导语",我还力不能逮。只好讲两个自己新闻生涯中经历的故事,来试图说明我认为讲好故事应该把握的最重要的原则。

千言万语也许都难道明的东西,试图用简洁的语言概括,往往很危险。好在著名作家海明威说过的一句话给我增添了一点信心,他说:"一个作家一辈子就悟出一点简单的东西,重要的是把它传下去。"

我的职业生涯已"港口在望",船到码头人到站。下面这句话,也应该算我一辈子悟出的"一点简单的东西"吧。其实,这也是前辈们馈赠的财富,是理应给予回应的,是理应"把它传下去"为后来者燃灯照路的。

这句话,或者说这一条原则就是:

要讲好故事,首先必须明白故事的意义。

---

① 《范敬宜文集》,清华大学出版社,2011年11月。

# 第一辑 文以载道

"诗可以兴,可以观,可以群(互相感化),可以怨(讽喻)。"

早在2000多年前,孔夫子就主张文章要表明一定的观点和主张,在社会中发挥积极作用。"文以明道","文以贯道","文以载道",后之论者,不一而足。

志高者意必远。倘若缺乏"仰观宇宙之大,俯察品类之盛"的胸怀,何以"笼天地于形内,挫万物于笔端"?

马克思曾说过,人们读报是为了"到报纸上去寻找当代的精神、时代的精神"。"载道",就要与时俱进:"文章合为时而著,歌诗合为事而作。"(唐·白居易《与元九书》)"为世用者,百篇无害;不为用者,一章无补。"(汉·王充《论衡》)

# 见识独到才会视角独特

做过报道的人都会有这样的感受，同一题材，已多次报道过了，再来做就很难，尤其已发过头版头条的，你还想再发一个头版头条？难上加难。

跨入新世纪，一条天然气管道西起新疆塔里木、东至上海黄浦江，横贯神州八千里。2002年7月开工，2004年10月1日即全线建成投产，由此"拉开了西部大开发的序幕"（朱镕基总理语），工程规模之大、建设速度之快令世界瞩目。在这项工程开工之初，我就发过一个《人民日报》头版头条：《"气"贯神州八千里——西气东输工程展望》（2002年7月4日）。"西气东输""新疆油气开发"，那时成了高频词，媒体上相关报道不计其数。

新疆油气开发，早已不是一个新话题。作为我国的重要战略资源后备区，这些年，随着石油工业"稳定东部，开发西部"方针的实施，随着油气与人民的生活越来越密切，人们对油气开发的关注度也越来越高，有关新疆油气开发的新闻在各类媒体上几乎都是"常流水"。本人到新疆驻站以来，就写了有几十篇之多。有关"西气东输新进展""勘探开发新突破""石油工人艰苦奋斗""科技人员建功立业"等题材，可以说早就写滥了，很难再吸引眼球。[①]

---

① 王慧敏《有"异质"才有新意》，人民日报社记者部《业务研讨快讯》2007年第8期。

时任人民日报社驻新疆记者站站长王慧敏也这样说。

然而，就是这样一个被媒体反反复复炒了多年的老话题，2006年9月9日，又一次登上《人民日报》头版头条（见附文）：

（引题）**柴禾不砍了　环境变好了　经济发展了**
（主题）**油气开发给南疆少数民族送来"福气"**

稿子见报当天，香港凤凰卫视《有报天天读》栏目便介绍了这篇文章。新疆主要媒体也纷纷转载。

并且，文章发表时，正值胡锦涛总书记在新疆考察工作。总书记在同新疆石油战线的职工座谈时说：你们为新疆各族人民送来了"福气"，最近我看到人民日报也报道了你们的事迹。

这篇报道，获人民日报2006年度精品奖。

作者，就是王慧敏。

"早就写滥"的题材，为何在王慧敏手里"老树著花"并且香远愈烈呢？

不能否认这一事实：随着传媒业的迅猛发展，信息资源共享的局面已经形成，独家发现新闻、垄断新闻的时代已基本不复存在——无论什么级别的媒体恐怕都概莫能外。而视听媒体和网络媒体的出现，使传统党报面临又一严峻局面：无论是求新还是求快，都没有了绝对优势！

通过采写《油气开发给南疆少数民族送来"福气"》一文，我的体会是：恐怕应在突出新闻的"异质"上下些功夫。文章有"异质"，才有新意。①

王慧敏如是说。

那么，何谓"异质"呢？

---

① 王慧敏《有"异质"才有新意》，人民日报社记者部《业务研讨快讯》2007年第8期。

所谓"异质",我的理解是:用独特的视角去观察生活,用深邃的思想去解读生活,用独到的笔触去描绘生活。

与内地油气开发相比,新疆油气开发至少在三方面有"异":

一是背景相"异"。新疆社情区情复杂,恐怖主义、分裂主义和极端主义"三股势力"出于卑劣的政治目的,时时想制造些"风浪"。连续十几年,新疆油气产量每年以百万吨递增,目前石油、天然气的总产量约占全国陆地总产量的一半。这一发展速度,却让境内外敌对势力食不甘味,大肆造谣说"汉人从新疆掠夺资源"。新疆部分干部群众受这些舆论蒙蔽,不时集会上访诘问政府。在每年自治区的两会上,总有些少数民族委员或代表就新疆油气开发发出"杂音"。

二是目的相"异"。现在,不少企业生产都是为了利益的最大化。而新疆的油气开发在注重效益的同时,更注重政治责任和社会效益。无论是塔里木油田、克拉玛依油田还是吐哈油田,均把带动当地经济发展,带动新疆各族群众脱贫致富作为首要任务。以塔里木油田向南疆三地州输送天然气为例,一方天然气输往南疆要比输往内地少收一半的钱。尽管明摆着是吃亏,塔里木油田多年来仍坚持不懈地干着这样的"傻事"。

三是考量指标相"异"。内地油气开发,较少虑及环境因素。而新疆油气开发一直把优化环境作为一个重要的考量指标。新疆是我国生态最脆弱的地区之一,南疆地区一年到头沙尘暴不断,与植被稀疏有着直接的关系。燃料缺乏导致群众不断砍伐胡杨,而胡杨锐减导致生态进一步恶化。因此,新疆在油气开发的各个环节里,都充分考虑到了可持续发展、考虑到了环境因素。

认清了这些"异质",我认为,如果以"异质"为线,将笔触放在油气开发为新疆各族人民造福这一主题上——这里的造福,不单单是解决生计问题,更重要的是促使南疆人民的生活实现历史性飞跃,由"柴薪时代"一步跨入"天然气时代"。这样着墨,就突出了新疆油气开发的特色。这一特色,较之单纯报道产量、产值、利润会更有新意,同时,也符合新疆油田开发的实际，起到正本清源、正确引导舆论的效果。①

很多我们曾经经历的事、写过的稿，时过境迁再回首，往往生出无限感慨和遗憾，只好一声长叹。而这时，你同样会发现，也有一些报道的价值却依然历久弥新。《油气开发给南疆少数民族送来"福气"》一文刊后不久，新疆维吾尔自治区政协主席艾思海提·克里木拜在和驻疆新闻单位座谈时对这篇报道给予了充分肯定，说："新闻界应多发表这样的文章。用事实说话，才能入脑入心。我们在会上喊破喉咙强调开发油气多么多么好，不如媒体用铁的事实客观地证明这一点。" 2014年5月22日乌鲁木齐暴力恐怖案件发生后，再来读王慧敏当年以强烈的政治敏锐性采写的一批旨在反映"南疆人民的生活实现历史性飞跃"的报道，真的是百感交集，同时也更钦佩于他"思接千载，视通万里"的历史意识。

因此，也就自然而然地理解了，2014年3月1日昆明火车站暴力恐怖案发生后，已任人民日报社浙江分社社长的王慧敏，3月4日就在《人民日报》发表重要评论文章，文中引用一位维吾尔族干部微信中的话："昆明火车站事件，让我们心痛，让我们愤恨。新疆各族人民同样勤劳善良、热爱生活，我们要像石榴籽那样紧抱在一起。"

那篇评论的题目，用的就是维族干部那句话——《像石榴籽那样紧抱在一起》。这篇评论受到习近平总书记的称赞，总书记后来在讲话中多次引用这句话。党的十九大报告讲到促进各民族团结时，也写进了这句话。

王慧敏"文章有'异质'，才有新意"的感受既新鲜，也很深刻。他还特别强调："本文所说的求'异'，不是追求怪异，更不是为了吸引人的眼球而去强扭角度硬做文章。党报的特质决定了我们任何时候都必须坚持宏观真实和微观真实的统一。"

"坚持宏观真实和微观真实的统一"，是王慧敏经常说的一句话。王慧敏在他的新闻评论集《下乡手记》的后记"心往哪里安放"中说道：

---

① 王慧敏《有"异质"才有新意》，人民日报社记者部《业务研讨快讯》2007年第8期。

在社会变革加剧的今天,难免会滋生一些负面情绪,如果只是从吸引眼球考虑,任由负面情绪宣泄,那实际上就等于放弃了职业品格。有句话说得好,如果你手里拿着一把锤子,那任何东西在你眼里都像是钉子。

所以,取舍新闻,我所秉持的原则是:力求做到宏观真实和微观真实的统一。①

如何才能做到微观真实呢?

王慧敏要求自己采访务必把功夫下够。采写《油气开发给南疆少数民族送来"福气"》这篇稿件时,尽管长期驻站,对情况相当了解,但"我深入塔里木油田采访,经过近一个月的奔波,掌握了大量的第一手资料。1996年9月6日,'福气进户'超过南疆总人口的一半时,我抓住这个由头连夜写出了此稿"。

为一篇重点稿采访折腾近一个月,王慧敏在新疆驻站时,这几乎成了常态。

克孜勒苏柯尔克孜自治州位于平均海拔3000多米的帕米尔高原。为报道克州军民卫国戍边的动人事迹,他在边境线上奔波了半个多月,与边防战士同吃、同住、同巡逻,仅采访笔记就记了3大本,随后又六易其稿,写就长篇通讯《热血铸雄关》。文章刊出后,受到解放军总政治部及社会各界的广泛好评。

回忆起当时的情景,陪同王慧敏采访的克孜勒苏柯尔克孜自治州党委宣传部副部长夏鸣放感慨地说:"我也陪了不少记者,像王站长这样采访扎实的,很少见。那一天,在靠近边境的边防六连采访,晚上连队把最好的床铺留给了站长,可王站长坚决不同意,一定要住在战士的宿舍里。战士宿舍前后都是草原,时值深秋,老鼠很多,睡到半夜,王站长觉得有东西在床上蠕动,一拨拉,两只老鼠掉在地上——原来老鼠在给他叽里咕噜挠痒痒呢!第二天早上起来一看,整个身上都是老鼠划的印

---

① 《下乡手记》,王慧敏著,中华书局2014年7月。

子。一穿鞋，嘎楞，鞋里头又跳出一只老鼠……"①

那么，如何把握宏观真实呢？

2004年初，新疆生产建设兵团的五家渠、阿拉尔、图木舒克3座城市同时挂牌宣布建市。不久，兵团的38个重点小城镇建设也全面拉开序幕。

对此，无论新华社、央广、经济日报，还是新疆本地媒体，多以一则简讯了事。王慧敏则把"简讯"写成一篇近千字的厚重消息。稿子发回报社，以擅长写政治散文著称的梁衡副总编辑批示："这是一篇具有重大政治意义的报道。"指示版面突出处理。很快——2004年3月25日，报道就登上《人民日报》头版头条（见附文），标题十分醒目：

（引题）从经营农业到建设城市　全面打造38个小城镇
（主题）**新疆生产建设兵团实现历史性跨越**

《人民日报》这个头版头条刊出后，《新疆日报》和《兵团日报》均在重要位置转载了这篇报道。兵团领导盛赞这是为兵团发展及时"把脉"，政委陈德敏亲自给王慧敏打电话，"代表兵团200多万将士向人民日报表示感谢！"

记者部请王慧敏就此稿谈谈经验，王慧敏发回一篇文章，题目就叫《学好才能用好》，文中说，"这恐怕与自己较好地把握了大局有关"。

如何才能把握好大局呢？不断地学习，别无他法。自己之所以对兵团能有较透的了解，正是得益于学习。到新疆驻站后，我曾经用一个多月的时间到兵团图书馆系统地查阅了兵团的史志、年鉴和回忆文章。

平时，经常听到有的同事这样抱怨："稿子老发不出来！为啥写的东西老不对路？"在日前报社举办的"三项学习教育"培训班上，记者部主任杨振武提出的"站在天安门上看问题"和"站在田埂上找感觉"，可

---

① 戴岚《人民记者——记人民日报驻新疆记者站站长王慧敏》，《人民日报》2007年11月5日。

以说为上述疑问给出了答案。无论是站在"天安门上"还是站在"田埂上",对我们所要求的,都是学习。记者的工作,不分昼夜。我们中的许多人,不停地采访,不停地写作,确实疏于"充电"了。只有不断地学习,才能登高望远;只有不断地"充电",才能把握时代的脉搏。可以说,学习,是登上"天安门"的阶梯;学习,是畅行"田埂"的路基。作为党中央机关报,权威性、宏观性、指导性是我们的魂。要使报道做到这"三性",须臾离不开学习。①

学习深度,决定报道的思想深度。思考力度,决定报道的时代高度。

2017年,时任人民日报社浙江分社社长的王慧敏,又一次捕捉住一个体现了"历史性的跨越"的新闻事件。

浙江省玉环市,是全国为数不多的海岛县(市、区)之一,1978年2月16日,《人民日报》曾刊登消息《玉环岛人民改画地图》,报道当年玉环县委带领全县人民改造大自然,填海建设了一条大坝,把海岛同大陆连接了起来。

40年过去了,玉环经济快速发展,2017年撤县设市,连接大陆、14米宽的大坝已不能适应需要,玉环市委、市政府果断决策:撤坝建桥。

这一次,驻浙中央新闻单位连一则"简讯"都没发,而王慧敏采写的通讯《玉环再改图》,登上了2017年11月25日《人民日报》头版头条(见附文)。

玉环只是个县级市,新建桥梁论规模在浙江也排不上号,这个头版头条是怎么来的呢?我曾和王慧敏通过一个电话。

"开始听说这件事,是在省里一个会上。当时就有开完会便去采访的冲动。从事新闻多年,碰上这样具有历史意义的新闻事件的机会其实并不多。"王慧敏说。

"怎么看出这件事的历史意义呢?"

"习总书记在十九大报告中谈到建设现代化国家时,强调既要贯彻新发展理念,推动经济发展质量变革、效率变革、动力变革,又要绿色发展。强调

---

① 王慧敏《学好才能用好》,人民日报社记者部《记者工作》2004年第6期。

我们要实现的现代化,是人与自然和谐共生的现代化。把发生在玉环的这个微观事件,放到党的十九大最新精神这个宏观背景下考量,新闻价值就突显出来了。"

王慧敏在报道中借玉环市交通运输局局长王庆飞的口说了这样一段话:"坝改桥,不只是简单的交通方式的变化,还可充分发挥玉环独一无二的海洋资源作用,恢复和改善海湾生态环境。它标志着玉环经济发展方式质的飞跃。"

表面看,确实不过是一个县级市建了一座不算大的桥,但王慧敏潜心学习领会党的十九大精神,"观云识天",目光洞穿40年风云岁月,从巨大的时空嬗变中,敏锐地发现了从战天斗地填海筑坝到人海和谐撤坝建桥这一深刻的时代变迁。

古人说:腹有诗书气自华。见识决定高度,见识决定格局。见识来自走向大地的采访思考,也来自在不断学习"充电"中对时代脉搏的洞察把握。独立透彻的见解、独到深刻的思考,才会拥有独特别致的视角和高出一筹的新闻洞察力,从而发现别人发现不了的新闻、发现微观真实与宏观真实相统一的新闻。"用一个多月时间到兵团图书馆系统地查阅了兵团的史志、年鉴和回忆文章",王慧敏轻松的笔触里,蕴含的是那份很多记者从未体会过的厚重和艰辛。

2005年的"五一",王慧敏是在南疆的喀什度过的。在去喀什的路上,他写了首诗《五一感怀》:

孤悬塞外伴苍烟,
春深五月天犹寒。
无边风尘频入梦,
伏案灯前抱书眠。

"习作,学写的。"他笑笑,"只是给自己留下一点记录。"
然而当今,放眼新闻界,"伏案灯前抱书眠"者,又见几人?

**附：**

柴禾不砍了　环境变好了　经济发展了

# 油气开发给南疆少数民族送来"福气"

**本报塔里木9月8日电**　记者**王慧敏**报道：迪丽拜尔正在做抓饭，锅里冒出氤氲热气，锅底火苗瓦蓝。说起天然气的好处，新疆喀什老城区的这位中年妇女按捺不住内心的兴奋："你瞧，多方便，一扳按钮，火苗子呼呼地蹿。感谢政府给我们送来'福气'。"截至9月6日，像迪丽拜尔一样用上天然气的，在南疆三地州已达147万多户，超过南疆总人口的一半。

南疆三地州指位于塔克拉玛干沙漠边缘的喀什地区、和田地区和克孜勒苏柯尔克孜自治州。三地州少数民族人口占总人口的94%，是新疆最贫困的地区，贫困人口占全疆贫困人口的90%。长期以来，由于燃料短缺，这里的城乡居民无论做饭还是取暖，多以胡杨、红柳、梭梭为薪，每年烧掉的胡杨就达几十万吨。大量砍伐的后果是，生态环境进一步恶化，近年来，每年风沙和浮尘天气超过300天，呼吸道疾病患者数量急剧上升。

为改善南疆的生态环境，提高群众的生活质量，2002年9月，国务院决定投资4亿元建设和田河气田供气工程。2004年10月23日工程全线贯通，和田市的居民率先用上了天然气。2005年7月，阿克莫木气田供气工程也宣布开工，并于当年11月6日开始向喀什市、阿图什市和乌恰县、疏附县、疏勒县、阿克陶县两市四县供气。由此，南疆三地州从柴禾时代跨进了天然气时代。

借着这股"福气"，南疆三地州将锅炉、出租车、公交车和机关用车全部改用天然气。和田地区人大常委会主任阿不都热合曼·库尔班算了一笔账："使用天然气，当地居民平均每户可少消耗薪柴2.6吨，这不仅保护了当地脆弱的生态环境,解决了烧柴带来的污染问题,而且每年每户可节省500元左右的开支。"他说,到2008年,和田地区将在发电、取暖、汽车、餐饮等工业和民用领域全面普及天然气,每年节约燃料支出费用超过1亿元。

中石油塔里木油田公司总经理孙龙德也算了一笔账:"和田河气田和阿克莫木气田,以全国最低的价格向南疆三地州市民供气,如果单从经济效益考量显然不合算,但保护了当地的生态环境,带动了民族地区经济发展,社会效益巨大。"

借着这股"福气",南疆三地州还建设了一批以天然气为原料的项目。这里的农产品加工、能源矿产开发、民族特色加工等5大产业都步入了快车道。企业的蓬勃发展,有效地拉动了当地劳动力市场的需求。西气东输主气源地克拉2气田所在地克孜尔乡,仅劳务输出一项,今年上半年就给当地农民带来超过150万元的收益。到"十一五"末,南疆三地州的人均收入、财政收入、国民生产总值将实现翻番。南疆将以绿色、环保、富裕的崭新面貌展现在世人面前。

(原载《人民日报》2006年9月9日,此稿获人民日报2006年精品奖)

**附：**

从经营农业到建设城市　全面打造 38 个小城镇

# 新疆生产建设兵团实现历史性跨越

**本报乌鲁木齐 3 月 24 日电**　记者王慧敏报道：提起新疆生产建设兵团，人们首先会把它同戈壁农田联系到一起。现在，历经 50 年稼穑耕耘，兵团人已跨越垄亩，开始实现历史性创新——从经营农业转向建设城市——今年 1 月 19 日，兵团的五家渠、阿拉尔、图木舒克 3 座城市同时挂牌宣布建市。春节后，兵团的 38 个重点小城镇建设全面启动。6.5 亿元前期建设资金已全部到位。

兵团建立伊始，绝大部分团场建在"水到头、路到头、电到头"的大沙漠边缘。几十年来，兵团人自力更生兴修水利，垦荒造田，植树造林，架桥修路，建起了机械化、规模化的现代大农业，建起了拥有 11 家上市公司的现代化工业和商贸流通业。2003 年，兵团的二、三产业比例突破了 60%，改变了过去"打坷拉""挖条田"单纯靠农业吃饭的局面。以前兵团人睡的地窝子，现在被鳞次栉比的楼房替代；以前兵团超过半数的连队喝的是涝坝水，现在接近 90% 的连队喝上了自来水。《草原之夜》中唱的克可达拉以前连发封信都困难，现今不但有了邮局，还有了图书馆、文化馆和体育场；全兵团广播电视的覆盖率达 95% 以上。

如今，兵团许多团场所在地的城镇基本要素已经具备。今年兵团审时度势加快小城镇建设，迈出了从农耕社会向现代社会的关键一步。兵团发展改革委员会主任陈献政说："38 个小城镇如同照亮边远山乡的 38 束火炬，不仅可以使兵团发展跨上一个新的台阶，而且对加快新疆的现代化进程、促进社会稳定和边防巩固具有重要意义。"

记者从兵团建设局获悉：兵团的 38 个小城镇将按照"生态优良、功能配套、产业优势明显、辐射和带动能力强"的总体原则去进行建设。位于车排子垦区的 123 团以土地出让方式向社会招商引资，仅仅半个月时间，4 栋商贸楼、2 个农贸市场、1 座客运站等项目已落实。位于塔斯尔海垦区的 89 团广泛吸引各类投资者向团部小城镇集中，现已吸引了来自江苏、浙江的个体经营者投资 100 多万元来此建厂。眼下，尽管天山南北仍是冰天雪地，记者在采访时看到，各个团场建设小城镇的热情却如春潮涌动：农十师所在地北屯镇 3 条主要干道的拓宽工作已经全面展开；第 72 团场所在地肖尔布拉克镇，俨然一个大建设工地。记者夜宿团部招待所，夜深时仍听得推土机、打桩机"嗡嗡""咚咚"响个不停……兵团的 38 个小城镇将于 2005 年底建成，届时兵团的城镇化水平将超过 40%。

（原载《人民日报》2004 年 3 月 25 日，此稿获人民日报 2004 年 3 月好新闻一等奖）

**附：**

昔日填海筑坝　而今撤坝建桥

# 玉环再改图

王慧敏

"翻开浙江省地图，可以看到东南沿海有一个玉环岛，和大陆隔着一条狭窄的海峡。但是，今后地图上的这一处要做一些改动了——玉环县的人民以辛勤的劳动在海峡中填出了一条宽阔的大坝，已经把玉环岛同大陆连接在一起。"

这是1978年2月16日，《人民日报》刊登的一则新闻——《玉环岛人民改画地图》，报道当年浙江玉环县委树雄心立壮志，带领全县人民改造大自然，填海建设一条大坝，把海岛同大陆连接起来。

《人民日报》盛赞这一移山填海壮举。玉环从此结束孤悬于大海的历史，也改画了地图。

玉环地图又将再次改画——10月12日，漩门湾大桥及接线工程正式开工建设。昔日堵港筑坝，而今撤坝建桥，玉环进入新的发展阶段。

玉环岛面积186平方公里，隔着一条叫漩门的海峡孤悬于浙东海域。漩门海峡水势湍急，多旋涡，素有"龙窝""险峡"之称，给出行带来极大不便。当地民谣唱道："漩门湾，鬼门关，眼望旋涡泪斑斑。"

"当时有三套解决方案，一是造桥，二是结合水力发电，三是堵坝。因为当时我国的造桥技术还不过关，经过综合考量，决定采取第三套方案。"原玉环县交通局副局长、今年91岁高龄的李端士回忆。

40年前，玉环移山填海造田，堵港修塘并蓄淡水，把一个玉环变成两个玉环。漩门大坝也从此架起了玉环从海岛小县向经济强县发展的腾飞之路：2016年生产总值已达465.13亿元，40年增长700多倍；2016年人均生产总值达108947元，40年增长500多倍。1994年玉环就跻身全国综合实力百强县，2017年在百强县市排名中升到第27位。

然而，随着玉环车流激增、经济高速发展，14米宽的坝已不能适应需要，造桥成为改善交通最经济、最高效的办法。玉环市委、市政府（玉环后撤县设市）果断决策，撤坝建桥。

11月21日，记者在玉环市芦浦镇看到，随着挖掘机轰鸣，S226沿线的40多间房屋相继被推平，漩门湾大桥拆迁工作有序推进。拆迁户林根于看着自家4间临街店面被拆除，尽管有些不舍，但话说得实在："就眼前看，店面房拆了会少很多收入，但大桥建成后能产生更多人流、车流，我会加倍赚回来。"市交通运输局局长王庆飞说："坝改桥，不只是简单的交通方式的变化，还可充分发挥玉环独一无二的海洋资源作用，恢复和改善海湾生态环境。它标志着玉环经济发展方式质的飞跃。"

（原载《人民日报》2017年11月25日，此稿获人民日报2017年11、12月好新闻二等奖）

# 回答当下社会的追问

2014年12月10日傍晚6点，上海市高级人民法院副院长邹碧华猝然离世。一周后，《人民日报》就报道了他的事迹。更令人回味的是，伴随"法治中国"建设的足音，《人民日报》这些年对优秀法官的报道一直不断，却鲜见一版，而对邹碧华的报道上了头版头条（见附文），题目是：

**担当，是改革者必须的修行**
　　——上海法官邹碧华生命的最后三天

并且，在头条下边，还配发了短评《勇于担当的"邹碧华精神"》。
这篇报道为何能获得这般"超规格待遇"？
人民日报社上海分社采访中心主任郝洪，曾撰文回顾此稿采写的经过。
邹碧华于2014年12月10日离世，"人民网舆情监测显示，当晚，有关邹碧华的新闻就达128篇，自媒体悼念超过1000条，人们称赞他——'法官当如邹碧华''一个真正的法律人''燃灯者邹碧华'"。[①]
12月11日至12日，郝洪前后采访了近20位与邹碧华相识的人。"此时，网络报道、纪念文章已经很多，上海一些都市报也迅速推出人物通讯，大多

---

[①] 郝洪《改革是最动人的中国精彩故事背景》，《人民日报记者说·典型人物采访与写作》，人民日报地方部编，人民日报出版社2016年4月。

数报道集中在'好人，好法官'。我们如何写？是突出他的为人善良，还是写他的敢于担当之勇？"①

郝洪用报道作出了旗帜鲜明的回答：

  这个时代，基层好法官不少，但身为上海司法改革操盘手之一的邹碧华，他为改革殚精竭虑，不怕得罪人，不惧各方压力，在更高的层面思考一个法官的社会角色定位，思考中国法制未来，这样的干部不多。

  回顾半年来上海司法改革的艰难推进历程，以及此前基层采访年轻法官对此一轮司法改革的担忧，我们越发感受到这位冲锋在司法改革第一线的勇士的价值——他最大的"好"便是他勇于改革，勇于坚守自己的理想信念。

  邹碧华一点一点"往前拱"的改革故事，不正是当下中国最精彩的故事？

  党的十八届四中全会之后，各地各岗位的领导干部如何有勇有谋、敢于触及既得利益、推进全面深化改革？在改革深水区，干部如何敢为、善为？成为迫切需要回答的问题。邹碧华这个人物恰如一面旗帜，回答了当下社会的追问。②

报道刊出不久，习近平总书记对邹碧华的感人事迹作出批示，称邹碧华同志敢啃硬骨头，甘当"燃灯者"，是新时期公正为民的好法官、敢于担当的好干部。

2015年2月，中宣部统一部署，新闻界开展了一轮邹碧华事迹宣传活动。《人民日报》2月26日又刊发报道，还是突出邹碧华那种敢于担当的时代精神。报道题为《勇于担当的改革奋楫者——追记上海市高级人民法院副院长邹碧华》。

---

①② 郝洪《改革是最动人的中国精彩故事背景》，《人民日报记者说·典型人物采访与写作》，人民日报地方部编，人民日报出版社2016年4月。

《人民日报》对邹碧华的报道之所以成功，就在于站在全局高度看待这一典型人物的意义，"回答了当下社会的追问"。

2012年3月26日，《人民日报》头版刊发云南分社记者胡洪江采写的长篇通讯《"陆良八老"种树记》（见附文），将云南省曲靖市陆良县8位年逾古稀的老人31年种树护林的感人事迹推向了全国。云南也由此掀起了向"陆良八老"学习的热潮。

这样一个好典型，差一点就失之交臂！胡洪江后来感叹：

> 今年春节过后，昆明一家都市报率先报道了"陆良八老"的事迹。感动之余，也催生了我的采访冲动，但迟迟迈不开步。因为有个困惑：这几年在云南参与了优秀共产党员杨善洲、"索道医生"邓前堆、基层宣传工作者的楷模郑垧靖等不少先进典型人物报道的采写。其中，杨善洲同样是植树造林的老人，"陆良八老"会比杨善洲更有新闻价值吗？
>
> 当时听到过这样的说法，"八老"当年上山种树并不是无偿地、义务地做贡献。后来在采访中了解到，按照当时的政策，树木成活率达到一定比例，政府会以每亩10元的价格兑付补助（后来涨到15元），除去种子费、育苗费等，每人一个劳动日的工钱是7毛3分，比起他们在村里生产队干活要强得多。
>
> 拿了工钱，还能叫"先进"吗？①

胡洪江在一篇业务研讨文章里道出了自己当初真实的想法。

时代在前进。从"一大二公"的计划经济到尊重个人意愿的市场经济，是我国改革开放一大标志性进步。很多理念都在变，好选题就隐藏在这些变化中，隐藏在那些疑问中，比如：拿了工钱，还能叫"先进"吗？这时，就看你能否勇敢走近它，用自己的眼睛去观察，去思考，回答社会的追问。

---

① 胡洪江《写典型，先解惑》，人民日报社地方部《业务研讨快讯》2012年第49期。

3月20日，分社安排我到曲靖市沾益县出差，途中与曲靖市委宣传部的同志聊起"八老"来。我便产生了中途改变路线去一趟陆良的想法。

3月22日一早，我到了陆良，没在县城停留就直接上了山。刚到花木山林场时，正如此前担忧的——感触不是太深，一片树林、几间还算看得过去的砖瓦房，比起杨善洲当年上山植树时住过的棚屋，条件不知好了多少倍。我心头一凉。当时，"八老"正从各自家中赶往林场，当地干部提议先上山顶的瞭望台看看林场全景。

我们从一条小路上了山，清晨的阳光穿过树林洒落林间。野花争相怒放，粉的、红的，把阳春三月的林场点缀得分外妖娆。我有些兴奋了。可走在林间还得千万小心，裸露在外的顽石稍不留意就会把人绊倒，它们也像是在提醒我当年老人们上山造林的艰辛。

"对，这里是喀斯特山区，漫山遍野都是石头，又是高寒山区，要在这里挖坑种树，可不容易——这就比杨善洲林场的条件更恶劣。"我暗自想道。

上到瞭望台，海拔已在2400米左右，风很大，甚至需要人在背后扶着、抵着，才能稳稳地拿着相机拍照。但是，放眼望去，非常震撼，大片松林尽收眼底。我注意到，林场边缘，还有许多荒凉的山头，两相对比，植不植树完全就是两种光景。

下山途中，枯枝上的刺戳破了我的裤子，在我的小腿上留下一个红疙瘩。那种疼痛并非难以忍受，但似乎就在那一瞬间，时空交错，我对老人们当年上山种树的艰辛有了切身的体会。我顿然萌生出一定要采写好这篇报道的强烈愿望。因为我想知道：是什么样的信念支撑他们，克服了怎样的困难，才能在如此恶劣的自然条件下，育成这茫茫林海！

拿了工钱，就不能叫"先进"了吗？

长年累月兢兢业业、想方设法干好本职工作，难道就不值得人们尊敬吗？

同样是拿工钱植树，当年数以百计的植树大军，为何只有8位老人坚持了下来？

植树之后的20余年时间里，没有了报酬，为何8位老人选择继续留在山上护林？

31年，没有坚定的信念，坚持不下来；没有务实的精神，同样坚持不下来。老人们想得很简单，就是要千方百计提高成活率，树光种下去不行，还要长得好、长成材。说白了，就是既要对得起自己拿到手的工钱，又要对得起自己的良心。

我看过王小苗老人的后脚跟，我在稿子里也写，当年他们光着脚上山的时候，杂木的刺、锋利的石头边常常划伤腿脚，但天长日久，脚上的皮肤磨出深褐色的老茧，龟裂开像干涸的土地，硬得用针扎也难扎进去了。如果不想把林子建好，他的皮肤会发生这样的变化吗？[①]

胡洪江用扎实的采写塑造了8位年逾古稀的老人31年种树护林这组群像，同时，也破解了自己当初的困惑：原云南保山地委书记杨善洲，退休后带领群众义务植树造林5.6万亩，让大亮山披上绿装，后来又将价值超3亿元的林场无偿交给国家，他是干部植树的楷模。而"陆良八老"，则是普通群众造林的典范。拿了工钱给社会奉献，也是一种"先进"，这正是新时代应该大力倡导的一种新型的社会风尚。正因如此，这篇原拟发在六版的报道，受到报社领导"垂青"，由六版"提拔"至一版。

胡洪江深有感触地说："我明白了，为什么报社编委会一再要求记者'站在天安门上想问题，走到田间地头找感觉'。"[②]

---

[①][②] 胡洪江《写典型，先解惑》，人民日报社地方部《业务研讨快讯》2012年第49期。

附：

## 担当，是改革者必须的修行

——上海法官邹碧华生命的最后三天

郝 洪

47岁的邹碧华，最牵挂的事，是备受瞩目的上海司法改革。12月10日，他忙碌如常，上午参加上海司法改革座谈会，匆匆吃过午饭，便驱车前往司法改革试点单位徐汇区法院。突然，他一阵胸痛胸闷，司机立刻赶往医院……

然而，这位上海市高级人民法院副院长，再没醒来。

网上网下，哀思如潮。2天里，10万多网友留言讨论"邹碧华现象"；深圳律师在足球赛前举旗默哀："邹碧华法官的离世，是法院系统、律师界、法律人共同的损失。"上海高院院长崔亚东说："他以一个法官的身份赢得整个法律界的尊敬！如此哀荣，实属罕见。"

12月14日上午10时，上海龙华殡仪馆一号大厅，人们送别"燃灯者邹碧华"，预计1200人参加的葬礼，来了近2000人，白花远远不够用。"碧血忠魂潜心法治鞠躬尽瘁，华星秋月璀璨人生风范长存"，挽联下，人们眼噙热泪……

一位法官叹息："这世间真有楷模，让我辈有所皈依……"

记者追寻邹碧华生命的最后3天，试图还原这位改革者的所思所为。

**"改革，怎么可能不触及利益"**

12月8日，周一，7时30分，邹碧华准点出门。当天，分管司法改革的他，要主持召开上海高院司法改革办公室专题会议。

"会议主要讨论如何科学合理计算法官工作量及质效。"上海高院司改办副主任张新回忆,"邹院长让我们将上海4家试点法院所有法官5年来人均办案量梳理一遍,单看办案数量不行,还要计算案件质效。"

这是为细化法官员额制改革方案做准备。法官要压缩到33%,很难。邹碧华曾对最高法院法官何帆说,"避免搞'一刀切',不能为了图省事,就'欺负'年轻法官,将助理审判员'就地卧倒'转为法官助理,一定要有科学考核标准,让真正胜任审判工作的优秀法官进入员额。"

邹碧华深知,"改革,怎么可能不触及利益,怎么可能没有争议。对上,该争取时要争取;对下,该担当时必担当。"

6年前,邹碧华任长宁区法院院长,让时任法院信访办主任滕道荣抓信访改革,每月做投诉率分析。"这不得罪人吗?"滕道荣有顾虑。邹碧华说:"我们的产品是司法公正,产品质量出问题,总得找原因,怕什么?"

他对朋友说,"改革,一直是一点一点往前拱的","背着'黑锅'前行,是改革者必须经历的修行"。

**"他像一个孜孜不倦的改革布道者"**

9日上午,高院党组会议;下午,司法改革座谈会。"邹碧华从下午2点一直讲到5点。"张新说。

在中央统一部署下,上海成为司法改革的首批试点地区,相关改革方案全国瞩目。四中全会提出全面推进依法治国,如何为全国司改担当探路先锋,邹碧华深感重任在肩、时不我待。

谈到司法改革,邹碧华总是充满激情。周日华东政法大学司法学论坛、半个月前全国律师协会民事专业委员会2014年年会,他积极介绍上海司改进程,谈司法公开,谈审判流程信息化……

"他像一个孜孜不倦的改革布道者,"张新说:"他确实累了,调整了作息,晚上1点就睡下,比平时提前了一小时。"

当年在长宁区,邹碧华做了件"前卫"的事儿——压缩会议室,给每个法官一间独立办公室,为了"维护法官的职业尊荣"。长宁区法院曾俊怡法官说:"法官专业化、职业化,法官分类管理,他在那时已有思考。"

### "希望律师的执业环境越来越好"

9日，11时45分，邹碧华在朋友圈转发上海法院律师诉讼服务平台上线的新闻，评论道："希望让律师的执业环境越来越好。"

这最后的留言勾起许多律师的伤感。

"2010年，他推动在上海长宁区法院出台《法官尊重律师十条意见》，"傅平律师说，"他还写过《法官应当如何对待律师》，阐述法官、律师职业共同体建设对中国法治的重要性。"

全国律师协会民事专业委员会2014年年会，是他最后一次公开演讲，"律师对法官的尊重程度，表明一个国家法治的发达程度；而法院对律师的尊重程度，则表明这个社会的公正程度。"

晚上，邹碧华给儿子打电话祝贺他21岁生日，谈及自己21岁北大毕业到上海找工作，"除了你妈妈（北大同学）谁都不认识，住在纺大学生公寓，一家家单位投简历……"儿子次日发朋友圈："爸爸还说这里面有很多故事，下次有机会要和我细说，没想到却成了永别。"

儿子还拍了家中书房：三面书墙，桌椅旁堆满了书。勤奋的邹碧华将审判实务和理论研究相结合，写下《要件审判九步法》《公司法疑难问题解析》《基层法院可视化管理》等10多部著作，其中《要件审判九步法》成为全国民事法官和律师办案的重要指引。

### "与其抱怨，不如做好手中的事"

10日，邹碧华的生命在17时20分定格。

15时，长宁区法院少年庭法官顾薛磊发了条短信给邹碧华，感谢他对自己参加上海十大杰出青年评选的指点。

然而，他永远等不到回复了。

11月14日，邹碧华为小顾鼓劲。"他说起，母亲一句'你要做个有良心的法官'激励了他一辈子，2006年，他入选'上海十大杰出青年'，演讲题目就是《做有良知的法官》。"

在心里说"谢谢"的，还有邹碧华指导的研究生夏关根："我曾问过老师，为什么从不抱怨？他说，一个人有了信念、信仰，就不会觉得委屈。"

邹碧华的信念是什么？

在接受一家杂志采访时，他说："很多人都抱怨司法不完善，在抱怨别人时，可能自己写的那个判决书也不那么完美。与其抱怨，不如做好手中的事。每个人都是历史，如果每个人能让自己完美一点，历史也会完美一点。"

（原载《人民日报》2014年12月17日，此稿获人民日报2014年精品奖）

附：

## 勇于担当的"邹碧华精神"

李泓冰

全面深化改革，要凝聚亿万人民群众的共识，需要各级领导干部有勇有谋，更需要迎难而上、不计毁誉的担当精神。

改革走到今天，碰到的全是"硬骨头"，不再是人人击掌叫好的普惠改革。不管在哪个领域，改革者遭遇的挑战，必是一场触动既得利益的深层变革。

唯有敢于担当，才能无私无畏。习近平总书记强调，"要强化改革责任担当，看准了的事情，就要拿出政治勇气来，坚定不移干。"

邹碧华倒在司法改革第一线，令人痛惜。他生命的最后一瞬大放光彩，让更多的人看到他的担当精神，听到他的改革信念："改革，一直是一点一点往前拱的""背着'黑锅'前行，是改革者必须经历的修行"。在已成舆论焦点的政法系统，在权与法胶着较量的领域，在司法改革艰难推进的此刻，甚至在法官与律师尖锐冲突的现实中，作为重要岗位的领导干部，邹碧华却凝聚起如此强大的舆论认同，弥足珍贵。人们对"燃灯者"邹碧华的高度评价，凸显了人心所向和强烈改革共识。

利益多元，挑战频出，改革除了靠中央自上而下的顶层设计和强力推进，还要依靠众多默默无闻的"邹碧华"，在改革一线大胆创新、担当责任，逐一破解改革的具体难题，这是中国改革的希望所在。

（原载《人民日报》2014年12月17日，此稿获人民日报2014年精品奖）

**附:**

31 年　13.6 万亩

# "陆良八老"种树记

胡洪江

【阅读提示】

在海拔 2000 米以上的喀斯特山区,他们植树护林 31 年,建成 7400 亩林场,累计承包植树造林 13.6 万亩。大树染绿了座座荒凉的山头,也让他们两鬓如霜。他们,就是云南省曲靖市陆良县龙海乡 8 位年逾古稀的老者,当地人亲切地称呼他们"陆良八老"。

20 世纪 80 年代初,8 位正值壮年的汉子带头上山种树,此后又义无反顾地承担起守护山林的重任,一晃 31 年。风里来、雨里去,原本乱石嶙峋的荒山披上了新绿,当年的壮年如今都已白发苍苍——他们是:87 岁的王家云、84 岁的王云方、82 岁的王开和、78 岁的王德应和王家寿、77 岁的王家德、75 岁的王长取、73 岁的王小苗。

【镜头一】

冬春挖塘,雨季栽树,为抢时间,8 个人常常住在山上。"杂木砍下来搭个棚子,找些枝枝叶叶垫着,管它地上湿不湿,就这么睡了。"王家寿说,实在太冷了,他们就挤在一起取暖,第二天起来时,全身都是冰碴碴。

78 岁的王家寿还记得,30 多年前,花木山林场所在的山区被当地村民唤作"石渣子""光头山"。"山上没树,挡不住风,山脚下种个玉米都不会结苞子。

一场雨下来，啥都冲光了。"

"山头要有树，山脚要有路，农民才会富。"时任龙海公社树搭棚村民兵营长的王小苗曾带人到山上打靶，却连一棵可以充当靶子的树都找不到。望着这一大片荒凉的石疙瘩，想起山脚下辛苦讨生活的乡亲，他萌生了植树造林的想法。1980年3月，时年41岁的王小苗带领7个壮汉上了山。横在他们面前的第一只"拦路虎"是，如何在漫山遍野的乱石缝中挖出塘子（树坑）来。

"山上全是石头，一锄下去，火星直闪，有时三天就能挖断一把锄头。"王家寿说。双手磨出了血泡，血泡又变成老茧，8条汉子硬是在乱石堆中挖出了4000多个塘子。可种子播下去，第二年却不见树苗长出来。"老鼠、鸟雀把松子吃掉了。第一年亏得很惨，借钱重来吧。"王云方老人回忆说，他们开始找地方育苗，然后移栽。

8个庄稼汉，7个一字不识，但在植树造林的实践中，他们慢慢有了心得。"50天育出的树苗，移栽成活率最高。"王家云说。为赶在下雨天移栽完所有树苗，8个人领着媳妇、儿子一起干。"晚上就住在山上。我们都自带伙食，白布口袋里装着苞谷面、老酸菜。烂席子也带着，还有棕叶子编的蓑衣，雨天拿它披，夜晚拿它盖。"

刚上山的时候，老人们回忆，当年他们要么光着脚，要么穿着皮草鞋（用旧轮胎皮做底的草鞋）。杂木的刺、锋利的石头边常常划伤腿脚，但天长日久，脚上的皮肤磨出深褐色的老茧，硬得用针扎也难扎进去了。4年风吹雨淋，8个人在花木山林场植树造林7400亩，成活率达95%以上。闻讯而来的周边村镇干部纷纷邀请他们去帮助造林。他们带领数百名青年，组成植树大军，在此后的10多年里，累计承包植树造林13.6万亩，验收成活率都在90%以上。

【镜头二】

一座土坯房，8个护林人。"谁先巡山回来谁煮饭，最后回来的那个，最好的饭菜都留给他。"王家德说，"我们就像亲兄弟一样，但谁的林子看得不好了，我们也吵架——只是从来不记仇。"

"林场再好，一把火就能烧了。树栽活了，管护最关键。"王小苗说，自1996年开始，年事渐高的8位老人把主要精力放在了花木山林场的管护上，常年与青松为伴。

"花木山上没有水，碰到旱季，就要走好几里山路，从村里背水上山去浇树，上了山也到处是石头。"王家寿说，"一身汗，一身泥，磕伤摔伤，都是家常便饭。"

大约7年前，距离花木山林场不远的一座山头发生森林火灾，老人们怕山火蔓延过来烧了林场，跟跟跄跄地往大火方向跑去，准备守在那里随时灭火。当时已逾古稀的王云方被石头绊倒，重重地摔在地上，伤了坐骨神经。伤还没痊愈，他又挂着拐杖上了山。"别人都去（巡山）了，我不去，不好开展工作。"王云方说，林场范围内有11个山头，每人管护1个，剩下3个共同管护，如果他老不去，其他7个人的管护压力就大了。

每年春节前后，鞭炮炸得震天响，8个老人却最是紧张。"鞭炮、礼花最容易引起火灾，一点都不敢马虎。"王开和说，他们8个人的家离林场不过三四千米远，可有8个年头，他们是一起在山上过的年，20来平方米的土坯房里，打着地铺挤着睡。其余的年份，也是轮流守在山上。

有一年过年，王长取的老伴背着酒、菜送上山来，满脸不高兴："叫花子也有三天年过，你们又不吃公家饭，又不领工资，过年了还不回家。"

王家寿的儿子王明昆跟着父亲在林场过了8个春节。"半夜两三点钟，如果外面有动静，也要爬起来去看，要阻止人去打猎，更怕有人带火种上山。"王明昆说。

而看护这片林场，村集体没有投入，8个老人不仅没有报酬，还必须自己解决经费问题。1995年，在荒山造林完成后，他们开始利用林场生态优势，摸索开展多种经营，走"以副养林、以林促副"之路。"自己种菜、养鸡、养兔、养猪、养蚕。"王小苗的二儿子王红兵说，养长毛兔那几年，他和王明昆背兔毛下山去卖，好的时候能卖到90块钱一公斤。

在8位老人不计个人得失的精心守护下，花木山林场建成31年没有发生过一起火灾。"这个季节，山上开满了野花，漂亮着呢。"78 岁的王德应说起林场，高兴得像个孩子，"林子里还有斑鸠、兔子、野鸡呢，不让人打。"

"山上的树长起来了，这些年，风小多了，雹子也少多了，石渣渣也梭不到地里去了。"说起"八老"，村民满小娣语气里满是敬佩。

**【镜头三】**

"这 30 年，几乎没怎么管过家里，连老伴患肺气肿去世前，也没时间照料。"王云方一直觉得，自己不是一个称职的丈夫、合格的父亲。说起这些年种树护林、常年不在家，8 个老人都坦言，对妻儿怀有深深的愧疚。

王小苗已经记不清大儿子是在哪年过世的，他只记得，那年他在板桥乡造林，大儿子 17 岁。家里人捎来口信说儿子生病发高烧，叫他赶快回去。可他忙着造林，没顾上，等家里人把儿子送到曲靖的医院，已经延误了最佳治疗时间。

王德应老伴也没少和他怄气。他常年守在山上，家里没有干活的劳力，孩子们早早地辍学回家盘田，"子女们没读成书，一个都没走出农村……"王德应边说边叹气。

可时至今日，"八老"都异常坚定地表示，他们从没后悔过。"有一天我们死了，那些树还活着。荒山绿了，村民们需要木料的时候，也不用去外面买了。"王长取说。

为绿化荒山默默奉献了整整 31 个年头，2010 年，考虑到"八老"年老多病，政府请了新的护林员，8 位老人离开了林场回家颐养天年。政府给了每人 2000 元补助，老人们都说"够多了"。

记者在花木山林场采访时，8 位满脸皱纹、两鬓霜华的老人反复强调，"你要写清楚，那 10 多万亩林子不只是我们 8 个老倌种的，是我们带着大家一起种的。"

名利都看淡了，老人们说："只是舍不得那些树。"退下来这两年，他们仍会不时地约着一起回林场去走一走，看一看。"人回来了，心还在山上。"王小苗说。

由于"八老"目前的生活条件都不算宽裕，陆良县委宣传部文明办决定，组织县里 12 家省级文明单位对"八老"进行"一对一"结对帮扶。陆良县人民医院也将为他们开通免费就医的绿色通道，并免去 8 位老人在该院就医的所有费用。

（原载《人民日报》2012 年 3 月 26 日，此稿获人民日报 2012 年精品奖）

# 咫尺应须论万里

1983年8月，我从山东大学中文系毕业，被分配到人民日报一版上夜班。先在三个岗位实习半年——群众工作部、校对组、印刷厂，上了一年多夜班后，又参加首批中央机关讲师团到安徽芜湖支教一年，1986年7月回京。因此，这三年里其实没采访过几回，写稿懵懵懂懂。

1986年11月，一位毕业于山东大学、在中国建筑一局第四建筑公司（以下简称中建一局四公司）负责宣传的同志听说人民日报有我这么个校友，几番来请去他们公司看看。一来盛情难却，二来内心也确实特别想写稿，便犹犹豫豫答应了。为啥还犹豫呢？因为觉得人民日报门槛高，报道对象的单位大一些、素材多一些，稿才好写。而那时中建一局在中央企业里就是个"小弟弟"，一局四公司更小。

于是把"丑话"撂头里：不一定能发稿，发也可能最多发个小消息。

"理解理解，发不出来也正常。"校友把话说到这个份上，不去也不行了。

但一去就发现，那里真有故事。

1984年10月，党的十二届三中全会通过《关于经济体制改革的决定》；1985年3月，中央作出《关于科学技术体制改革的决定》；这年5月，中央又作出《关于教育体制改革的决定》。这三个决定，是中国进一步改革开放的重大标志，全社会活力奔涌，各项基础设施建设蓬勃兴起，"整个中国就像一个大工地"的说法，便始于此时。但其时经济体制改革还在探索阶段，企业承包经营制并不完善，各行各业都管理粗放、浪费惊人，建筑业尤甚——工地上流传一个说法："进了施工地，脚踩人民币。"

中建一局四公司承建的北京丽都饭店项目，前几期施工都是只包工不包料，用料无控制，成本增加了50多万元。从1986年4月开始，他们对材料实行"包干使用、限额供应"，即以施工预算为依据，把各项费用、用料承包到班组、个人，限额领料，节约奖，超耗罚，用多用少同个人利益挂钩。这样一来，掉在地上的砂浆，工人会及时收集起来筛一筛再用；零料、小料备在合适的时候用，不再顺手拿过来整料敲破就用；运送易碎的玻璃、大理石板等，路面不平时人力扛，安装时避开楼道人流高峰；废旧钢筋回收加工再用……短短几个月，就节约材料等共计6万多元。四公司立即在各施工工地全面推广这个办法。

我写了一个消息，虽然觉得内容不错，但一想中建一局四公司那么小，自己所在的一版肯定不合适，便拜托给了经济版编辑。

12月4日晚上，值班总编辑、总编室主任和一版主编等商量当晚用哪篇稿作头版头条。一版夜班和值班总编辑的办公室连着，我这个小编辑也赖在一旁听。值班老总传达了中央领导对建筑工地浪费惊人现象的批评，要求人民日报加强这方面报道，推动全社会把这个问题好好抓一抓。

有同志建议让评论部写篇评论。

"还是要用报道说话。"社领导否掉了这个建议，"查一查有没有这方面的稿件，或者有哪位记者采访了这个话题，有的话今晚突击一下。"

我一听大喜，赶忙毛遂自荐，将采访中建一局四公司的情况简要说了一下。

"稿子呢？拿来看看。"

三步并两脚，忙去找那位经济版编辑。这位编辑和我是同年分来报社的，看了稿暗自揣度不大好用，还没敢推荐给版面主编，连说抱歉，全然没见我眉飞色舞。

值班总编辑溜了一眼稿子，一拍桌子："就这篇了！"

什么叫喜从天降？什么叫欣喜若狂？只恨自己没有杜甫老先生"漫卷诗书"之才！

1986年12月5日，《人民日报》头版头条刊出了这篇报道（见附文）：

**（主题）医治建筑业浪费顽症　包工包料是一剂良药**
**（副题）中建一局四公司消耗大降**

第二天，中建一局四公司的领导看到报纸也是非常惊喜。要知道，别说是《人民日报》头版头条，他们的上级中建一局都从来没上过《人民日报》头版。四公司办公地的大喇叭，把这篇报道来来回回播了一天。

一篇本以为"发不出来也正常"的稿子，竟一下子冲上头版头条。同事跟我开玩笑，道是直担心讨不到老婆，却一不留神中了公主抛过来的绣球。

我嘿嘿笑："瞎猫撞上了死耗子。"

论起来还算初来乍到，能在报上发一篇小稿就能高兴好几天，何况一下子整出个头版头条呢？坦率地说，不是谦虚，在自己看来，这个头条真的有点"瞎猫撞上死耗子"的感觉。

"怎么是瞎猫撞上死耗子呢？"总编室副主任吴元富听到了很不高兴，"你是不是光顾高兴了，也不好好琢磨琢磨怎么给你改的稿？"

主任指点我看，在见报稿的第二段，"建筑工地流传着这样一句话：'进了施工地，脚踩人民币。'浪费是建筑行业一个十分普遍而严重的老大难问题"这句话后面，编辑特地加了一句："本报7月25日在一版头条位置以'建筑工地浪费惊人，节约之路在于改革'为题，报道了建筑行业亟须医治的'通病'。"

"四公司的做法是个创新，和中央倡导的方向完全一致。如果你采访前看了7月25日这个头条的报道，对这方面的政策要求学习过、了解过的话，你还会觉得自己是只'瞎猫'吗？"

"……，那四公司这么小的单位，创新成效那个数字也不算大，怎么就能上头版头条呢？"

"城市综合经济体制改革还在试点，企业承包责任制怎么搞也在探索，建筑行业问题又突出，四公司这个创新光看数据是不算大，但他们改革的意义很大，能及时体现中央领导最新指示精神，现实针对性很强。"

确实，如今看来或许很不起眼的一点改革举措，那时候都会在社会上激起冲天巨浪。1979年,深圳蛇口工业区码头施工,为确保工期,对运输车辆实行完成定额后每超额一车奖4分钱的制度。结果,这"4分钱"没多久即被叫停,新华社为此发了内参,惊动了党中央,最后经过中央领导的肯定,这项制度才重新执行,工程提前一个月完成,为国家多创产值130多万元。

主任提示我注意看版面对标题的处理。"中建一局四公司消耗大降"是这篇报道的主体,却只作了副题。这件事体现的思想性、现实针对性,则用双行主题加以突出。这既是对此前"建筑工地浪费惊人,节约之路在于改革"头条报道的呼应和深化,也是鉴于新闻报道主体相对较弱而采取的弥补之举,编辑部用版面语言对这篇消息的新闻价值给予了强化。

一席话,令人顿如盲者开眼,眼亮了,心里也亮了。我懵懂中似乎有了几分明白,看待此类萌芽伊始的事物,不能因其小而小看,而要放在长远的发展大势上看,放在国家改革发展的宏大背景下看,高屋建瓴,由小见大,由近及远。

1997年3月,其时我在人民日报社经济部工业组负责能源报道。有一天,我到中国海洋石油总公司参加新闻发布会,会后去访一位中海油的朋友,在他办公室里看到一则内部工作简报,说中海油于1994年9月购买、约占40%股份的印度尼西亚马六甲油田,随着上一年分红的第二船份额油近期到岸,便可收回对这个油田连本带息的全部投资。

我大喜过望,如获至宝。

"这么好的新闻怎么从来没听你们说过呀?"我十分惊讶。

中海油办公厅的朋友解释说,印度尼西亚马六甲油田是个已开采百年的老油田,剩余可采储量已不多,所以才给了中海油一个机会。按所购股份,每年可分到40万吨份额油。"兄弟,才40万吨。是参股。"

我明白他什么意思。

中海油在我国"三桶油"(中石油、中石化、中海油)里是"小老弟",那时中石油年产都过亿了,"小弟"中海油当时年产油气当量也超过1600万吨。40万吨,这个数字对石油人来说确实不抢眼。

那我为什么就觉得眼前一亮呢?

随着改革开放事业的迅猛推进，我国经济快速发展的态势已十分清晰。"兵马未动，粮草先行"。能源，特别是石油，就是打赢经济发展仗的"粮草"。而我国自己的石油资源并不丰富，当时我国的石油对外依存度就已超过50%。因此，中央早在20世纪90年代初，就提出了"两种资源、两个市场"的发展战略。"两种、两个"是指既要抓国内，又要抓国外，鼓励中国企业走出国门，去开拓资源，赢得市场，即"走出去"战略。但是，喊口号容易落实难。特别是石油，作为战略性资源，向来以意识形态划线的西方发达国家对我国竭力封锁。而获得印度尼西亚马六甲油田近40%股份，正是可贵的历史性的突破。

40万吨份额油，20万吨的油轮只需装两船，确实不算大，而且只是参股，但放在中国"走出去"战略的大背景下看，这"第一个"可谓意义重大。

中海油因为40万吨不算多而不说，也提醒了我，另外"两桶油"会不会也存在这种情形呢？三问两问，从中石油那里果真问出来一点情况，当时中石油已在加拿大、秘鲁、泰国获得油田参股权、操作权和租赁权，上一年获权益油近30万吨。

据此，我以中海油"走出去"的事例为主，辅以中石油在这方面的情况，采写了《中国的海外油田》一稿（见附文），于1997年4月1日刊出。

当天，中央人民广播电台在早间《新闻和报纸摘要》节目中摘播，又在经济节目中全文播出。同年9月10日晚，中央领导参观"十四大以来经济建设和精神文明建设成就展"。在中海油展区，当时分管工业的国务院副总理陈慕华看着展板上的《中国的海外油田》，高兴地称赞："你们已经走到海外，了不起！"

"咫尺应须论万里"。陈慕华副总理对我国经济全局十分清楚，这个评价自然不是就中海油区区40万吨而言的，而是从"走出去"战略提出多年后，我国终于在国外有了自己的油田这样的全局高度来评价此事的。

2019年，是大庆油田发现60周年。我在大庆油田采访时了解到，大庆油田产量至今仍保持在4000万吨以上，其中就有海外油田的功劳。目前，大庆油田的海外业务已拓展到26个国家和地区，覆盖中东、中亚、亚太、非洲、美洲五大区域，实现了铁人王进喜"把井打到国外去"的夙愿。2018年，大庆油田实现油气产量当量4167万吨，其中海外原油权益产量达617万吨。

大庆油田还做出规划，到2059年大庆油田发现100年时，年油气当量仍将保持4000万吨以上水平。那时，海外原油产量将占大庆油田总产量的一半以上。

采访中，大庆石油管理局党委书记孙龙德也透露了一个令人担忧的情况：到2019年底，我国的石油对外依存度会超过70%，而国际上通常认为，石油依存度的警戒线为65%。

因此，早在20多年前，中国石油界实施"走出去"战略刚刚小有收获，便为之大声鼓与呼，是很有前瞻性和深远意义的。

附：

# 医治建筑业浪费顽症　包工包料是一剂良药

## 中建一局四公司消耗大降

**本报讯**　今年以来，中国建筑一局第四建筑公司对建筑材料和各项费用实行"包干使用、限额领料"，并运用"成本票"作为内部费用管理的办法后，施工人员把掉在地上的砂浆及时收集筛后再用，零料、小料备在合适处用，运输易碎的玻璃、大理石板等时，路面不平人力扛，安装时避开楼道人流高峰，废旧钢筋回收加工后再用……精打细算、点滴节约已成为全体职工的自觉行动。

建筑工地流传着这样一句话："进了施工地，脚踩人民币。"浪费是建筑行业一个十分普遍而严重的老大难问题。本报7月25日在一版头条位置以"建筑工地浪费惊人，节约之路在于改革"为题，报道了建筑行业亟须医治的"通病"。今年以来，四建公司领导把反对浪费、降低消耗作为提高企业经济效益的头等大事来抓，对建材的计划、供应、操作使用、现场管理各个环节实行全过程目标跟踪管理。进一步完善承包责任制，以施工预算为依据，把各项费用、用料情况划清后采用各种承包措施包到班组、个人，限额领料，节约有奖，超耗受罚，使材料和各种费用的节约同个人经济收益挂钩，从而改变了过去"供料无计划，使用无定额，超耗无核算"，工人只包工不包料，只问施工进度、工程质量，不算用料账，大手大脚严重浪费材料的无控局面，收到显著经济效益。

这个公司的第二工程处在承建丽都饭店时，前几期工程施工时用料无控制，增加成本费用50万元以上。从今年4月开始，对材料实行"包干使用限额供应"之后，短短几个月就节约材料等各种费用6万余元。全工程处在各施工工地全面推广用料承包方法后,到 10 月已降低各项成本费用 110 万元。

　　实施用料承包方法,还推动了各项业务管理和基础管理工作,并且促进了生产。节约材料,减少返工,使工程质量进一步得到保证,工程进度加快。全公司 10 个月完成的优质工程面积已超过年计划,完成利润 600 多万元,比去年同期增长 25.66%。**（费伟伟　初孔刚）**

（原载《人民日报》1986 年 12 月 5 日）

**附：**

我国已由石油净出口国转变为进口国，到海外去寻找更加经济的油气资源，是可持续发展的必然战略选择。去年我国有近 70 万吨原油来自——

## 中国的海外油田

费伟伟

去年 11 月，中国海洋石油总公司所属海外石油天然气有限公司在海外注册成立。这个公司的成立，引起了国际石油界的重视。有评论认为，这标志着中国石油业加快了海外拓展的步伐，以满足中国国内日益迫切的市场需求。

此论切中肯綮。

许多人至今犹记，大庆人当年喊出的那句"把用洋油的帽子扔到太平洋里"的豪迈誓言。随着改革开放后我国经济的高速发展，从 1993 年起，我国由石油输出国变为进口国。1996 年，我国生产原油 1.57 亿吨，同时进口原油约 2000 万吨，缓解了国内石油生产不足的压力。

正像人们今天认识到"既无外债，又无内债"并不是发展经济的聪明之举一样，在当今和平的国际环境下，既然我们可以多渠道从国际市场上寻找资金，可以到海外"买油"，为什么不能采用多种方式进而到海外"生产原油"，为我国社会主义现代化建设服务呢？

**向海外发展是战略需要**

我国原油产量居世界第五位。然而，我国又是一个能源消耗大国，国内生产的油气已不能满足国民经济发展的需求。"八五"期间，我国国民经济平均年增长11.33%，要求石油产品平均增长5.41%，而事实上，同期石油产品只增长了1.5%，供需缺口不小。随着我国经济建设的发展，对石油产品的增长提出了更高的要求。按照"九五"规划，我国国民经济将保持8%—9%的增长速度，石油需求量约为每年2亿吨，而同期国内石油年产目标约为1.6亿吨。

再看储量。我国剩余探明石油可采储量居世界第九位，但人均占有量仅为2.9吨，居世界第四十五位；我国剩余探明天然气可采储量居世界第十六位，人均占有量更低，仅居世界第六十五位。因此，我国又是一个资源贫乏的国家。石油生产的不足，形成国民经济发展的瓶颈，不认真采取对策，将会长期制约国民经济的增长。而仅靠进口原油，无法从根本上解决这个问题，一是国际石油市场变化不定，二是我国的外汇也不堪重负。因而，树立全球观念，利用国际国内"两个市场、两种资源"，到海外去寻找资源、建立我们稳定的油气生产基地，以优化我国油气资源配置，不仅为当下急需，更是一项重大的战略决策。

**海外拓展条件已具备**

1982年，经国务院批准，中国海洋石油工业率先实行对外开放。其时，我国海洋石油工业刚刚起步，年产原油不到10万吨，怎样与世界对话？于是，我们请来挪威国家石油公司专家当顾问，审慎地向国际石油界打开了合作之门。

仅仅过去十几年，去年初，应哈萨克斯坦共和国国家石油公司邀请，中国海洋石油总公司派出专家组，担任哈萨克斯坦里海地区对外开放顾问。

十几年前的学生，现在成了老师，凭借的不仅是十多年对外合作的经验，还有令国际石油界瞩目的骄人业绩：

——到1996年，我国海洋石油年产量已从14年前的不到10万吨猛增到1500万吨。而美国和前苏联大约用了20年至25年的时间，海洋石油年产才达到1000万吨水平，比我国晚10年。

——截至目前，中国海洋石油总公司与65家外国石油公司签订了128个合同和协议，利用外资达 60 亿美元，至今未发生一起合同纠纷。

——中外合作开发的珠江口流花 11—1 油田，采用了当今世界上最先进的技术和装备，拥有多项世界第一，被国际石油界誉为"明天的油田"，它标志着中国海洋石油勘探开发的总体配套技术已达到国际先进水平。

中国海洋石油总公司按照国际石油公司的规范进行管理和运作，取得了较高的效率和良好的信誉……

种种内部条件均告初具。

再看外部。今天世界的主题是"和平与发展"，国际分工正在重新组合，世界市场也亟待重新划分，广大发展中国家在政治上求得独立的同时，正努力联合起来寻求经济上的发展，而目前国际石油产量增长区主要在发展中国家。

内外因素的结合，为中国参与国际分工提供了绝好的机会，提供了一种实实在在的可能性。

### 成功的第一步

1993 年，我国开始从国外净进口原油。就在这一年，中国海洋石油总公司成立了海外发展部。我国石油工业的主力军中国石油天然气总公司，也及时制定了"量力而行，从小到大，积累经验，逐步展开，锻炼队伍"的方针，开始到境外进行油气勘探开发。

1994 年 9 月 6 日，中国海洋石油总公司收购印度尼西亚马六甲油田 32.58% 股权获得储量。第二年，又购买了该油田 6.93% 的权益，成为该油田最大股东。1994 年、1995 年、1996 年三年，每年从马六甲油田获得份额油近 40 万吨。到去年底已收回全部投资本息。

3 年来，中国海洋石油总公司的专业技术队伍也成功打入国际市场，在阿联酋承包了建造海洋油田平台导管架工程，在日本承包了海上钻井，物探、测井等专业也纷纷打入国际承包市场。

俗话说，万事开头难。而中国海洋石油总公司海外发展迈出的第一步就相当成功。一个喜人的开端，一项前景辉煌的事业。

中国海洋石油总公司副总经理陈炳骞向记者透露，到 2000 年，中国海洋石油总公司海外份额原油年产将达到 200 万吨。同时,"九五"期间,还将开展在我国东南、华南沿海地区引进液化天然气的规划工作,并争取开始实施。

中国石油天然气总公司在这方面也进行了一些有益的探索,目前已在加拿大、秘鲁、泰国获得油田参股权、操作权和租赁权。去年,获份额油近 30 万吨。

陈炳骞副总经理指出,目前国内的机制还不能适应海外发展的特点,近年来因此错失了一些较好时机。他呼吁国家有关部门对海外石油投资早日作出明确规定,进而完善立法,简化各项审批手续,提高效率,举国家之力支持我国石油工业走向海外。

(原载《人民日报》1997 年 4 月 1 日)

## 抓住内核，才能凸显新闻的思想与价值

2018年，是宁夏回族自治区成立60周年，这年8月，我带采访组采写了《砥砺奋进六十载·塞上宁夏谱新篇》专栏的开栏之作《坚实的基石 辉煌的成就》（《人民日报》2018年8月20日一版）。在采访中我们了解到，困扰了当地群众上千年的吃水难问题，已得到根本性解决，我们在报道中也提到了这件事：

"宁舍一口馍，不舍一碗水。"宁夏中部干旱带年降水量300毫米，蒸发量则高达2000毫米，"剖开一粒土，半粒在喊渴"。对于这里的各族群众，生活改善的标志不仅是吃上馍，还有喝上水。2016年10月8日，投资40亿元的中南部城乡饮水安全工程通水，113万山区群众终于喝上了甜水、放心水。

采访中还让人眼睛一亮的是，刚刚解决吃水难，这里又在开始探索解决另一个更大的难题——如何管好这来之不易的"甜水、放心水"。

由于这次采访的主题是民族团结，我们没有对如何解决管水难做深入采访，但他们在这方面所做的宝贵探索仍给人以深刻的印象。

第二年，宁夏分社给地方部报重点选题时报了这个题，表示打算写写西海固地区怎么利用网络、手机管好农村用水。选题很快通过，可稿件发来后一看：跑题了！解决管水难的问题不是没写，但没有作为报道的中心，报道重

点还是落到了如何解决吃水难上。

宁夏西海固地区以"苦瘠甲天下"出名，苦水自然便是其中一苦，这样贫困的地方也解决了吃水难，当然有一定新闻价值，出名的地方总会有一定的代表性。但是，确保2020年6月底前贫困人口饮水安全问题全部解决，是我国脱贫攻坚战略目标任务中早就明确的，这些年各地在让农民喝上安全、清洁、方便的水，在饮水安全保障水平不断提升方面，取得了很大成绩，这方面的报道已经不少，解决"吃水难"的故事纵然讲得再生动，其新闻价值也自然由于此前同类报道太多而递减，宁夏分社想让这样的报道上头版头条，显然与报社的要求差距太远。

而"管水难"则本来就一直是农村地区的老大难问题，随着贫困地区群众喝水难题的全面解决，这个问题更加突显。因此，如果报道能及时聚焦这个迄今仍在探索攻坚中的复杂难题，无疑便极具新闻价值。

此稿修改过程中，宁夏分社采编中心主任朱磊调动，继任的王汉超接过稿件再改。王汉超初次改回的稿虽比原先采访更实、故事也讲得更生动，但偏题的问题还是没有解决。我们仍然坚持把稿子退了回去，直至这篇报道数易其稿后，把报道的中心真正校到彭阳县怎样依托互联网、"智慧云"自动化管水这个新闻上。

2020年9月11日，《"云"解塬上渴》（见附文）一稿在《人民日报》头版头条刊出后，水利部党组书记、部长鄂竟平做出批示："此文写得好！彭阳就是我们工作的方向。请农水电司、办公厅、宣传中心阅。"9月20日，水利部在银川启动宁夏"互联网+城乡供水"示范省（区）建设。

中央相关部委的这一肯定表明，我们在这篇报道的修改打磨中对主题一而再、再而三的坚持是正确的。而被这篇稿件反反复复折腾了几近一年的作者，在报道发表后写的业务研讨中，回顾"稿件采写编几经反复，每一稿的采写和修改过程都颇费周折"时也颇为感慨，深有感触地说，讲好故事要"抓住内核，再谈生动"。

这是一篇前任记者已经采写完成的稿件。我刚到宁夏，已调离的记者朱磊就告知："有篇稿子被地方部打回，你得接着返工。"而在此之前，分社已前后两度深入西海固采访，推倒重写了3稿。

认真细读他的第一稿《智慧水务解"渴题"》，以农村人家现场切入，过去混杂驴粪味的水窖，如今哗哗流淌的水龙头，历次解水困的行动，一直写到今天的成效，智慧水的便利，已经很完整。可是部里意见要扣紧智慧水务写，不然就偏题了。

分社正好在那边有调研，很快又重采了一遍。我第一次深入西海固，老乡讲起水的事情，个个刻骨铭心。全家用一碗水洗脸，洗罢水还在碗里；来讨饭的，讨得到馍却要不来一碗水；村里打了眼800米深井，全村过年一样来接水，一尝水却是苦的……

也采到了找水源的努力，堪称一部"史诗"。40年间，引泾河水济困的工程"四上三下"，最终因脱贫攻坚得以完成。来自全国的万人大军奋战数年，打通了12条隧道，建了35座泵站、92座调蓄池，让1200公里管道翻山过岭，穿越地震裂隙、塌方、软岩、湿陷，为近百万人送来水源。

另起炉灶，这一稿《西海固吃上了"智慧水"》，从缺水写到解困，再写到水网信息化管理，穿插村民和水管员的经历。结尾收在村民正修洗澡间，生活方式在因之改变。写完自己比较满意，地方部却还是打了回来——上次提到的"偏题"问题并没有扭正。

我看了看稿，虽然第一段即点出"智慧水网"，但后面还是沿时间顺序平铺，等读到智慧水务，那就比较靠后了。可是，缺水之困能不介绍吗，供水之难能不介绍吗？这是大背景，把水之困铺陈开了，后面兴水之利、得水之便才动人，才有说服力。

没办法，咬牙重来，不就是互联网+自来水吗，还能挖出多少深意？为把这事搞清，我去请教清华大学土木水利学院副院长王忠静。从他那里，我才知道"农村供水是个世界性难题！根本不是供不供得上，那只是硬件，而是管不了！相比城市，农村太分散了，供得越细，管起来越难。水压大了小了怎么办？坏了漏了谁来修？费用怎么查怎么收？全上人，成本有多高？不要坐在城里想象农村，难着呢！脱贫攻坚到乡村振兴，离不开水，这事要是解决了，对全国，对'一带一路'国家都提供了解决方案。"

我心里暗想，还是地方部卡得准，认清了新闻点就扭住不放。再写一稿，我认识就不同了，上来就把"农村饮水面积广分布散，先是难供，后是难管"拎出来，主线放在水管之难上，表现了一把"从毛驴驮水到手机送水"这样的时代跃升。打磨几遍，回稿交差。

而这一稿还是被打回来了。

地方部会商后给出意见，费伟伟副主任专门写了一段话："我国是极度贫水国家，西海固更是贫中之贫。这篇报道最重要的新闻价值，就在于这样一个极度缺水的地方利用互联网技术把管理难度最大的农村用水也管起来并管好了。因此报道的重心和重点要放在怎么用'云'管的，文中说'近两个月，全国已有14个省区市到彭阳县取经'，大概取的也正是这样的'经'。请嘱分社不必从没水喝说起，冗余信息都可删去，不要单纯追求生动，最重要的是要把这是一个什么样的'真经'说清楚。由祈云送水到用'云'管水。准确之后再求生动。另外，我国缺水的大背景也可适当一提，以彰显此篇报道的价值。"

这段话，我反复读了多遍。写作层面，编辑是要我把"怎么管"这个技术问题讲清讲透，至于缺水有多苦，求水有多难，如今用水有多爽，相较于"怎么管"这个核心问题，都多少流于冗余，凡无必要，宁减勿增。

另外视野需要宕开来，要看到中国是个缺水国家，要看到农村之广大，把新闻点的意义，放在更宏阔的格局里呈现。

更带来触动的，还是价值层面的点醒。我常沉溺于大题中的"细笔"，用很多的细节和故事来丰满主题。采访中，也常常把那些鲜活的细节采集来提炼为新闻。但是，一个选题中，"价值点"和"鲜活事"，有时候两者会统一重合，有时候太注重后者却会让主题显得支离破碎。新闻，尤其是人民日报做新闻，首先要抓住那个"价值点"，准确抓住内核之后，再谈生动不生动的问题。

感慨归感慨，执行仍很难。我向编辑诉苦，智慧水网，服务器在银川，管理者通过网络，群众只用手机，互相面都没见过，没有互动哪有故事，干巴巴讲技术原理吗？内核倒是抓住了，描述来描述去想必乏味，哪有对比变化、呈现效果有趣有料？

没办法，只能回去补采。去看智能化阀门、传感器，爬到窖里看智能水表，看传输信号，确实很抽象、没故事。没办法，就找技术人员往深里聊。有多深？深入到一起破解了技术问题。

水表是个机械装置，没有电，传输信号电从哪来？过去方案是地窖集中装一窝水表，上面统一配块太阳能电池板。可是推进越细，越需要单独装表，配电池换电就很麻烦。我是个外行，提出水表内部总在转，理论上机械能可以转化出电能，只要有水永远有电。技术员笑着拍了拍大腿说，竟然从没这么想过，马上叫人去试，没准试成了样品就能用上了。

聊完了技术员，又去水利厅找服务器，聊完也大吃一惊。宁夏水利在全国很超前，没有这些智能应用之前，早已把服务器"水利云"建好备在那里了。所以，彭阳探索农村管水，不用增一米光纤，不用装一台服务器，只要敢想敢做，把现成的"云"用起来就够了。习近平总书记2016年在宁夏说"越是欠发达地区，越需要实施创新驱动发展战略"。一个最缺水的地方，创新驱动不仅跨越，而且引领，成为全国甚至国际范例，这个新闻点确实值得扭住不放。

有了这份理解，结合从祈云送水到用"云"管水的编辑意见，思路豁然贯通起来。"云"，是这个故事中隐藏的主角，是之前没被看见的重点，不仅为彭阳实践提供了托举，更将支撑起未来更多的管水实践。如果说"从毛驴驮水到手机送水"是具象表达，那么"大旱望云霓"到"云"解塬上渴就是意象取胜，把技术问题展现得清晰脱俗。

"中国人均水资源量是世界人均的1/4，而西海固，又是全国人均的1/23。西海固苦旱，吃水最难。然而去年以来，已有10多个省份派人来西海固，到宁夏固原市彭阳县学农村'吃水经'。"

这是见报稿开头的一段话。

历经多遍重写，素材已然烂熟，思路打开，行文便畅通无阻。开头就从中国在全球的缺水，接上西海固的苦旱，用悬念引入反差，带进故事，点出创新，展示效果。

其实，还有光纤、基站，智能手机应用等各类要素，早已在我们国家普及遍布，司空见惯。今天的创新，就是这些先天优势的运用重组。"云"解塬上渴的故事，就像是时代的一滴水，折射出当下创新故事的各色光芒。

囿于篇幅，后面几轮修改中稿件一再瘦身。但"云"解塬上渴这个主题，恰恰就是在删减冗余后被淬炼出来的。

如何从冗余里剥出价值来，确实是一轮对业务的捶打。在地方部编辑和一版编辑的精心打磨下，最终呈现出一篇明快晓畅的千字文。

"前任"执笔朱磊打趣说，终于把民生写成了科普。这是采访中，我们走的一圈弯路，地方部一开始就超越了民生，盯着"新闻价值"的靶心。记者"见猎心喜"，采到好的、精彩的、感人的部分，不免被带偏了节奏。

两种选择背后实质是可读性和思想性的关系。两者都很重要，但以人民日报的定位，可读性必须服务于思想性。想起曾经听过的一个"果核理论"：果核干硬，果肉鲜美，大自然赋予果肉鲜美的口感以吸引动物来吞食，而目的却是为了让果核满载的 DNA 信息得以传播开去。

新闻的思想性与可读性就好比果核与果肉。果肉只是手段，果核才是目的。果肉鲜美，惹人喜爱，方能传播更远；而抓住内核，才能让新闻的思想与价值凸显。①

"可读性必须服务于思想性""抓住内核，才能让新闻的思想与价值凸显"，王汉超这一经验之谈，可谓点中了要害。

《江苏以综合考核引领高质量发展》一稿于2019年9月22日在《人民日报》头版头条刊出（见附文），见报时，正逢江苏全省公务员会议召开，与会代表热议，"人民日报的报道一点不枯燥，还把综合考核工作写透了。"

---

① 王汉超《抓住内核，再谈生动》，人民日报社地方部《业务研讨快讯》2020年第100期。

人民日报社江苏分社做这篇报道时，为了选准能够反映江苏综合考核改革本质的故事点，从而具体形象地呈现这项工作的成效，在采写中反复对比，大费周章。人民日报社西藏分社社长、原江苏分社采编中心主任申琳曾这样总结：

《人民日报》一版稿件主题重大但字数有限，如何用较短的篇幅把主题写清楚、写生动？我认为关键在于选准能够反映重大主题本质的一个或几个"点"，具体而形象地呈现这一主题。

这个关键"点"至少应具备三个元素：代表性、故事性和说服力。

这篇报道的主题，是江苏如何出实招抓好高质量发展，用省委书记娄勤俭同志的话说，就是解决高质量发展"指挥棒"的问题。江苏的综合考核，内涵是将高质量具体到6方面工作并将其量化，以统一苏南苏北不同区域。但所呈现的是一系列抽象数据，内容纷繁，专业性又强。而报道离不开具体剖析一个或几个有代表性的点。

综合考核中，5个地市拿到一等奖，4个属苏南、准苏南（南通虽在江北但紧邻上海），加上一个苏北的徐州，优势各不同，各有"代表性"。所以初稿中，我们考虑以五市为代表，重点突出最能代表苏南的苏州市，"故事点"则选择太湖之滨的"刺绣之乡"镇湖。在寸土寸金的苏南，能把镇湖这么一大片区域作为不开发区，重点发挥其生态、富民功能，确实也生动体现了新发展理念。

初稿到了地方部，部领导认为5个市均衡发力面面俱到，限于篇幅既影响故事性，也弱化了典型性，建议我们深入提炼出一个最具代表性的地方，小切口，讲好故事，淡化工作味。

这个最具代表性的"点"该怎么找？我们讨论后认为，除了"代表性"，还必须有"说服力"。谁都知道苏南发展基础好，苏州又在全国地级市中多年领跑，把一块区域限制开发，苏州有这个实力，但对于江苏其他地区和全国各地来说，发展还是第一要务。因此苏州镇湖这个点，看起来很有代表性，但却缺乏说服力。

思路一变，我们从"说服力"的角度再考量，就觉得应该把点选在地处苏北的徐州。徐州是老工业基地、资源枯竭型城市，历史包袱重，经济增速更是全省靠后，却在全省首次考核中拿到了一等奖，其中的意义值得深思。到徐州深入采访，发现徐州这些年并没有因为GDP压力而片面追求经济增速，而是将产业转型、生态修复、民生改善、基础设施补短板等工作综合推进，较好地体现了新发展理念，走出了一条高质量发展的道路。

"只要专注高质量，经济发展相对落后的苏北地区也有高光时刻。"省发改委同志的这一共鸣，进一步加深了我们对"代表性"的全面认识：从五个一等奖中选出一个是代表性，从苏南五市之外的苏北八市选出一个来，更是代表性。

从苏南转到苏北采访，又经历了一个对"点"的认识深化过程。在徐州采访期间，地方同志带我们去了很多点，不少都是他们引以为豪的高大上的典型企业，有老牌高端制造企业徐工，有光刻机制造、消防机器人制造等高新技术企业，还有从小工厂发展到行业领军的上市企业……亮点虽然很多，但是与徐州作为老工业基地、资源枯竭型城市转型的关联度却不够高。

"能代表徐州的转型发展之路吗？"翻阅采访笔记时我反复问自己，觉得许多企业都不具备较强的说服力。

徐州是有名的"煤城"，煤炭企业都干什么去了？宣传部的同志介绍基本都去国外或西部进行资源开发了。

都走了吗？留下来的呢？前几年我们采访过热电企业用煤矸石发电，现在怎么样了？企业还在，基本把煤矸石消化掉了。

那有什么新情况吗？他们刚利用煤电资源建了一个大数据产业园……

有了！

于是，一个煤炭企业由挖煤到循环经济，再到大数据产业的转型发展之路开始清晰起来，当年被挖得千疮百孔的塌陷区现在变身为美丽的湿地公园，生态环境的改善更是具体可感。有了庞庄矿、华美热电这个极具代表性、说服力的案例,剩下的就是如何故事化呈现了。

在当地宣传部同志的协助下,我们最后又筛选出一位从矿山到热电厂、再到大数据产业园的亲历者作为重点采访对象。于是,普通科技人员武家龙的个人经历,生动演绎出一个城市向着高质量迈进的历史变迁。

面对采访对象时,如果还因"那么多"而茫然,那就是思考还不够透;如果还为没有"那一个"而苦恼,那说明采访还不够深。想透抓住写活那个最重要的"点",既要付出我们的脚力,还要挖掘我们的脑力。[1]

---

[1] 申琳《想透抓住写活那个最重要的"点"》,人民日报社地方部《业务研讨快讯》2019年第80期。

**附（原稿）：**

## 西海固吃上了"智慧水"

西海固苦旱，能放开肚皮吃水，这里祖辈就没想过。走进宁夏固原彭阳县的村村峁峁，这片渴了上千年的黄土丘陵，不仅户户接通了自来水，还全是网络监控、手机指挥的"智慧水"。坐下聊吃水，像一页页翻过多年的辛酸。

彭阳长城村，吃水要下到沟底，等泥坑渗，再一瓢瓢舀进桶，一天两趟，人挑驴驮，来回就要一两个小时。那等于家家困住一个劳力，专司吃水。那年月，全家洗脸只拿一碗水，洗稠了，水还在碗里。要等天下雨，妇女去塬上寻积了水的泥坑，凑便洗衣。赶路的人到长城村，馒头你可以吃，讨口水喝哪家都舍不得给。

长城村水管员叫张世祥，历数政府的一轮轮努力，要解决农村吃水难。早在20多年前，自治区启动"生命工程"，大规模筑水窖、挖土塬井，10多年前，"解困工程"又把水窖作用巩固扩大。5年前，彭阳分45个小水利工程片区供水，离城近的对接市政管网，称作"安全饮水工程"。

费尽九牛二虎力气，效果说来辛酸。在草庙村李如学家，水窖打一桶来看，泛黄发浊。"牲口可以喝，人喝不下去，要放茶叶沫子压味。"那是收集的房檐、院里的雨水，柴草、羊粪不免灌进水窖。即使这样，窖里剩两尺水就不敢再吃，要到外面找水、买水。草庙村沟里也缺水源，那年工程井打到700多米，钻头打坏才出来水。全村人跑来看，过年一样。尝一口，却是苦咸水。水苦饮牲口，也卖到7元一方。

小工程终难彻底解决水源之困。沟底水源污浊，提到村寨也不宜饮用，还有些区域氟牙、胆结石高发。每逢大旱，要靠车拉水，一方水高达50元。张世祥收水费听了太多抱怨，供水三天两头停，管线裂了漏了少人过问。他骑摩托山上山下跑，有时4趟见不着农户，抄表收费也常遇扯皮。

为西海固找水源，已筹划了40年，因条件所限，立项曾"四上三下"。泾河在宁夏年均径流3.26亿方，在国家配给宁夏的1.3亿方中，饮用水不足2000万方。恰逢西海固百万人要脱贫，两不愁三保障里，吃水是底线要求，泾河是西海固唯一可靠的救命水。国家支持、自治区争取，宁夏中南部饮水工程终于实施。来自全国的万人大军，打通了12条隧道，建了35座泵站、92座调蓄池，让1200公里管道从泾源县翻山过岭，穿越地震裂隙、塌方、软岩、湿陷性黄土，把水源送往西海固。

水来了，可管好用好成为巨大挑战。像彭阳，农村山大沟深，居住分散，近20万人分布在2533平方公里丘陵山峁之间。水动脉再分成毛细血管，入户管线在千沟万壑间行走，跑冒滴漏、水质水压、抄表收钱，要多少成本、人力去保障那一条条水线？

没水被困住，水来到门口，还能被困吗？彭阳借脱贫攻坚的政策优势，整合涉农资金，打造了一张网络时代的农村水网体系。全县干支管线从3000公里延长到7109公里，入户率达到99.8%。依托国家优良的网络基建，如4G网、自治区水利云平台，不增1寸光缆、不添1台服务器，从源头到水龙头，从流量、水位、压力、水质，到采集、分析、监测、调度，全部实现智能化管理。管理人员反倒从当年的90人，下降为40人，年运维成本节约20%，漏损从35%降至12%。

缺水而困、盼水而兴，水在这里受到了隆重对待。PH值、水温、色度、浊度、大肠杆菌……日测9项，月测28项，季测42项，全部在线监测。管线损漏得以随时发现，数小时内便能得到维修。吃的虽说是"智慧水"，却也是平价水。彭阳不论城乡，水价统一降至2.6元/方，城乡"同源、同质、同网、同价"。事实上，农村用水的便利，远超城里旧有水表的用户。水质、水量等时时在手机上显示，缴费更随时在线完成。儿女走世界，拿起手机也能帮爹娘管好水。

今年，张世祥卖掉了摩托，他不再需要山上山下查表收费。有了水，解放了劳力，人也敢放手发展。过去长城村不过400来头骡子、牛等牲畜，如今牛已740头,羊1500头,猪1350头。村里杨铎升还开起餐馆。这个村庄从毛驴驮水到手机送水,屈指算不过10年。

李如学如今正给家里搭建洗澡间。彭阳4.3万农户,3万常年在家的基本全部装上太阳能热水器。当无人机飞过西海固的土塬,房顶的热水器正成为新的景观。9月初,水利部农村饮水安全推进会开到固原的彭阳县、隆德县,农村智慧水务已在西海固推广,也将在未来,改变更多的中国乡村。

## 附（见报稿）：

## "云"解塬上渴

李增辉　朱　磊　王汉超

中国人均水资源量是世界人均的1/4，而西海固，又是全国人均的1/23。西海固苦旱，吃水最难。然而去年以来，已有10多个省份派人来西海固，到宁夏固原市彭阳县学农村"吃水经"。

在脱贫"贫中之贫"、吃水"困中之困"的地方，能有什么"吃水经"？

彭阳从城到乡，织起一张"活"的水网——传感器遍布泵站阀门，流量水压等数据汇入物联网，管控靠云计算，调度实现自动化。

彭阳解答了一道农村饮水的难题。农村面积广，村民分布散，彭阳近20万人分散在2533平方公里土地上。山大沟深，入户管线行走在千沟万壑间，跑冒滴漏等故障频发，向农村延伸越深，成本越高，人力越不够。

水管员张志亮对当年的"难供""难管"记忆犹新：爆管、漫水、冲坏庄稼时常发生；管子在野外，排查时要翻山越岭，小股跑漏很难发现，有时荒野长起一片草，才知道下面漏了水。

前些年抄表收费时，有农民质问"水送成这样，还好意思要钱？"2009年腊月，张志亮修完一家水管，俩裤腿浸的水已冻成冰碴。第二家爆管，赶到时水已漫出房子，等急眼的人冲他兜头就打。"管水管到挨打，当时真不想干了。"

2016年，宁夏中南部饮水工程建成，为西海固4县区114万城乡居民送来了解困水源。彭阳县干支管线从3000公里延长到7109公里，缺人管、漏损大、收缴难等问题更加突出。

没水受困，有了水还要继续受困？

习近平总书记2016年7月在宁夏考察时强调："越是欠发达地区，越需要实施创新驱动发展战略。"思路打开，宁夏着力搭建"水利云"平台，彭阳着力探索用好这个平台。

经过两年多建设运营，彭阳智慧水网逐步成熟。3.94万处传感器对流量、水位、压力、水质等数据进行采集，主管网和全部设施24小时自动运行，4.3万户农家水表每5分钟传输一次数据，"水利云"随时汇总、分析，进行精准管控。损漏能及时被发现，水管员手机接单，数小时内便能到位维修。如今彭阳管线漏损率从35%降至12%，运维人力从90人降至40人，水费收缴率从60%提高到99%。

水质、水量、水价手机上随时看，水费随手缴。如今畅饮的不仅是安全水、平价水，更是明白水、智慧水，水价也降至2.6元/立方米。据估算，水网年运维成本节约20%，并仍有下降空间。

水有了保障，生产和生活也悄然改变。"过去没水，别说养牛羊，人喝水用水都困难。"彭阳县扶贫办主任陈宗惠说，水有了，也助力精准扶贫。去年4月，彭阳县摘掉了贫困县的帽子。如今，走在乡间，3万多农户房顶上的太阳能热水器成为新景观。

人们描述渴望时会说"如大旱望云霓"，西海固在干渴中一代代望云祈雨，如今终于在网络时代，用"水利云"为千百年的干渴画上了句号。

（《人民日报》2020年9月11日，此稿获人民日报2020年9、10月好新闻一等奖）

附：

整合项目量化标准　个性指标彰显特色

# 江苏以综合考核引领高质量发展

何　聪　申　琳

2018年，在全省13个设区市中，经济增速排第十二位。那么，综合考核，又能排第几？

徐州的答案是：第一等次！

"只要专注高质量，基础相对落后的苏北也有光荣时刻！"江苏省发改委副主任徐光辉说。

苏南、苏北，发展水平差距明显，如何找到统筹全盘的"总抓手"？2018年，江苏省委决定启动年度综合考核，围绕习近平总书记对江苏提出的"经济强、百姓富、环境美、社会文明程度高"目标，引领苏南、苏北立足各自实际，将发展重点聚焦于经济发展、改革开放、城乡建设、文化建设、生态环境和人民生活等"六个高质量"。

徐州地处苏北，作为老工业基地、资源枯竭型城市，在践行新发展理念上表现不俗，转型之路走得虽艰难却执着。

"我们徐州矿务集团变几回了。"30多岁的武家龙说起自己工作了多年的企业，十分感慨。

第一次是"黑变白"。武家龙大学毕业后，在庞庄煤矿当机电维修员，"每天8小时都在井下，总是满身满脸的煤渣。"2014年，庞庄煤矿关闭，武家龙考进一墙之隔的华美热电公司，穿着白大褂坐在了热控专业干净敞亮的工位上。

华美热电是徐州矿务集团旗下的热电联产企业，可以将劣质煤、矸石、煤泥等作为燃料"吃干榨尽",既发电,又供热,残渣还能制造水泥和新型地砖。采用超低排放技术,燃煤电厂的排放比燃气电厂要少。如今,华美热电能够消化徐州周边的许多劣质煤。

第二次是"白变绿"。2016年,华美热电利用庞庄煤矿关闭后的土地资源,加上丰富的电力、热力资源,启动建设淮海大数据产业园,吸引华为、中国移动等企业纷纷入驻。随着华美热电这次"煤网联姻",武家龙又来到大数据产业园,开始从事大数据设备检修工作。

武家龙的经历并非个案。近5年,徐州先后关闭6对矿井,同时推进矿区、采煤塌陷区生态转型。徐州采煤塌陷区新增近百个湖泊、湿地和景观区。

综考以"六个高质量"量化指标,解决了"动力"问题。"苏北因为落后而长期只重经济,现在是综合考核,考的就是有没有贯彻新发展理念!"一位长期在苏北工作的干部坦言,徐州拿到综合考核第一等次,对整个苏北地区都是激励。

综考"一张试卷",解决了多重压力问题。"没有综合考核,各地按惯性发展,实际上缺乏抓好发展的压力;专项考核太多,各地疲于应付,负担和压力又太重。"省考核办有关负责人表示,综考既形成了压力传导机制,又将各类考核删繁就简,为基层实实在在减负。实行综考后,省级督查检查考核从237项减到84项。

综考以"个性指标",解决了活力问题。为鼓励各地特色化发展,综考除设有18项共性指标外,还设有6项个性指标。作为资源枯竭型城市,徐州的采煤塌陷区治理就被列入个性指标,"个性指标鼓励把特色工作做好,让所有梦想都开花!"省考核办有关负责人说。

"追求什么样的发展方式,就得有相适应的考核引导机制!"江苏省委书记娄勤俭表示,江苏实行综合考核,是贯彻新思想新理念、把高质量发展落到实处的制度性安排,这个体系今后还将持续优化完善。

(原载《人民日报》2019年9月22日,此稿获人民日报2019年9、10月好新闻一等奖)

# 背景，给报道插上腾飞之翅

2010年冬，一位驻站才两个月的新记者的一篇报道，震动了三晋大地。11月26日，《人民日报》刊出《山西遭遇近年来最严重"电荒"》(见附文)。

当日早晨7时，我被通知参加8时半的省政府应急会议，相关领导就此事询问了采访情况，并表示诚恳接受人民日报的批评，欢迎继续监督；当天上午，省委书记和省长分别在报纸上作出批示，表示要尽快查明情况、采取措施；下午，省政府召开专题会议邀请我和山西分社采访部主任刘鑫焱参加，根据人民日报曝光的数据，要求关停机组迅速开机以保障用电，同时节能力度不减，各职能部门表示坚决弥补电力缺口；28日，省政府专门为人民日报召开了新闻发布会，将连夜出台的新增400万千瓦电力保障文件对外公布，并向各地派出督查组纠正基层为节能限电的错误做法。我们也对山西迅速采取的积极措施表示肯定，并发回后续报道。

网络和群众的回应也十分强烈。当日130多家网络媒体转发，很多大型商业网站均将其作为头条推荐，网友跟帖热络。以新浪网为例，当日留言跟帖达2000多条，并且超过50%的网友留言对报道表示肯定和支持。见报一周后，根据群众反映和读者回访，山西各地停电和限电现象明显好转，山西太原市一名李姓公务员向记者表示，你们干的事情是积德的好事，老百姓都叫好。12月4日，中央电视台在"新闻直播间"栏目也刊播了《关注山西"电荒"：停电为了完成节能减排指标》《节能减排不是"样子工程"》等报道和评论,其原因分析同分社的稿件如出一辙。①

这篇报道由人民日报社山西分社的年轻记者冀业执笔。"从2009年毕业入社,到今夏离开总编室夜班编辑岗位,再到今秋奔赴山西分社驻站,我在各位老师的帮助下不停地完成角色转换和环境适应。"②

冀业当驻站记者才个把月,是怎么发现这个选题的呢?

10月下旬以来,煤电大省山西由于各种原因,省内群众生产生活缺电现象逐渐显现并日益严重,部分地市企业大批停产、居民停电达每天12小时,个别地市11月停电天数甚至达14天。我在11月初的3次赴市县采访中,均遭遇了突然停电长达3至6小时,靠笔记本电池和无线网卡才完成了发稿任务,同时基层群众通过电话、网络向记者反映限电情况严重。③

如此看来,发现选题并不难。这番情景,当地众多中央媒体驻站记者岂非人人感同身受?为何唯独冀业"凭自己的直观感受"就能抓准选题呢?

冀业说,山西的媒体记者对此也有议论,但似乎已习惯,说"冬季缺电年年有,2010格外缺"。

"不识庐山真面目,只缘身在此山中。"冀业刚从"总编室夜班编辑岗位"转岗,"一年来在编辑岗位,老师们多从中央精神策划组织稿件",这种锻炼,让他对相关政策背景的变化尤为敏感。

就在他"转岗"的10月份,中共中央十七届五中全会通过制定"十二五"规划的建议,建议中提出"加快建设资源节约型、环境友好型社会,提高生态文明水平",明确"以节能减排为重点,健全激励和约束机制"。山西本地用电之所以出现"2010格外缺"这种情况,原因即在于此。不是发电能力不足,

---

①②③ 冀业《角色虽转换,责任永不变》,人民日报社地方部《业务研讨快讯》2010年第64期。

而是受制于"节能减排"的约束机制。

不只是山西,政策约束之下,多个省区为突击完成节能减排目标,采取限制企业正常生产特别是居民生活用电,强制性停止火电机组发电。针对这种严重损害人民群众切身利益的错误做法,国务院办公厅于11月23日发布了《关于确保居民生活用电和正常发用电秩序的紧急通知》。

正是在这样的背景下,记者和编辑想到了一起。"总编室视点版主编何炜也从网络上了解到这一情况,希望我们能发回一个'热点解读',回应群众的呼声和疑问。"①

"因为电力巨大缺口这一表象所涉及的利益部门较多,发电、供电、发改委、经信委等职能部门,采取了委婉拒绝、置之不理、踢皮球等方式谢绝回答。"② 采访并不顺利,但山西分社组织全体采编人员给予支持。

> 此次"电荒"采写过程,面对诸如相关部门不配合,无法见到权威文件、听到权威声音,只有感性认知没有理性分析等困难,分社同志坚持不懈、使用技巧积极探寻,终于最大限度地接近了真相。采访中获得的扎实的证据材料,仔细核实过的每一个细节,使报道经受住了实践的检验和不同声音的质疑。

11月23日,稿件传回总编室,恰好当日国务院下发了《关于不能因突击完成节能减排任务拉闸限电的紧急通知》。研究国办通知并和总编室编辑交流后,我们又重新组织了文章结构,修改内容和细节,使文章更能站得住脚、经得起考验。25日上午,山西召开专题会议研究节能减排和电力供应问题,但未和媒体及时沟通;25日下午,人民网头条挂出了"希望山西省政府别再沉默"的标题。面对网络舆论产生的压力,为使报道更加扎实、客观,准确反映中央精神和基层人民呼声,分社和总编室继续互动沟通,直到26日0点30分才最终定稿。

稿件11月26日见报,这是中央媒体关于山西缺电成因探析的第

---

①② 冀业《角色虽转换,责任永不变》,人民日报地方部《业务研讨快讯》2010年第64期。

一篇报道。①

编辑部有一个说法："编辑是厨师，记者是采买。"冀业认为，从"厨师"到"采买"，驻站记者"欲成为一名合格的'采买'，必须'站在天安门上看问题，蹲在田间地头找感觉'，这样找到优秀的原材料才成为可能。而发现了原材料，如何能鲜活地抓到手里，则是一名驻站记者必须经过长期勤奋实践才能掌握的手艺"。他还认为：

  编采人员积极互动沟通，是报道成功和出彩的另一保障。经历两个岗位的锻炼，我心中已有了对采编互动重要性的初步认识，但此次报道的具体过程，对采编互动的理解则更深了一层。正是这种积极互动，使我们率先抓住独家选题；正是编辑的不断发问、对缺电深层原因不断探究，才指导我们去获取支持每一个原因的材料，几易稿件并最终使其中的逻辑关系清晰起来；正是编辑的不断质疑，报道行文才更加客观，例如对电荒这一用词加上了引号，对"最严重"一词加上了限定定语"近年来"，为我们省去了许多见报后不必要的麻烦；正是编辑更具全局观的政策理解力，对标题的精心修改和为报道附上"编辑点评"，才避免了见报后有可能产生袒护地方政府、质疑中央决策的不良联想。②

分析《山西遭遇近年来最严重"电荒"》一稿成功的原因，首先是记者"站在天安门上看问题"抓准了选题，再加上"编辑更具全局观的政策理解力"。而这二者的背后，均有一个重要因素，就是记者、编辑对政策背景的敏感和了解。

背景是新闻事实内容的一部分，它或许是新闻事实的起因，也可能是新闻事实的纵横发展、变化及联系。具体到某篇报道里，或是与主题有关的最新政策、现实环境，或是历史、地理、专业知识、典故传说等有关资料，能

---

①② 冀业《角色虽转换，责任永不变》，人民日报社地方部《业务研讨快讯》2010年第64期。

丰富、突出、深化、明晰新闻事实，为读者提供认识事物的新思路、新视野。多数情况下，这些背景材料会在报道中呈现出来，但也并不尽然。

美国著名作家海明威曾把创作比喻为"冰山"。他说："冰山在海里移动很是庄严宏伟，这是因为它只有八分之一露在水面上。"意思是说，作家有八分之七的思想感情蕴含在形象背后。有时候，新闻报道的背景也是这样，记者成竹在胸，而背景是他判断人物或事件新闻价值的坐标，无须在报道里叙述太多。《山西遭遇近年来最严重"电荒"》这篇报道中，对于中央实施节能减排这个政策大背景着墨不多，最后的"编辑点评"，才像《史记》篇末的"太史公曰"一般，虽三言两语，却如点睛之笔（见附文）。

如果"编辑点评"里不点明这则新闻事件的背景，发生在山西的"电荒"，可能在粗心的读者眼里就成了孤零零的事件，那样，这篇报道的价值和意义就大打折扣了。在这篇报道中，编辑为了使山西"电荒"事件报道读来更流畅，巧妙地通过"编辑点评"道出事件的背景，虽然说得比较简单（因为与背景相关的报道当时已屡见报端），但无疑使新闻的主题深化了。

总之，无论背景以什么方式呈现，记者了解掌握了背景，会使新闻大大增值。甚至可以说，犹如给报道插上翅膀，可以让报道突破时空局限腾飞而起。

2004年3月29日，我在《人民日报》国民经济版发了一篇报道——《再生铝要快快热起来》（见附文）。3个多月后的7月13日，国民经济版刊发这样一条消息：

> 本版3月29日刊出的《再生铝要快快热起来》一稿，引起了中央领导的高度重视，先后作出指示，要大力扶持再生铝产业，加强行业规划和宏观调控，研究制定财政、税收、价格等激励政策。并提出以再生铝为突破口，大力推进我国循环经济的发展。根据中央领导指示精神，国内第一次再生铝产业的专题研讨会——中国再生铝产业发展研讨会今天在京举行。
>
> 会上，国家有关政府部门、行业专家、国内外再生铝企业，就国内

回收体系、进出口政策、工艺技术、装备、环保、行业自律等问题进行了深入研讨。

又过半月,《人民日报》7月27日刊出消息,体现了这次会议的直接成果:

（主题）**国家发展改革委力推循环经济发展**
（副题）近期抓紧制定法规组织循环经济试点

那么,中央领导对《再生铝要快快热起来》这篇稿子作了什么指示呢?

3月31日,国务院副总理黄菊批示:"应考虑通过健全相关法规,扶持再生铝产业的发展,提高我国铝资源综合利用水平。"

同日,国务院副总理曾培炎和国务院副秘书长汪洋做了批示。

4月1日,国家发改委主任马凯批示:"铝的再生性很强,每再生一次的烧损率仅为5%,可多次再生使用。按照发展循环经济的理念,应大力发展再生铝产业。此事请环资司商工业司、产业司等研究,力争从'再生铝'突破,使我国发展循环经济迈出重要步伐。"

这个引起中央领导重视、由此引发国内第一次举行相关会议并推动具体落实的选题,是怎么被发现的呢?

2003年底,我国经济运行中出现煤、电、油、运和一些矿产资源供应紧张等瓶颈现象,11月27日至29日召开的中央经济工作会议,强调"积极发展循环经济,缓解经济发展中的瓶颈制约"。我当时任人民日报社经济部工业组组长,工业组策划做一组《缓解瓶颈制约系列报道》,共5篇,我承担其中2篇——《警惕有色金属产品后劲不足》（2003年12月15日）和《莫让资源拖后腿》（2003年12月19日）。

采访中明显感觉我国对再生资源利用这项工作重视不够,不少层级很高的领导同志在这方面的意识也相当淡薄。比如,中国有色金属工业协会会长康义,可以说是有色金属行业最权威的人士,在接受我的采访时,就缓解有色金属资源紧张谈了两条建议:一是尽快开展有色金属矿山新一轮找矿;二是

"走出去",尽快形成我国海外有色金属矿产资源开发布局。而对金属资源如何再生利用,未有片语涉及。

对有色金属领域,我也很陌生,只是由于2003年中央多次批评电解铝过热现象才予以关注。为什么能一下子就抓准再生铝这个话题呢?

原因就在于我对我国资源现状这个大背景有一定了解。

本书《咫尺应须论万里》一文中,提到发表于1997年4月1日的《中国的海外油田》一稿,当时曾产生较大的社会影响,原因就在于报道较早触及改革开放大背景下我国资源状况这个敏感话题,与康义会长所说的"'走出去',尽快形成我国海外有色金属矿产资源开发布局",可谓系出一脉。

《荀子·富国》中有云:"故明主必谨养其和,节其流,开其源,而时斟酌焉。""走出去"是"开其源"的重要战略部署,但任何时候我们也不能忘了"节其流"。"节其流"——发展循环经济,也正是当今世界的潮流。

在采写《再生铝要快快热起来》一年多前,2002年6月17日,人民日报社经济部工业组负责的《企业界》专版组织了一期"循环经济"专题,我采写了头条《循环经济:必由之路》一稿,其中说道:

> 目前,全世界钢产量的45%、铜产量的62%、铝产量的22%、铅产量的40%、锌产量的30%、纸制品的35%来自再生资源的回收利用。这个比例大大高于我国同类资源回收利用的情况。
>
> 为解决经济发展与保护生态环境之间的矛盾,国际社会和各国政府多年来提出了各种发展模式和战略,"循环经济"就是目前国际上最能代表这一思潮的一种战略模式选择。再制造产业的兴起,便是"循环经济"的实践成果之一。从20世纪90年代以来,发展知识经济和循环经济,已成为国际社会的两大趋势。

这期关于"循环经济"的专题,是中央媒体中最早比较系统、全面地介绍循环经济理论与我国实践状况的报道。我全程参与策划、组织并采写,"循环经济"这一理念也入文入脑,从笔底落到心底。

《缓解瓶颈制约系列报道》是一组配合解读中央政策的急就章,报道任务完成后,我意犹未尽,总觉得报道深度不够,对未能涉及"循环经济"这个国际社会的最新理念深感遗憾。查阅原国家经贸委制定的长达万余字的《有色金属工业"十五"规划》,发现这方面表述仅有"加强有色金属废杂回收和来料加工贸易管理"这样笼统的一句话,更让人觉得这个问题太值得一说。为此,我又采访了中国有色金属协会再生金属利用分会。

2月底稿子写完,"两会"召开,稿件压在版面。就在这次"两会"上,"循环经济"成为会议一大热词。比如:

**本报北京3月9日讯** 记者**卢新宁**报道:连日来,发展"循环经济"成为"两会"代表、委员议论的热点之一。为落实中央领导有关批示以及代表、委员的相关建言,国家环保总局近期将采取六大措施推进循环经济,为树立科学的发展观搭建政策平台。①

而"再生铝要快快热起来"这个话题,正是用具体、生动的事实阐明了"积极发展循环经济"的必要性和可行性,为这项工作的推进提供了一个很好的切入口,正如马凯同志批示中强调的:"力争从'再生铝'突破,使我国发展循环经济迈出重要步伐。"因此,"两会"结束后,版面很快推出了这篇报道。

回顾此稿的采写过程,感受最深的一点就是:日常要重视学习积累,注意研究问题。只有对相关情况和问题比较熟悉,才可能产生精当的见解,从而深入下去探索、认清事物的本质和规律——抓到真正的独家深度报道。具体到这篇报道上,再生铝这个话题更深远的背景,是循环经济这一全球性的发展模式和战略。由于对循环经济之前有一定的研究和了解,所以接触到其中某个具体问题——再生铝,对我国是否应该加快发展这个产业,通过采访也就自然生成具有前瞻性的思考,因而发现并抓住了别人没看到的新闻。

---

① 《六大措施推进循环经济》,《人民日报》2004年3月10日。

**附：**

煤电大省频繁停电，年底电力缺口将约占总需求 25%

# 山西遭遇近年来最严重"电荒"

刘鑫焱　冀　业

25日19时，山西省会太原。

入夜之后，大道两旁的景观用灯并未开启，许多路段的路灯隔一盏开一盏，小街巷里的店面广告也是漆黑一片。

### 间断性停电频现

"我们家最近每周停电好几次，一停电就容易停水、停暖气，晚上家里吃饭、孩子写作业都得靠蜡烛，大冬天冷得睡不着。"山西晋城市民王先生告诉记者。

晋城市供电公司一位负责人介绍说，"山西全省电力紧张，导致今冬晋城最大电力缺口预计达60万千瓦，占总用电需求的40%左右。"

而在晋西工业集团动力分公司，经理任国元也表示："每年冬季都要有几个月限电，但这次显然是最难的一年了。"

据记者了解，10月中旬以来，山西各地频繁出现间断性停电。而来自山西省电力公司的消息称，随着近期山西气温下降，各地供热取暖用电逐步增加，电力负荷持续攀升，全省最大用电负荷达到1732万千瓦；与此同时，省内电力供应明显不足，最大电力缺口达320多万千瓦，预计年底电力供应缺口将达到500万—600万千瓦，缺口占总用电需求的20%—25%。

**发电企业停机容量大**

一位从事电力工作近30年的业内人士告诉记者,山西缺电的直接原因,不是缺煤,也不是发电机组装机容量不够,而是发电企业停机容量太大。

记者从山西省电力公司获悉,山西电力供应出现短缺的原因是:"四季度以来,我省加大了节能减排工作力度,发电企业停机限产,发电机组非计划强迫停运频发。加之部分火电企业由于经营困难电煤中断,也长期停机。"

该业内人士还向记者出示了一份11月中旬某日的《当日山西省电力供应及电煤信息日报》。记者看到:当日山西省调装机容量2986.75万千瓦,停机容量超过710多万千瓦,其中非计划停机容量174.5万千瓦,缺煤停机115.5万千瓦,未开机容量259.6万千瓦,而由于计划检修、经营不善停机和环保停机容量,占到168万千瓦。停机机组已占到总装机容量的两成以上。

对于发电企业大量停机的原因,该业内人士直言不讳地说,完成节能减排目标的压力,是主要原因之一。"除去正常停机,上述数据中的非计划、未开机容量,很大部分是由于节能减排压力而关停的机组容量。"该业内人士分析。

据了解,今年山西万元GDP能耗需下降4.6%、化学需氧量排放总量需下降2.44%、二氧化硫排放量不出现反弹,才能完成"十一五"节能减排目标。虽然山西省政府今年采取了一系列强力措施,但节能减排压力依然空前。

"今年冬季采暖期开始后,京津用电压力一直很大,南方省市也因枯水期水力发电不足,山西开足马力保障供电,但发电所产生的能耗却由山西承担,造成节能减排压力巨大。"该业内人士对记者说。

据山西电力公司一位负责人介绍,山西一直是向全国输电最多的省份之一。今年前三季度,山西累计外送电量达506多亿千瓦时,同比增长17%以上。虽然目前山西面临严峻的缺电局面,但外输电量仍超过全省发电量的1/3。

"为保证今年节能减排目标顺利完成,并且保障外输电供应,山西只能停掉供应省内的发电机组。"山西一座电厂负责人告诉记者。

## "电荒"并非因为"煤荒"

据了解,今年10月山西煤炭产量达6758万吨,创历史月产量新高;预计今年山西省煤炭总产量将达到7.2亿吨,从而超越内蒙古重新确立全国煤炭产销第一大省的地位。因此,山西不存在煤炭产量不足的问题。

而据记者了解,山西部分发电企业因"煤"停机的原因之一,是少数火电厂还延续着"小煤窑"时代的思维,图便宜、不建储煤场或小库存,不与大产煤企业签供货协议,结果现在小煤窑没了,闹了"煤荒"。

"因'煤'停机的表象,其根源就在'市场煤'与'计划电'的价格体制不顺。电价属于国家行政调控,而煤炭的价格却已市场化。"该业内人士分析,今年以来煤价涨幅远超电价,部分未签订煤炭供货协议的发电厂亏损面加大,因此不愿买煤而停机。

## 全力保障居民生活用电

"无论是拉闸限电、关停机组,还是买柴油机,都属临时之举。"该业内人士认为,电力缺口这么大,电网安全还得保障,因此做好用电分配显得尤其重要。

负责山西电力调配的省经济和信息化委员会,11月以来两次下发通知,要求"各市各部门不能以完成节能目标为由,停止正在运行的发电机组,要确保省内电网的正常运行"。

山西省电力公司近日连发紧急通知,要求首先保障城乡居民生活用电。根据"先生活、后生产、保重点、兼一般"的用电原则,对带有自备发电机的营业单位全部参与避峰用电;对大型企业实施错峰用电。

| 编辑点评 |

近期,有些地方采取拉闸限电、关停火电机组等方式,突击节能减排达标,影响了企业生产和群众正常生活。这种简单压减电力供应的做法,不仅违背了节能减排的初衷,也损害了人民群众的切身利益。

推进节能减排，要与加快转变发展方式、切实推进结构调整有机结合。要正确处理节能减排与合理发用电的关系，加强对电力需求侧的管理。只有继续严格限制高耗能高排放企业用电，对未按规定期限淘汰的落后产能和违规建成项目，依法、按程序停止供电；严格控制景观照明用电，杜绝"亮化"工程等浪费现象；通过帮助用户提高用电效率，改进用电方式，实现节约用电，才能从根本上实现节能减排工作的目标。

（原载《人民日报》2010年11月26日，此稿获人民日报2010年11、12月好新闻三等奖）

**附：**

全球铝产品市场 40%—50% 的需求是废铝再生后提供的，我国使用再生铝大大低于世界平均水平——

## 再生铝要快快热起来

费伟伟

电解铝过热啦！去年年中以来，国家发改委频频吹风，提醒电解铝项目防止重复建设。据最新统计，去年电解铝产量达 546 万吨，产能逾 800 万吨，但在建和拟建能力还有约 500 万吨。

"氧化铝也要防止过热！"中国铝业公司负责人多次在各种场合说。氧化铝是生产电解铝的原料，必须依托铝土矿资源。仅以河南为例，现有氧化铝产能 200 多万吨，在建和拟建的产能有 250 万吨左右，而铝矿新探明资源量却基本没有。

"但是我国的再生铝还很冷。"中国有色金属工业协会再生金属分会秘书长王吉位说。他披露了这样一组数字：目前全球铝产品市场中，40%—50% 的需求是通过回收再生的废铝满足的，如美国、日本、德国、意大利和墨西哥，2002 年再生铝的产量均超过原铝，尤其是日本，再生铝产量竟占铝产量的 99.5%；而目前我国年产原铝为 500 多万吨，产再生铝仅为 100 万吨左右。

**加快发展再生铝是可持续发展的必然选择**

国外把再生铝称为"新世纪材料中的亮点"。据对 1992—2002 年西方主要铝生产国原铝和再生铝产量进行统计，期间原铝产量增长 18.1%，再生铝增长 43.7%，再生铝占总产量的 1/3。

如果说，西方发达国家重视发展再生铝，目的是让原生资源"留着不挖"；那么，我国铝矿资源的现状从一定程度上说，是"想挖也没得挖"。2002年以来，我国铝产量连续两年居世界第一，而国产铝矿资源只能满足一半多，还有48%的氧化铝靠进口。我国铝矿保有资源储量仅占世界总量的1.94%，且品位低，经济可利用部分仅占保有资源储量的16.24%。因此，如果不改变目前的铝业生产格局，我国铝矿资源对国际市场的依赖程度将越来越高。

由于我国大量进口氧化铝，国际市场氧化铝供应紧张，价格一路上扬。目前，进口氧化铝售价已由2002年初的1750元/吨猛增到5000多元/吨。且不说我国电解铝生产企业能否承受这样的原料成本，长此以往，我国铝工业将完全依赖于国外市场，受制于人，并最终影响国家的经济可持续发展。因此，加快发展再生铝产业，已成为推动我国铝工业可持续发展的必然选择。

**法制建设滞后严重阻碍再生铝产业发展**

国外许多国家都有废铝饮料罐收集制度。日本2001年废铝饮料罐回收率达82%。巴西铝协会统计，该国收集的废铝饮料罐年产值超过2亿美元，2001年的回收率达85%。

和种种有色金属废料一样，废铝若是分散而不集中，就不能成为资源，不能再生利用。收集比再生更重要。而确保收集的最有效措施就是立法，制定配套的法律法规推动实施。以世界上再生铝比例最高的日本为例，日本在制定和实施《循环型社会形成推进基本法》的过程中，制定了《废弃物处理法》《资源有效利用促进法》《容器包装再生利用法》等等。

任何一个成熟产业的背后都有与之对应配套的法律，尤其是回收利用废铝这样与环保相关的产业，更是不可或缺。但是，我国有关再生资源回收利用方面的法律至今尚未出台，因此，尽管我国铝矿资源已面临严重短缺，但有关方面仍一直把增产原铝作为首选目标，对有色金属再生资源的综合利用并未给予足够重视。在原国家经贸委制定的长达万余字的《有色金属工业"十五"规划》中，这方面的表述仅有"加强有色金属废杂回收和来料加工贸易管理"这样笼统的一句话。可以说,如何通过有色金属再生资源综合利用以促进经济增长方式转变,仍未提上重要议事日程。

**进口废铝搞加工对节能、环保、节省资源贡献更大**

浙江不产氧化铝,然而却是个铝产品加工大省,铝材及铝合金铸件年综合生产能力达30多万吨,居国内第三。浙江的原料何来?就是废杂铝再生加工。废杂铝又源自哪里?主要靠进口国外废旧金属拆解。

由于缺乏法律支撑,我国尚未建立全国性的回收机构,国产废铝缺乏稳定的供货渠道,再生铝企业主要依靠进口国外废旧金属拆解回收。尽管生产再生铝等再生有色金属进口加工企业确实存在着诸如以手工拆解为主、机械化处理程度低,废水、废气、废液的处理不够规范及脏、乱、差等外表特征。但是王吉位秘书长一再强调:"我们看问题应该看主流。"他认为,再生铝对节约能源、节省矿产资源、环境保护的贡献更大。据统计,用废铝碎块经重熔生产再生铝,与由氧化铝经电解生产原铝相比,可大大节约能源,平均每吨再生铝的电耗仅为原铝的5.2%;在环境保护方面,与生产原铝相比,生产再生铝可少排放二氧化碳90%以上,还可减少大量赤泥、烟尘、含氟气体等;可节约87%的投资。

目前社会舆论对一些地方因进口废旧金属包括废家电制品拆解造成的污染比较关注,有些部门为此采取了对有些废旧金属产品停止进口等措施。这种因噎废食的方法不利于我国金属再生利用产业健康发展。搞简单禁止不是管理,强化管理的关键在于国家制定法规规章,明确由什么样的企业负责处理,在什么地方处理以及采用什么方式处理,用法律、制度引导我国金属拆解再生企业向规模化、集约化、环境负荷最小化方向发展。王吉位强调:"国家应尽快出台一系列鼓励和扶持再生有色金属进口加工行业快速、有序、健康发展的优惠政策,从而使再生有色金属资源的回收利用能够真正步入良性循环的轨道。"

(原载《人民日报》2004年3月29日)

# 报道先进人物不要拔高

当代著名新闻人范敬宜1993年9月至1998年3月任人民日报总编辑，他在任期间做了一件可谓泽被编辑部每一个人的"善事"——基本上每天写一篇"值班手记"，然后以《每日快讯》的形式印发报社各部门。"值班手记"原来就有，但像范总这样持之以恒坚持写的，没有。

重要的不在于形式，关键在于他以"政治家办报"的自觉和敏锐，对当天的报纸及时进行评点，无论表扬和批评，无泛泛之语，有铮铮之声，一针见血，给人颇多启迪。我那时在经济部当记者，通常这些刊有范总手记的《每日快讯》，都会在部办公室的通知板上张贴出来，特别重要的，部领导还要拿到部门例会上读一读，强调一番。《宣传先进人物要合情合理》这一期，就是专门给大家读过的。

今天一版"铁法官"谭彦的事迹，确实感人。但是我认为过多地描写了他如何有病不肯休息，不肯治疗，坚持工作这一方面。最近有好几个典型人物都突出了这一方面。这在导向上有个问题。一方面我们大力呼吁要保护中青年知识分子、干部的健康，指出近几年内英年早逝的知识分子过多；另一方面却赞颂他们有病不治。这在宣传上是矛盾的，而且也从另一方面反映了领导上对他们太不关心。比如这位谭彦，办公室在四楼，上一层楼像爬一次长城，既然如此困难，领导上为什么不能把他的办公室调到一楼呢？谭彦的肺"已烂得像蜘蛛网"（这明显是夸大，我已删去），领导上怎么让他继续工作？这样开放性的肺结核，对周围人的健康不构成严重威胁吗？我们不能为了突出一个人的精神而不顾科学啊！总之，我们宣传先进人物，一定要讲科学，讲政策，讲合情合理。分寸上过了头，就会起相反的效果。①

春风化雨，润物无声。

1997年7月15日，我在《人民日报》上发过一篇《耿福东：生命融入工作》，报道了因病去世的中国海洋石油总公司设计大师耿福东的事迹。耿福东一心扑在事业上，1994年获得海洋石油系统第一个"全国工程设计大师"称号时，他给组织提的唯一请求，就是70岁退休。而他胰腺癌转肝癌去世时，才57岁。

匆匆采写。但在落笔行文时，忽然想起范总的教导，提醒自己千万不要把耿福东写得不食人间烟火。在写他临终之际，我特别提到他如何关心自己临产的女儿：

> 去世之前，守护在他身边的亲人，听昏迷中的老耿反复念叨两句话，一句是记挂临产的女儿："是男孩，还是女孩？"还有一句就是："一定要把住质量关。"

只写后一句，抹掉了人的本性，便不合情；不写后一句，失掉了优秀设计大师的本色，便不合理。先写家庭，再写事业，也是力求分寸拿捏上合理稳妥。

说来也巧，同样是写因病去世的法官，人民日报社湖北分社写的《他有一股无畏无惧的"犟"劲——追记湖北汉川市人民检察院检察官范万震》，就受到了报社领导的好评。范万震也是一位"铁法官"：病逝前33天还顽强地工作在侦查一线，从事检察工作22年，参与主办的反贪反渎案件无一差错……

"拿已去世的人当典型，常被人诟病；宣传流水线上，类似的'拼命三郎'

---

① 范敬宜《总编辑手记》，人民日报出版社，1997年12月。

典型报道不断线。"时任湖北分社社长禹伟良在接到这个人物选题时,就绷紧了一根弦——"我们提醒自己换位思考,怎么能打动读者就怎么写"。

读者看报追求轻松,不喜欢空洞说教,往往是"你若端着,我便无感"。写范万震,我们力求平实平实再平实,只还原、不渲染,尽量展示给读者,而不是告诉读者。比如,小标题开始都是"临危受命,身患绝症办案成全市第一"之类,后来改成"你都57岁了,还出这个头做什么"之类直接引语。不是什么豪言壮语,通过简单质朴的家常话、大白话,展示人物平凡而非凡的一面。

典型报道打动读者,是个艰难的说服过程,润物无声的前提首先是不让人反感。写范万震,绕不开他有病不治仍坚持工作的事实——这是很多读者反感的典型,让人觉得这个典型不是正常人,不可学,甚至不可信。采写中,我们非常注意交代清楚,身患胰腺癌的范万震一直认为腹部疼痛是胃病引起的,所以常说"老毛病,不要紧"。确诊后家人担心他承受不住这个坏消息,就向他隐瞒了真实病情,所以病逝前两天他从昏迷中醒来,吃力地说"等病好再上班",才有一种震撼心灵的强烈冲击力。真实勾勒典型,应少些先入为主的主观结论,多些生动可靠的细节。①

但报道先进典型有意拔高、令读者反感的现象在各类媒体中并未绝迹,也包括《人民日报》自身。2017年8月15日《人民日报》第四版头条通讯《旗帜引领,锐气昂扬跟党走——记陆军第74集团军某合成旅突击车车长王锐》,这样开头:

夜静,岭南腹地,空山新雨,虫鸣。

经历了一天训练的官兵已沉沉入睡,突击车三连学习室的灯还亮着,

---

① 禹伟良、范昊天《打动自己 打动读者》,人民日报社地方部《业务研讨快讯》2018年第39期。

突击车车长王锐正在学习《习主席国防和军队建设重要论述读本》，认真地做着笔记。透过手机上的微信视频对话窗口，王锐远在外地的妻子魏巍正在灯下整理第二天的课堂教案。隔着视频的二人偶尔抬头相视一笑，又继续低头埋向各自的书本中。"今天训练辛苦了，学习理论这么认真，早点休息吧。"视频那头的妻子关心地说。"没事，学起来走心了，用起来才不会走样。"王锐的脸上露出了朴实憨厚的笑容。

报道刊出后，读者对此反应强烈。在当天的编前会上，值班副总编辑卢新宁说，这篇报道引发被动舆情，有人把这种说法和"新婚之夜学党章"[①]联系到一起。她再次强调，报道既要讲政治，也要讲人性，高明的讲述是在不动声色中让鲜明的观点如水银般泻地。要用真情去感染人，用真实的、接地气的故事去打动读者。刻意选择这样的事例，即便确有其事，也因与读者生活感受差距太大，无法产生共鸣。她要求大家重温范敬宜总编辑当年的教诲——宣传先进人物要合情合理。

选择什么素材、怎么写，不只是个写作技巧问题，技巧的背后是理念。当我们选择"怎么写"时，其实已经选择了自己的思想立场和审美趣味。

夫妻俩开着微信视频对话窗口，然而却各忙各的。这样的情景或许在主人公的生活中是真实的，人生境界比较高尚，但记者在选择素材时却应该多想想人之常情，不能把人物推向让人可望不可即的"道德高峰"，而令读者反感。特别在当下以受众为"主场"的新传播时代，一味以传播者自我为中心进行"单向度"传播，不仅不会赢得掌声，甚至还可能导致鼓倒掌。

所谓"单向度"，即只从一个方面或一个侧面考虑问题，而没有考虑在传播时受众的心态，没有考虑不同场景、尺度下的共同人性。尤其又放在这篇报道的开头，格外打眼。

---

[①] 指发生在2016年5月的一起网络舆情事件。南昌铁路局微信公众号推文，称赞该局一对职工夫妻在新婚之夜抄写党章，给新婚之夜留下美好记忆。舆论普遍认为是典型的"低级红、高级黑"。

## 人物报道如何防止虚假新闻

2018年底,人民日报社举办新闻采编人员资格培训班,报社研究部安排我就"防止虚假新闻"这个话题讲课。针对报社实际,我从采访和编辑不同的角度,分析、梳理了一些先进人物报道中存在的虚饰、拔高现象。

2017年,人民日报在党的十九大期间推出《特刊》,在十九大开幕后用一块版重点反映各地群众收看习总书记作报告的盛况。西藏分社记者琼达卓嘎报道了拉萨市城关区塔玛村藏族同胞收看的场景:

> 收看结束后,66岁的老党员其美旺堆激动地告诉记者,习近平总书记的报告我虽然不能完全听懂,但我们藏族人相信中国共产党,相信习近平总书记,对未来充满了信心。[①]

我在地方部评点分社报道时,表扬了琼达卓嘎这样的写法——"我虽然不能完全听懂"。一种可能是,这位少数民族老党员的汉语掌握得不是很好;还有一种可能是,总书记的报告提出了很多新理念、新观点,需要深入学习才能弄懂悟透。因此,"不能完全听懂"可谓实事求是,这句朴实的话,真实,真切,真挚。

琼达卓嘎得知后特别高兴,她后来在《社内生活》刊发的《朴实无华写西藏》一文里提到了这件事:"一直以来,我却忽略了最朴实最真实的话,试图从他们口中听到'更有水平'的话。"

一个青年记者如此率真地说出自己真实的想法,令我感动,也令我深思。我想,这恐怕也是记者中比较普遍的一个想法,尤其是在报道先进典型、英雄人物时,总是试图让自己笔下人物的话语、行为"更有水平"、更有境界,与众不同甚至远胜一筹。而这种"更有水平"把握得不当,往往导致很多读者批评党报宣传的不少先进典型显得虚假。

---

[①] 琼达卓嘎《今天是个喜庆日子》,《人民日报》2017年10月20日。

发生这类情况的原因很多，梳理一下，大体有这样几种。

### 第一种情况：记者无意识

中国残联主席张海迪，5岁起高位截瘫，自学完成了小学、中学和大学，还学了针灸行医。20世纪80年代初，我在山东大学读书时，张海迪被山大授予荣誉学生。1982年11月14日，在济南郊区体育馆，张海迪给我们全校师生做过一场报告。

张海迪在报告中坦陈，她自学完中学课程后，曾想凭这一学历到社会上求职，然而屡屡受挫被拒。一次，她趁父母不在家，选择自杀，而最终及时获救。张海迪的故事令人震撼，曾经自杀的经历，更是衬托出一个与命运顽强搏击者的人性光芒，给人留下极为深刻的印象。

1983年她被评为"八十年代新雷锋""当代保尔"，她的事迹在全国广为传播，我发现，那个曾经自杀的情节消失了。多年后，我在《中国青年报》"冰点"的一篇报道中了解到其中的原因。张海迪很真诚，记者们采访她时，她并没回避自己"曾经自杀"。但记者们不仅没在自己的报道中写，还反过来劝张海迪，要她在随后将开始的全国巡回演讲中，"千万不要提自杀这件事"。

为什么？我们多年来宣传的英雄人物、先进典型，都是纯而又纯的，记者们对张海迪的劝阻也很"真诚"。

### 第二种情况：记者有意识，但定力不够没守住

中央电视台在2014年做过一档国庆特别节目《铭记》，记者文为民报道了"两弹"元勋邓稼先和他的妻子许鹿希的爱情故事。这个动人的故事播出后感动了很多观众。但也有观众在留言中提出疑问：邓稼先这种愿意为国家慷慨赴死的气概来自哪里？面对一个为了研制原子弹几乎消失了28年的丈夫，许鹿希等待坚守的精神支点在哪里？报道这方面阙如，损害了可信度。

文为民十分遗憾，因为她在采访中其实已抓到了这个"精神支点"。许鹿希在接受采访时曾谈到，邓稼先临行前跟她有一席对话：

我问他，调哪儿去，他说不能说。我说去干什么，他说不能说。我很奇怪，我想是不是派到敌占区或者什么地方去了。后来邓稼先的语气突然就变了，他说，以后这个家就靠你了，我的生命将来就献给要做的这个工作了。他这句话说得非常坚决，他说如果做好了这件事，我这一辈子就活得很值得，就是为它死了也值得。

那天晚上，他跟我讲了很多在西南联大上大学时，遭到日军飞机轰炸的事。那时候我在重庆，我们家被飞机炸了 5 次，家里人差点就死了。那时候就恨不得有高射炮什么的能把飞机给打下来。我想他是有意讲这些事的。

本来已经采到，而终因定力不够未能把握。文为民反思："后面的这段采访，因为要控制节目时长，被我自己在写稿过程中舍弃了。现在想来，很是可惜。"

为什么可惜？因为英雄人物成长的内在逻辑断裂了。这个逻辑起点一消失，其壮举也就变得没了来由。

### 第三种情况：记者有意识，编辑无意识

2014 年 10 月，按照中宣部部署，媒体对上海市原外经贸委副主任、上海市口岸办副主任、上海进出口商会会长汤庆福的先进事迹做了集中报道。汤庆福全心全意做贡献，倒在工作岗位上。此前地方媒体在宣传中，有的报道拔得很高，报道的标题这样写："让我不工作，比死还难。"这样的立意，让人对汤庆福产生距离，因为这种境界不是所有人都能理解的。拔高，对先进人物的宣传效果并不好。

人民日报参加报道的是上海分社记者谢卫群，她在采访中注意到了这个问题，力求还原人物真实性。她采访汤庆福的妻子时了解到，"汤庆福获知自己的病情后，知道自己可能随时倒下，与妻子讨论过四种死法，其中一种死法是他最希望的，那就是躺在老婆身边死去。我把这一细节写进了报道。"

打动自己的，是不是也能打动读者呢？细心的谢卫群发稿前，还让汤庆

福的同事、领导看了稿件,"他们读到这里都哭了,他们说:无论男人还是女人,读到这里,都会动容。"

但是十分遗憾,这一细节公开刊出时消失了,听说是"因为篇幅原因,见报稿中'四种死法'的这一段刊发时被删节了"。①

"躺在老婆身边死去"很俗气,似乎有损先进典型的境界。而事实上,把世俗的东西抽离走,搞得不食人间烟火,人为地回避、取舍、过滤掉那些元素,表面看英雄、先进是更纯洁了,事实上是把先进人物神化了,塑造出来的英雄、先进人物,便显得假,显得伪。

文章当随时代。在战争年代,英雄人物更多关联的是民族、国家,是生死存亡;是拯救,是抗争,是血与火。但在和平时期,先进典型更多关联的是庸常、平凡的日子,先进典型的品质更多彰显在琐碎细微的生活纹理中。他们生活在一个复杂的社会中,也会有七情六欲、儿女情长。我们做这类报道时,一定要把作为"英雄的人"和作为"人的英雄"二者之间的复杂关系处理好。只有把先进人物放到真实的人这个前提下,并且从这个前提出发,去凸显其非凡之处,这样的先进典型才是真实的"人的英雄",才会被读者认可和接纳。

尤其在当下,价值观多元,更要注意寻找那个能和大多数读者合拍、共鸣的点,要考虑读者的心态。这个问题,不仅记者要注意,编辑同样也要足够自觉。

人物报道是如此,做其他正面宣传报道时,也同样如此,一定要把新闻放到真实而复杂的社会背景里全面、深长地考量。

党的十九大后,地方部夜班收到一篇宣讲十九大精神的来稿,报道写得很生动,有现场有人物有故事,站位高立意远,但这稿还是被地方部夜班压住了,没发。为什么?报道说某地一位德高望重的老村委会主任,在村里一对新人的结婚庆典上向新人送祝词时,宣讲党的十九大精神。报道称,老主任的宣讲话语接地气,效果很好。果真"效果很好"么?会不会酿成又一个"新婚之夜学党章"那样的舆情事件呢?显然,这个场景和大多数读者的心理不

---

① 谢卫群《写出新闻的"生命温度"》,人民日报社地方部《业务研讨快讯》2014年第94期。

大合拍。我们认为，最能打动人、感染人的故事，一定是具有人情味、人性化的故事。

有一位报告文学作家谈自己的创作体会时说过这样一句话：要学会放弃选材上的洁癖，保存叶子上的泥。

这对我们从事新闻报道，特别是先进人物报道，也很有启示。

越是生活的，就越新；越是还存在点问题的，就越真；越是白话的，就越实。

而虚饰、拔高，往往让人心底生疑。

## 附：

# 他有一股无畏无惧的"犟"劲

## ——追记湖北汉川市人民检察院检察官范万震

禹伟良　范昊天

客厅墙上的黑色相框里，范万震神情严肃，深色的检察服上，一枚亮闪闪的检徽格外醒目……

这位57岁的湖北汉川市人民检察院检察官的生命在2017年10月13日戛然而止。病逝前两天，他从昏迷中醒来，吃力地说："等病好……再上班……"谁承想，这竟是他最后的遗言。

客厅里除了一张旧沙发，看不到什么像样的家具；门前的小院子里，罗汉松、桂花树、山茶郁郁葱葱，除了工作、养花，他没啥别的爱好。

"你跟着我吃苦了。过几年我退休后，一起到北京看升国旗。"话犹在耳，人已不在，范万震的爱人高从姣潸然泪下。

**"你都57岁了，还出这个头做什么"**

"老范，现在反渎工作不好做，院里办案量下降。院党组打算让你牵头反渎职侵权局的工作……"2017年3月，汉川市人民检察院检察长尚方成征求范万震的意见。

"你都57岁了，还出这个头做什么？"多年的同事、汉川市人民检察院派驻分水检察室主任黎德才一脸困惑。

时值国家监察体制改革，检察院的反贪、反渎和职务犯罪预防的职能将于年底并入监察委，相关人员也将随之转隶。有人觉得，在反渎自侦一线打拼 20 年的范万震,级别又不会变,范万震应该在改革前"退居二线"。然而,范万震当即接受了任务。

"他就是犟,那个时候,他体重突然下降了 10 多公斤,经常整夜腹痛难以入眠。"高从姣抹着眼泪说。

"干一天负一天责,要对得起自己的岗位。"牵头反渎局工作的半年里,范万震组织立办案件 7 件,涉案金额 1500 余万元,办案数量在孝感市基层检察院位居第一。

回顾这位"犟"战友生命最后的一幕幕,汉川市人民检察院民事行政部业务主任梁国安几度哽咽。

2017 年 7 月,老范带领大家调查一起滥用职权案件。由于涉及 8 个乡镇 1053 家的房屋,取证难度和工作量相当大。老范不顾身体患病,冒着酷暑高温,头戴草帽,手缠毛巾,带着两班人马一家一家地查看。腹部疼痛难忍时,他就吃点随身带的止痛药。凭着顽强的毅力,老范仅用一个多星期的时间,就查清、锁定了该案的关键证据,成功侦破案件。

与此同时,他还带领同事同步调查一起孝感市院交办的特大案件。此时的他,腹部剧烈疼痛已是常态,连吃饭都很困难。而他却以为自己得的是胃病,不愿去医院。

一天下午,同事见他将腹部顶在办公桌桌角上,脸色苍白,急忙将他送到汉川市人民医院,办理了住院手续。结果,第二天他就来上班了。面对大家的询问,他还是摆摆手说:"老毛病,不要紧。"

此后的 10 多天里,他和同事仍来回奔波办理案件。其间,他的身体一次次"报警"。为了不让家人担心,他搬到一楼杂物间住。多少个无眠的夜,他疼痛难忍,一个人偷偷出门到附近的运动场溜达,一走就是几个小时。天亮后,照常去上班。

直到与梁国安谈案件的第二天,老范已无法站立,被家人强行"押解"去医院。剧烈疼痛的原因找到了——胰腺癌晚期,医生说,生命期不超过一个月。

万分心痛的家人只告诉范万震是"胃病引起的疼痛"。直到生命最后一刻,范万震还想着"等病好了回去办案"。

**"一个案子耗时两年多,他把一生的苦都吃完了"**

范万震从检 22 年,在侦查一线工作 20 年,吃了不少苦,受了许多累,他硬是靠着一股"犟"劲,啃下一个个硬骨头案。

2007 年初,省检察院成立周某、严某特大案件专案组。此案涉案人员多、涉案金额巨大,案情极为复杂,各方广泛关注。范万震被省检察院抽调办理该案,并担任专案组临时党支部书记,负责具体案件侦办。

面对铁面无私的办案人员,严某等人先向上信访诬告,再进行利诱、威胁……老范与同事毫不畏惧,迎难而上。最终,严某被判无期徒刑,周某被判有期徒刑 10 年。该案件仅案卷就有 78 本,堆起来有 2 米多高。

这起特大案件侦查终结后,有人评价老范说:"一个案子耗时两年多,他把一生的苦都吃完了。"

在抓捕犯罪嫌疑人严某的那次蹲守中,老范寸步不离,日夜连轴转。面对暑热无风、蚊虫叮咬,他强忍着,吃饭问题只靠事先买来的几十个馒头和一箱矿泉水解决,这样的蹲守进行了好几次,每次一守就是几天几夜。

凭着这样一股无畏无惧的"犟"劲,范万震参与主办反贪反渎案件 104 件,无一差错。周某、严某特大案件被最高人民检察院评为全国精品案件。由于在办案过程中的出色表现,他本人被湖北省人民检察院授予"先进检察官"称号。

**"以公谋私的事儿,坚决不能做"**

深深植入家人、同事脑海中的,是范万震办案时的无畏无惧与按规矩办事的那份"死板"。

在范万震家里,有个"三个一律不准"的规矩:陌生人一律不准进家门,亲友熟人串门一律不准谈工作上的事,家里人一律不准打听与案件有关的事。

"老范,最近你手头那个案子如何了?"一次,一位亲戚提着礼品上门打听。范万震当即板起脸说:"你这样做,我们连亲戚都没得做。把东西拿走!"

亲戚一脸尴尬，只好走了。

关乎原则和规矩的事，对他人如此，对家人同样如此。

范万震的儿子和儿媳在乡镇教书10多年，去年9月，儿媳因工作调动回汉川城区，儿子也想调回来，找父亲求助。范万震劝儿子说，"基层工作总要有人做。在基层锻炼，是一种历练。"儿子有些委屈。

"你爸一生不为私事求人，你多理解一下他吧。"高从姣劝道。

高从姣下岗失业，只身赴宜昌打工，夫妻俩两地分居10年，直到2013年因为要带孙女，才辞职回汉川。

"你这样一直在外奔波，怎么没让老范向院里反映一下困难，或者通过他的关系，帮忙换一个单位？"记者问高从姣。

"我还不了解他？他说过，以公谋私的事儿，坚决不能做。"高从姣含泪答道。

（原载《人民日报》2018年5月26日，此稿获人民日报社地方部当月好新闻奖）

# 第二辑 文贵有物

天下文章司马公。汉代文学家刘向称赞《史记》:"其文直,其事核,不虚美,不隐恶。"一言以蔽之:言有物。

言有物是为文之要,既要有意义,还要有意思。就像美国《华尔街日报》培训教材所说:"人们永远在思考哪些元素让一个故事从本质上变得有趣;如何在瞬间吸引观众的注意力;如何安排情节,让故事具有持续的吸引力;以及如何让故事深深刻在人们的记忆之中。"

文章是给人看的,要有结实的内容,要讲人情味。"岁有其物,物有其容,情以物迁,辞以情发。"(梁·刘勰《文心雕龙》)

# 问题是报道的灵魂

2015年，贵州毕节发生留守儿童四兄妹自杀事件，6100万留守儿童问题再次引发全社会关注。在打工父母客观上难以迅速回乡之时，如何组织社会力量给予物质救助关怀，同时再给孩子们多一点感情方面的温暖与关爱，多一点精神、文化层面的"营养输送"呢？

人民日报社有关领导当时希望我们就此话题做一期"记者调查"，同时附了一篇本报内参稿供我们选用。据这份内参介绍，吉林省白山市较好解决了打工家庭的留守儿童问题。

白山是位于长白山西侧的一个地级市。从2013年3月开始，白山启动关爱留守儿童"心灵看护行动"：每一名留守儿童都有"代理妈妈"，有"爱心辅导员"，有"快乐活动室"。并且代理妈妈、爱心辅导员还实施准入制度，主要由留守儿童的亲戚、老师、退休老干部、志愿者等组成，不仅有爱心，也有教育孩子的能力。

记者调查为整版报道，这样的重磅报道，形式本身就很有标志性意味。我们在对这份内参进行仔细研读后回复社领导：白山市不具代表性，不适合作为"记者调查"版的选题，建议作为常规报道刊出。

为什么说白山没代表性？白山是一个地级市，具有相当大的社会资源动员整合能力，如文中说："截至目前，已有11432名志愿者累计服务228.64万多个小时。"而全市留守儿童仅3709名。

一万多名志愿者，看护3709名留守儿童，高出数倍。而留守儿童问题之所以突出,也正因为大多数地方不具备白山市这样可组织动员的社会力量。比如外出务工群体庞大的江西、湖南、贵州等省,一个县人口就有好几十万甚至上百万,外出打工者数以十万计。白山的钥匙只适合开白山的锁,白山的"药方",显然治不了其他地方的"病症"。

后来,白山的做法改为一般通讯《吉林白山 努力填补爱的空白》刊出(见附文)。

现代科学要求注重定量分析,就像前一阵新冠疫情防控期间有句俏皮话说的那样:"离开剂量谈毒性,就是耍流氓。"判断新闻价值也要做定量分析。如果不做定量分析而只搞定性宣传,就会顾此失彼,自相矛盾。文章大家毛泽东主席写过很多"深度报道"——调查报告,他在调查报告中采用大量的数据和表格来分析社会经济现象。他认为,对情况和问题一定要注意到它们的数量方面,要有基本的数量分析。任何质量都表现为一定的数量,没有数量也就没有质量。胸中无"数",难免犯错误。

具体到我们认为"白山市不具有代表性,不适合作为'记者调查'版的选题"这个问题,所谓质量,非白山报道本身,而是指这篇报道里的故事,能不能有针对性地回应社会对留守儿童现实状况的那份关切。没针对性,就没指导性。针对性越强,指导性才越广。因此,好的报道不仅要有故事,而且,那故事一定要具备强烈针对性的"硬核"——真问题。

"谁愿读没有故事的报道?谁会读没有矛盾、冲突、起伏、波澜的故事?没有好故事的深度报道传播效果势必会大打折扣。传播学早有定论,正反双面信息的传播效果要优于单面信息传播。充满张力、富有弹性的文本将永葆竞争力。"[①] 人民日报社地方部主编孔祥武曾在一篇研讨文章中这样说。

2011年,是我国社会管理创新全面拉开帷幕之年。春节一结束,省部级主要领导就齐聚中央党校,胡锦涛总书记亲自领衔授课,主题为社会管理创新。这个阵势也意味着,社会管理创新将成为报道的重点。人民日报社地方

---

[①] 孔祥武《问题意识是深度报道的灵魂》,人民日报社地方部《业务研讨快讯》2012年第44期。

部在做选题策划时,关注到了社会管理创新这一时代命题。

选题方向好判定,那么,具体的切入点呢?

> 党的十七届五中全会上,社会稳定风险评估第一次出现在中央全会文件中。随即,这个词又跻身于国家"十二五"规划。一番研究,"发现'社会稳定风险评估'不是一个简单的词,而应是创新社会管理的重要抓手、重要支撑:它是一项系统工程,就像一条线,能把社会管理的方方面面串起来,将社会管理方面的内容说得比较清楚。"①

就在这个领域里解剖一只小麻雀。地方部领导同意了孔祥武的这个建议。"麻雀虽小,五脏俱全。选哪只麻雀呢?总要选一只五脏发育更好些的麻雀吧?"孔祥武后来详细回顾了找这只"麻雀"的过程。

> 这个时候,在全国即将全面推行社会稳定风险评估之际,选点就极为关键了。选一个好点,足以为各地提供借鉴。
> 
> 选做得最早、最好的地方不失为一种便捷的选择。经过搜索,发现四川省遂宁市符合这两个条件:开展得最早,已经搞了6年;做得也非常不错,至少真刀实枪地干了,对496件重大决策进行了社会稳定风险评估,其中25项决策经评估被否决,占比为5%。事后才得知,中央有关部门一直在跟踪他们的实践。
> 
> 选做得最早、最好的地方也有不便之处,就是报道已经比较充分了,很难再有新发现。经过诸位领导点拨,我们决定紧紧围绕25项重大决策为何被否决,深入采访被否决的案例,正话反说,试图取得反弹琵琶之效。
> 
> 但遂宁市了解到我们的采访意图,起初还是有几分疑虑的。市委宣传部一位领导不解地问我:来过那么多媒体,就你们要采访反面的例子,

---

① 孔祥武《问题意识是深度报道的灵魂》,人民日报社地方部《业务研讨快讯》2012年第44期。

搞不清你们要干什么？！计划投资10亿元左右、论证多年的唐家渡电航工程被否决了，上午我们和工程所在的区委联系好采访，下午到了区委他们却相互推诿……

随着采访的深入，遂宁市委政法委领导认识到：人民日报确实想呈现一个真实的遂宁故事，信任感倍增，所有的材料、数据倾囊而出，甚至将带有密级的中办、国办的征求意见稿——《关于建立健全重大决策社会稳定风险评估机制的指导意见（试行）》提供给我们参阅（这份意见已于2012年初出台）。遂宁市委主要领导也敞开心扉，讲述唐家渡电航工程为何被否决，以及将社会稳定风险评估制度坚持数年的心曲。

本报见报稿以"二十五项重大决策缘何被否决"为主线，围绕社会稳定风险评估机制"会不会影响决策效率、会不会影响经济效益、会不会流于形式走过场"三方面的难点问题，通过被否决的案例，立体化多层面地对"遂宁经验"进行了剖析。遂宁市信访局认为，报道写法贴近百姓生活、贴近实际情况，一读就懂，一看就明白。

四川省委有关领导认为，人民日报的这篇报道，通过深入解析遂宁的经验，有助于从根本上解决一些领导干部，特别是党政领导干部对风险评估的认识问题。后有一家颇有影响的境外华文媒体就此事要求采访遂宁，被告知：去看人民日报的报道吧，没有比他们写得再深刻再全面的了。这篇报道还被政府决策咨询刊物收录。[①]

孔祥武在文章最后强调："问题意识才是深度报道的灵魂，没有问题意识的深度报道缺乏生命力。一般而言，深度报道主要包括三类，调查性报道、解释性报道和预测性报道，无论哪一类报道，缺乏问题意识，就失去了针对性，无的放矢，传播效果可想而知。有了问题意识，报道才会有观点，出深度，起到解疑释惑、受众知情的目的。"[②]

---

[①][②] 孔祥武《问题意识是深度报道的灵魂》，人民日报社地方部《业务研讨快讯》2012年第44期。

**附：**

## 吉林白山　努力填补爱的空白

孟海鹰

吉林省白山市是位于长白山西侧的地级市。如何呵护当地3000多名留守儿童快乐成长，两年多来，白山市进行了探索。

*政府推动，各方行动*
**"让孩子们动起来，玩起来"**

白山下辖临江市兴隆社区14岁的小魏，虽然父母均外出打工，但很少感到孤独：有"代理妈妈"和"爱心辅导员"细心看护，放学后到社区留守儿童快乐活动室玩耍，既可以在图书室看书，也可以到活动室下棋、玩游戏，还能参加演讲比赛等。

2013年3月，白山启动了关爱留守儿童的"心灵看护行动"，对全市留守儿童全面普查：由各县（市）区文明办牵头，教育部门、妇联和乡镇街道组织专门人员，深入社区乡村调查，实现全市3709名留守儿童一人一档。档案内容翔实，隔代看护、寄托看护等一清二楚。在此基础上，确保留守儿童"三从三有"：对留守儿童从心理上引导、从学习上帮助、从生活上关心；每人都有"代理妈妈"、有"爱心辅导员"、有"快乐活动室"。

行动被纳入全市未成年人思想道德建设及精神文明创建的重要内容及考评体系，在全市范围内形成党委政府指导、宣传部门推动、各相关部门协同，全市志愿者积极行动的社会合力：妇联组织"代理妈妈"；教育部门部署"爱心辅导员"；学校少年宫、村屯文化活动室等提供"快乐活动室"；工会、共青团、关工委开展关爱活动……

各相关部门对代理妈妈、爱心辅导员实施了严格的准入制度,主要由留守儿童的亲戚、老师、退休老干部、志愿者等组成,不仅要有爱心,还要有教育孩子的能力。

2013年4月15日,白山市"心灵看护行动"志愿服务团正式成立,截至目前,已有11432名志愿者累计服务228.64万多个小时。"让孩子们玩起来,动起来,快乐起来,就达到目的了。"原白山市委宣传部副部长、现长白山日报社社长张洪智说。

搭伙伴,组"家庭"
**"新办法新思路多种多样"**

白山市长白县第二实验小学五年级的滕昱琪和外公外婆生活在一起,爸妈外出打工多年。自从有了"快乐小伙伴"尹多辉,小昱琪的笑容越来越多:放学后一起写作业,周末一起做游戏,尹多辉的父母还常常喊她去家里吃饭。"快乐小伙伴",就是在平时学习生活中为留守儿童找寻合得来、帮学习的小伙伴,通过小伙伴的父母进行家庭关爱。

"基层创造力太强了,各种新办法新思路多种多样。"张洪智说。

临江市在关爱留守儿童活动中,创立了"爱心家庭"管理模式,即学校按高、中、低年级搭配,把"留守流动儿童"分成若干小组,每个小组由4到5名学生组成,组建一个"爱心家庭",由一名老师任"家长","家长"与"家庭成员"签订爱心承诺书,负责照顾"家庭成员"的生活和学习。

砟子镇的志愿者在工作中感受到,以姐姐的身份开展关爱活动更易让留守儿童接受,于是她们以"留家"的谐音成立了砟子镇"刘嘉"姐姐巾帼志愿者队伍。

"行动不仅让留守儿童感受到社会关怀,参与行动的社会各界人士,也在爱与爱的传与受中践行了社会主义核心价值观。"白山市委常委、宣传部部长王颖说。

(原载《人民日报》2015年8月6日)

**附:**

# 二十五项重大决策缘何被否决

——透视四川遂宁社会稳定风险评估机制

刘裕国　孔祥武

位于四川盆地中部的遂宁市,素有"川中重镇"之誉。这几年,全国20多个省份的300多个市州、区县前来考察"取经":学习其推行重大事项社会稳定风险评估机制的经验。我们在遂宁采访期间,前来考察的就有四川峨边县、眉山市和内蒙古包头市三拨人。

当"建立重大工程项目建设和重大政策制定的社会稳定风险评估机制"被写入最近公布的"十二五"规划纲要时,这一社会管理创新机制已在遂宁运行6年。至2010年底,遂宁共对496件重大决策进行了社会稳定风险评估,其中25项决策经评估被否决,占比为5%。

抓稳定,重在抓源头;抓源头,重在抓决策。作为矛盾纠纷化解的首要环节和第一道防线,社会稳定风险评估机制,似乎给改革发展附加了一个新的约束条件,如何确保加快一方发展与维护一方稳定有机结合?遂宁的实践,可为样本。

**会不会影响决策效率?**

更加透明、更加科学、更加民主,系上"安全带"源头"创稳定"

船山区和润特种玻璃项目、大英县广东鑫亚公司投资电池生产项目,因高耗能、高污染被否决。

遂宁创新工业园远东包装机械厂项目未能获批，缘于土地尚未征用不具合法性，易引发群体性事件。

某县有关部门成立了创意投资促进会，拟要求全县在职干部中按职级每人集资1万至5万元，因没有遵循自愿原则、部分干部对强制集资方案有抵触而泡汤。

"发展不能以扩大社会矛盾为代价！"这是不少人浏览25项被否决的重大决策的第一感受。

遂宁，辖船山、安居两区和射洪、蓬溪、大英三县，人口密集，是典型的农业市、西部市，加快一方发展的愿望格外强烈。实际上，遂宁作出这样的选择，也是痛定思痛的理性抉择。

刚开始担任市委政法委书记那两年，魏福友感觉自己有点像"消防队长"，去参加工程项目开工典礼，典礼还没结束，群众就围上来了，甚至一些项目开工就意味着停工，丢下半拉子工程。

"以前有些涉及群众切身利益的重大项目仓促上马，想抢时间、抢进度、抓效率，没有算好'稳定账'，结果欲速则不达，不仅造成经济损失，还影响社会稳定。"魏福友说。

普遍性的问题要靠制度来解决。2005年初，针对当时容易引发群体性事件的一些重大建设工程，遂宁在全国率先出台了《重大工程建设项目稳定风险预测评估制度》，明确规定，新工程项目未经稳定风险评估不得盲目开工，评估出的严重隐患未得到妥善化解不得擅自开工。2006年，遂宁将评估范围扩大到作决策、定政策、搞改革和其他事关群众切身利益的重大事项。

"'拍脑袋''一言堂式'决策，貌似有效率，看似有魄力，往往容易造成决策不当引发信访问题和群体性事件，即使维稳工作疲于应对，又使改革发展的许多重大工作陷入被动。"思想决定行动，一项项政策文件出台了，一条条刚性要求和硬约束实施了，在遂宁，依法科学民主决策不再单纯依赖领导干部个人的自觉。

翻阅社会稳定风险评估报告，从安居区取缔网箱养鱼等重大决策，到解决被征地农民养老保障问题等关系较大范围群众切身利益调整的重大政策，从柳树电航工程建设等被国家、省、市或者县区定为重点工程的重大项目,到四川蓬莱盐化有限公司改制等涉及相当数量群众切身利益的重大改革,最容易引发稳定风险的重大事项都在评估之列。

在遂宁,重大事项都要按照标准化流程"五步工作法"评估社会稳定风险。

2010年,国家先后调整了天然气管道运输费和天然气井口出厂基准价格。同年7月,遂宁车用压缩天然气价格由每立方米2.7元上涨至4元,起租价只有3元的出租车司机吃不消了,强烈要求调整运价。

遂宁市交通运输局与物价局紧急行动,分析调价风险,组织召开价格听证会听取群众意见,经慎重研究制定了两套方案。方案一:起租价4元,白天1.2元/公里,夜间1.5元/公里;方案二:起租价5元,白天夜间运价不变。在对实施方案进行稳定风险评估时,充分考虑消费者承受能力、涨价对客流量的影响、本次涨价是否能消化今后天然气可能上涨因素等,方案一的稳定风险相对较小、易于推行,最终被采纳。

"建立社会稳定风险评估机制,是科学发展、科学决策、科学管理的必然要求和制度保障。"遂宁市委书记崔保华认为,通过社会稳定风险评估,党委政府对重大事项的把握更加全面,决策过程更加透明,决策结果更加科学,可有效防止因决策、项目的仓促上马给社会稳定留下隐患,从源头上预防和减少矛盾的发生。

2005年以来,遂宁通过开展重大事项稳定风险评估,预防和消除涉稳隐患527起,经评估实施的重大事项均未发生影响社会稳定的问题。

**会不会影响经济效益?**

经济账、生态账、稳定账一起算,抓改革发展与抓稳定不再"两张皮"

唐家渡电航工程已开展先期论证多年,原本今年就要动工。这个投资10亿元左右的大项目,因为遂宁市安全生产监督管理局的一纸风险评估报告而暂缓实施。

唐家渡电航工程是否存在安全风险?是否影响上下游群众的生产生活?

对生态有没有影响？即将拍板决策时，遂宁市领导将风险评估的任务交由安监局牵头。2010年底，遂宁市安监局聘请水电工程专家和地质专家，对唐家渡电航工程进行了安全生产风险评估。

工程建成后，将导致水域环境和地质环境发生较大变化，可能造成次生内涝、局部滑坡、泥石流等地质灾害和洪涝灾害；在汛期等关键时期可能引起观音湖库区局部水面上升，影响河心洲岛群众正常生产生活……专家的意见摆上了决策层的案头。

短期内，唐家渡电航工程对当地经济的拉动作用显而易见，但决策层的认识清醒而坚定：「工程项目建设要经济账、生态账、稳定账一起算，不能只看当前不顾长远。」

遂宁在建立社会稳定风险评估机制之初，不乏类似的质疑，"用自己的刀砍自己的把可能吗？追求GDP的发展冲动难以遏制。"不少官员也担忧，"这不是政府作茧自缚吗？那还怎么发展经济？"

"社会稳定风险评估机制可能会影响个别项目的经济效益，但却有着更大的社会效益。如果一个项目匆匆上马，引发不稳定因素，最后其经济效益从全局来看为零甚至负数。"从2001年起就主持遂宁市委维稳办工作的侯贤松认为，"以往一些项目只考虑经济和技术风险，忽视环保、民生等公共利益和社会效益问题，看似高效，实则将建设成本转嫁到了维稳成本中"。

遂宁市市长胡昌升说，任何一个重大决策、重大改革措施的出台，必然带来一定的社会稳定风险，如果因此瞻前顾后、浅尝辄止、望洋兴叹，就会丧失发展良机，"如何实现改革发展和稳定之间的平衡？社会稳定风险评估机制提供了切实可行的载体，实现了从被动'保稳定'到主动'创稳定'的转变"。

在遂宁，属于经济建设项目的重大事项，要同时开展经济效益和社会稳定风险"双评估"。遂宁把稳定风险评估作为重大事项出台实施的前置条件和刚性程序，未经评估的重大事项不上会、不决策、不审批、不实施。

遂宁中国西部现代物流港园区在招商引资过程中，通过稳定风险评估，毫不犹豫地否定了一些大项目。湖北一家集团公司欲投资20亿元建一个化工项目，年税收可达5000多万元，客户投资欲望比较强烈，但经过评估，环保方面的风险问题无法解决，园区予以婉拒。

怎样克服抓改革发展与抓稳定"两张皮"的问题？如何校正以牺牲稳定为代价追求所谓"发展"的倾向？遂宁以事实作出响亮回答：信访总量一度位居全省前5名，而如今信访量排在全省17位以后，和谐社会总指数高出全省平均水平；地区生产总值等40项指标5年翻一番，在四川省排名前10位的经济指标从2006年的2项增加到2010年的21项。

**会不会流于形式走过场？**

群众不白说、干部忧风险、一把手上心，制度约束化"硬任务"为"下意识"

"这楼虽然老，但不用交物业管理费、电梯费，再说人老了也不想再搬家，在这儿住着挺舒服。"68岁的二楼住户古云秀对拆迁补偿条件不满意，两次都投了反对票，不过她也说："如果拆迁补偿合理，我仍愿意配合拆迁。"

在遂宁市繁华的中央商务区，位于大东街的原蔬菜水产公司宿舍楼显得有些破败。建于20世纪80年代的这栋楼原本在拆迁范围内，虽然政府到每户反复动员，但经过两次"模拟拆迁"，被拆迁人投票赞成率均未达到50%。群众说了没白说：最近，遂宁市住房和城乡建设局为此修改规划，暂缓了对这栋楼的拆迁。

"社会稳定风险评估机制要求我们，一定要关注民生、听取民声。一个项目开工之前，必须做充分的规划与调研，让群众了解这个工程的价值与意义，以沟通与共识来消除隔阂，把可能产生的矛盾都消弭于未成形之时。"遂宁市委政法委副书记勾中进说。

遂宁市要求拟评估的重大事项应向涉及直接利益群体公开信息，通过各种形式和渠道，多方收集合法性、合理性、安全性、可行性等方面的资料和信息，深入了解群众对评估事项的满意度、支持度、信心度和媒体的评价度，注意掌握倾向性问题和典型诉求。

河东新区是遂宁市的城市拓展区，集中了遂宁一半的房地产开发项目。

无论是新区党工委副书记孔庆洲,还是所辖慈音街道办事处主任张文,都感慨"最头疼的事莫过于拆迁"。

"新区众多工程项目和各项重大举措的出台,不可避免地涉及群众切身利益,在这些问题上处理不好就可能翻船。"孔庆洲说,稳定风险评估已经成为新区的常规性工作,"有些评估也许没有形成文字性的报告,但每新上一个项目,我们班子成员首先要考虑的就是是否存在稳定风险,稳定风险意识已经成为班子成员的下意识。"

张文每天直接面对基层群众,95%的精力都用于说服被拆迁人配合拆迁。"真是各种办法都用尽了,算账、对比、摆事实、讲道理,托朋友、找亲戚、拉家常,打持久战,目标只有一个:争取群众的信任和配合。"

家里原来100多平方米的小青瓦房被拆迁后,按照政策,慈音社区居民衡敏银和两个儿子按户头各有了一套楼房,交了补差,3套新房总面积达200多平方米。老衡说,这些基层干部也真不容易,"跑断腿,磨破嘴,还要担心哪儿出事了被摘帽子"。

社会稳定风险评估机制不仅考验着干部对群众的感情,也检视着制度的刚性。遂宁在推行社会稳定风险评估机制之初,也有少数地方、部门未自觉执行,有的评估方法简单,有的事项甚至未开展评估。

"社会稳定风险评估必须是'一把手'工程,一把手如果不重视,风险评估就开展不起来,评了也是白评。"遂宁市多个市直部门分管稳定工作的同志坦陈。

对贯彻执行社会稳定风险评估机制不力、酿成重大不稳定问题和事件的,遂宁制定了"五项铁规":检查述职、一票否决、组织处理、纪律处分,对玩忽职守、涉嫌犯罪的,移送司法机关依法处理。

遂宁市最近新出台规定,凡应开展社会稳定风险评估而未进行评估,或在评估中走过场、敷衍塞责、弄虚作假的,对主要领导、分管领导和直接责任人通报批评;导致重大事项决策不当、失误、错误,或未按稳定风险化解方案和应急预案开展工作,或重大事项在实施过程中未跟踪掌握情况,未及时发现和纠正偏差、调控风险,从而引发较大社会稳定风险的,则进行责任倒查。

遂宁已制定了时间表，到今年底，对所有重大决策事项实现分级分类、深化细化、应评尽评；还将采取定量和定性相结合的方式，完善评估社会稳定风险等级的技术指标体系；探索建立社会稳定风险各类专业评估中介机构，设立社会稳定风险评估专家库，不断增进评估的科学性和客观中立性。

"发展关系着位子，稳定关系着帽子。"从这句在遂宁干部队伍中日渐流行的话里，不难发现，遂宁干部已经意识到，只有统筹抓好"硬道理"与"硬任务"，"第一要务"与"第一责任"方能并行不悖，发展与稳定才能形成相互促进的良性循环。

（原载《人民日报》2011年4月7日，此稿获人民日报2011年精品奖）

## "把整个人物的弧光放大"

2016年度中国新闻奖"新闻名专栏",授给由人民日报2015年创办、地方部主编、每周一期的《记者调查》,《记者调查》基本上为一期一篇占一个整版的长篇报道。

《一个被互联网改变的村庄》(2015年1月9日,见附文),是《记者调查》版首期报道。这个选题最早由分管地方部、国内分社的阎晓明副总编辑提出。他认为互联网给中国社会带来了翻天覆地的巨变,在其应用上,城市、工业领域已经说得很多,但对农村产生的影响还很少说。建议我们写透一个村庄,写出互联网给当下中国农村带来的深刻变化。

应该选择一个什么样的村庄呢?

一开始自然便想到浙江义乌农村,在名扬海内外的小商品市场的带动下,那里最先涌现出一批走进互联网时代的村庄。但这个想法很快就被大家否定。为什么?

研究互联网的特性及对中国农村改变的意义可以发现,互联网最大的特性是突破空间限制,它对中国农村的影响,不仅是商品流通——生产方式的革命,还有对传统生活方式的颠覆。因此,相比义乌这些改革开放后一直走在前列的农村地区,那些偏僻闭塞、交通不便,而经济落后、社会稳定的"旮旯",更能反映互联网带来的深刻影响。

在新推这块深度调查版之前,需要准备一批选题,我和地方部另一位副主任各带几个编辑下分社调研。在江苏分社,我把互联网这个选题和大家一说,分社记者王伟健立马报料:"苏北睢宁有个村原来是捡破烂的,2013年底,阿里巴巴发布统计报告,这个村已经排名全国8省的14个淘宝村第一名。今年初'新春走基层'时,我写过一篇《"淘宝村"里探创业》。"

苏北睢宁,交通相对闭塞,经济比较落后,如今借力互联网,破烂村变成了淘宝明星村。我们眼睛顿时一亮。同行的记者调查版副主编孔祥武随即喜滋滋地坐到了王伟健身边。

《一个被互联网改变的村庄》报道的就是这个地方,一个曾经"路北漏粉丝,路南磨粉面,沿河烧砖瓦,全村收破烂",没有资源优势、缺乏特色产业的普通苏北小村,闯进互联网世界后,东风村1180户村民,经营2000多个网店,年交易额突破10亿元,农民不再面朝黄土背朝天,不再举家外出务工,而是网上创业,"进厂不进城,离土不离乡"。

中央有关部门的权威评论这样分析:

《村庄》娓娓写出东风村作为一个历史上的"破烂村"的率先之勇,其间有弯路、有挫折、有教训。通过互联网与偏僻乡村"冲撞"中融合,探讨了信息化时代农村伦理的重塑、市场规则意识的建立,以及城镇化的新路。比如,从无视品牌的侵权经营到重视专利过程中创新乡村商业伦理,从进城打工到让"城里人也来给咱打工"过程中适应城乡新型二元结构,从"熟人社会"到构筑"虚拟社区"过程中调整村民人际关系,等等。

报道让人闻到泥土芳香,更触及时代气息。《村庄》写道:"各项资源也都在向东风村和沙集镇聚集。东风村已经不是过去的小村庄了,俨然一个小城镇。"尽管看上去很美,但记者敏锐地从专利侵权、诚信缺失等问题中发现并指出,当现代化、市场化之路无法实现普惠时,在利益均沾观念固化下来的传统农业社会,会受到强烈抵触,甚至勇于先发者还会败下阵来,灰头土脸。

报道还透过村会计之口说:"网络创业,并不意味着'一网就灵',村里开网店转型、退出的也不在少数,这呼唤农村基础设施建设和公共服务配套强起来，知识、人才和品牌建设跟上去。"这是苦口良药。留下让人深长思之的空间。

报道刊出当天，人民网、人民日报客户端、新华网、网易、腾讯、凤凰、淘宝网等在主页突出位置转载。据人民网统计，当日有346家网站转载。我们给人民日报客户端提供的稿件，标题就叫《一个被马云改变的'破烂村'》。一位报社领导看了，对比报纸标题后说，人民日报的标题也应该思想再解放一些。

那次我们还去了上海分社。上海分社报了一个选题，《关于依法处理监护人侵害未成年人权益行为若干问题的意见》将于2015年1月1日正式实施，上海的长宁区于2014年率先试点，一年来有不少案例，不乏生动故事。

我把这个选题带回了地方部，大家商讨后认为，这个选题很有价值，撤销不尽责父母的监护权，另行指定监护人，这体现了国家责任，体现了现代治理理念。改革开放后很长一个时期因为法律空白太多，像这类受保护人群较小的法规，根本排不上立法日程，这从一个侧面生动地说明了中国法制的进步，而且近些年这方面的新闻事件也时有发生，读者关注度越来越高。

但是，大家在讨论中也认为，上海长宁区虽然是先行试点的地方，有故事，却不典型。这个法规执行的难点是监护能力，和城市相比，农村在这方面的矛盾必然更突出、更尖锐。比如，在一些经济落后的农村，村委会没钱，成监护人后，没有监护能力；村委会换届后，监护是否能够持续；如果监护对象是自闭症患者，护理需要专业人员；监护不只是养育，还有教育；等等。

这个选题能否成功，关键也在于能不能找到那个"东风村"。选题负责人、记者调查版主编禹伟良后来带队采访时，把故事切入点放在了福建省的仙游县，通篇以"福建仙游监护权转移第一案"中主人公小龙回"家"记的形式，探究"国家的孩子"能否给孩子一种更好的未来。

2015年1月16日，记者调查第二期聚焦"国家监护"新理念，推出报道《护佑童年》。见报当天，人民网在主页转载，人民日报客户端转发，网易、新浪、腾讯、新华、凤凰等主要网站也纷纷转载。报道推出8天后，中央电视台深度调查类名牌栏目《新闻调查》播出同题材报道《当伤害来自亲人》。

创办记者调查版是一次新探索，每次会商选题都有如履薄冰之感，而最大的痛点，就是发愁如何找到好看的故事。有冲突故事才好看，冲突性不强怎么办呢？虚构当然不行，就要在采写中千方百计加大故事内涵的反差。

有一部根据真实事件改编的电影《我不是药神》票房大卖。影片讲述卖印度神油保健品的程勇，为获取高额利润而替国内白血病患者代购印度仿制药，但在真正了解白血病群体之后，展开了一场关于人性的救赎。

这源自一个真实故事，但剧本对主角程勇这个角色做了很大修改。原型人物陆勇是个中产阶级，电影中变为社会底层——上海一个印度神油专卖店的落魄小老板。这样改，目的就是让他的生活相对更不堪一些，他与妻子离婚，孩子跟前妻一起生活，他只能每周带孩子洗个澡吃顿饭，前妻还要把孩子带出国。同时，父亲还身患重病，急需手术费。他的起点越低，越会让观众觉得这个人不可能是英雄，结果到最后变成一个英雄的时候，人物的转变也便显得更漂亮。

电影中程勇这个角色与原型最大的变动，是从白血病人改为正常人。现实中的陆勇患有慢粒白血病，他为白血病人代购印度药，不光是为了救病人，也是为了救自己。影片中将程勇改成一个健康人，他从开始是个唯利是图的商人，到最后完全站到病人群体一边，这个人物才更丰满，最后的转变才会更让人动容。

这部影片的主演徐峥对此有一个评价："这是宁浩作为监制给这部戏带来的巨大贡献，他把整个人物的弧光放大了。"

"把整个人物的弧光放大"，这不仅是艺术创作的一个经验，对我们在新闻采写中如何千方百计加大故事内涵的反差，也同样有启发。

附：

# 一个被互联网改变的村庄

孔祥武　王伟健

从收废品到开网店，重塑村庄经济形态
"'破烂村'天天有人来取经"

看着村里的网店和物流，防着农户的塑料加工产业死灰复燃，是东风村会计王万军记挂在心的两件事。每天，王万军都会开着他那辆私家车在村里转上一圈。三年前，他的座驾还是一辆摩托车。

江苏睢宁县沙集镇东风村，村名是"文革"时取的，寓意"东风压倒西风"，不具资源优势，缺乏特色产业，"路北漏粉丝，路南磨粉面，沿河烧砖瓦，全村收破烂"，是曾经的写照。

卖掉废旧塑料回收加工设备，专职开网店——45岁的刘超说，7年前的选择，是这半辈子做出的最明智决定。

当时，刘超正从事废旧塑料加工回收，听说村里有人在网上开店，就让上过大学的弟弟帮着开了一个。刘超小学文化，开网店之前，连电脑键盘都没摸过，"刚开始跟买家聊天，我打字都紧张，过了一个月，慢慢也就适应了。"

那是2008年，刘超在网上开了4个月的店，有更多的时间浏览信息，与人交流，意识到国际金融危机真的要来了，加之网店利润率能达40%，果断退出废旧塑料加工回收，成为村里第一个将设备出手的人。果然，此后塑料行情一蹶不振，网店开始在村里星罗棋布。

"网络早就有，开网店的没有，村里没人带头开，你个人再精明、再聪明，也不知道开、不敢开，需要有人把网上开店的窗户纸捅破。"刘超口中捅破"窗户纸"的，就是孙寒。

80后孙寒是东风村的"带头大哥"，当过群众演员的他，名片也与村里其他网商不同：磨砂透明，印有微信公号。

在南京林业大学旅游管理专业读了两年，孙寒选择了退学，在南京当过保安，在上海卖过黄酒，然后应聘到睢宁县移动公司做客服经理。

2006年3月离职，回到东风村的孙寒，花2000多元买了台组装电脑。他把手头积攒的30张面值100元的充值卡，以每张95元的价格挂在淘宝网上，"没想到一个晚上就卖光了。"此后孙寒又代理过小家电、创意家居，生意不温不火，好的时候一个月能有三四千元，差的时候也就千把块，他准备打"退堂鼓"。

但2007年的一次上海之行，改变了一个人、一个村庄的命运。在上海逛街时，孙寒看到一些别致的简易、拼装木质家具：能不能把这些家具放到网上卖呢？他买了几件样品回村，然后请木匠、改进设计、加工生产、上网销售，第一个月就销售了十来万元，有的产品利润率甚至超过50%。

彼时村里既无家具厂，也没快递点。起初街坊邻居还窃窃私语：孙家那小子整天在网上，跟人嘀嘀咕咕的，不是在干传销吧？但看着镇上来的快递员天天上门取货，渐渐明白其中一定有钱可赚。

住在孙寒家对面的王跃，初二辍学，开过蛋糕店、学过厨师，当时正从事废旧塑料回收加工，到孙寒家串门，问他怎么捣鼓网店的，"当时就是好奇，试试看，没想到几天赚了1000多元，比回收塑料强多了，最大的感觉就俩字：神奇。"

网销、拿货、配送、收款，网店经营流程简单；锯板、封边、钻孔，简易家具生产也不复杂。一时间，整个东风村热闹起来，网店如雨后春笋般发展起来。经济实力强的农户，则"前店后厂"，在院子里办起家具加工厂。

自从8年前村里开起第一家网店，东风村迅猛"逆袭"，"无中生有"了一个产业、一个完整的产业链条，一跃成为睢宁县名噪一时的"明星村"：1180户村民，超过六成触网，经营2000多个网店，交易额突破10亿元。"基本天天都有人来咱'破烂村'取经,去年各地来了近 300 个团组。"王万军说。

东风村近 5000 村民,从来不乏经商的基因。但在进入电商之前,是名副其实的"破烂村",废旧塑料回收加工是当地的支柱产业,在增加农民收入的同时,也带来了环境污染问题,如今已属于被取缔之列,镇政府和村两委严防死守。村里不少网商,由加工回收废旧塑料转型而来。

电子商务给东风村带来的最大改变是什么?"是我们农民掌握了定价权,和买家直接对接,卖多少自己说了算。"王万军自问自答,"小农户对接大市场,不再是梦幻,而是活生生的现实。"

从"拿来主义"到"专利风波",重建乡村商业伦理
**"不撤诉,就砸你的店"**

一夜之间,东风村几十家网商,发现网店瘫痪,货品被下架。原来是被投诉专利侵权,举报者徐松,时间 2012 年 2 月。

徐松这么干,是受过刺激的。

2011 年 9 月,东风村销售最好的一款电视柜遭人投诉,被淘宝客服下架。当时这款电视柜,东风村一天能销售 40 多万件,仅徐松的店铺,一天就能卖 1 万多件。

"因为有个苏州公司抢先申请了这款电视柜的专利,然后再投诉其他店铺侵权。我与这家公司沟通,人家说得很直接:我卖你就不能卖。"徐松意识到东风村可能面临着产品专利危机,也嗅出了其中的"商机"。

在东风村的网商中,36 岁的徐松被称为"最像老板的老板",他 11 岁离开东风村,随父母到外地做生意,卖服装、办酒厂、开酒店、养土鸡。

他回东风村办的第一个公司,专门代理网商注册淘宝商城。当时入驻商城一般需要 3 到 6 个月,徐松提出"15 天入驻淘宝商城不是梦",注册了 80 多个公司,每个成本是 3 万多元,收取 4 万元代办费,全部转让给村民,通过赚取差价,掘得了一桶金。

专利能否成为下一桶金？"如果专利授权给村民使用，每家每年收取一万元使用费，一年就有几百万轻松入账。"当时徐松准备把东风村正在卖的近千款家具，交由上海一家公司代理，分三批申请专利，花了30多万元，批准通过了200多件。

正当徐松拨打着"如意算盘"的时候，他的楼下已经聚集了几百号人，"不撤诉，就砸你的店，赶出东风村！"路被人群堵住，物流的车也过不去，派出所、交警都派人维持秩序。

就这样僵持了半个月，徐松说，公司玻璃被砸，人身安全也受到威胁。"我看这事闹得有点大，感到前所未有的孤立无援。"后来政府找徐松谈话，给他一点补助，把专利捐出来，大家共享。"事后也没什么补助，结果就是不了了之。"

"我好出新，这次苦头吃在出新上。"徐松说，向淘宝投诉，能够显示是谁投诉的，专利权人写的是我老婆的名字，别人一看就知道是我干的，"如果换个陌生的名字，恐怕是另一种结果。"

这两年，徐松专注于办厂，每年办一个，每个厂只做一种品牌，"没有大品牌，东风村就要走下坡路。"

"专利风波"虽已过去，但给东风村敲响了警钟。

"别人家的孩子，跑到你家里来玩，怎么就能说是你家的呢？"王万军认为也要感谢徐松，"本村人投诉能找到，外地人上哪儿找？我们太缺乏知识产权保护意识。"

村里的淘宝店主文道兵说，对网络创业个体而言，网店最珍惜买家的"好评"，最怕买家的"差评"，一旦有了"差评"，都会想方设法解决掉，这倒逼着农民增强服务意识、规矩意识、诚信意识、契约意识。

"淘宝有很多交易规则，卖家须遵守，不诚信，就要受惩罚。以前有一个买家，买了我一件货，当时我实际上没有货，但我告诉他明天可以看到物流信息。结果，我因为'违背承诺，延迟发货'被扣掉3分，那时一年要是被扣掉12分，网店就被降级。"想起那次交易失信事件，王万军的儿子王静仍很感慨："网店没有的东西就是没有，没发货就是没发，小聪明要不得……"

王静认为,"虚拟社区"并不虚,网上交易同样很实,现代市场经济的意识逐步渗入乡村,这必将对熟人社会的交往规则产生深远影响。

从进城务工到返乡创业,重现村庄生机活力
**"城里人也来给咱打工"**

东风村的早晨从中午开始。

"亲是哪儿的?""亲觉得多少钱合适?"……晚上8点见到王静时,他正在家中二楼的工作室,紧盯电脑与买家聊天,"一口一个亲,刚开始觉得挺别扭,现在都习惯了。"

其实,王静晚上的工作刚刚开始。他的网店只聘用了一名客服,上午9点上班,下午6点半下班。客服走后,王静吃过晚饭,就要接过来,一直看到晚上12点。在与王静聊天的过程中,电脑不时传来淘宝旺旺"叮咚叮咚"的声音,他要赶紧扭过头去招呼。

面对盯着网店看的农民,听着密集的"叮咚"声,实在不忍心多耽误他们的时间。对他们来说,时间就是订单、就是好评、就是交易额……

以往,东风村常年有1500人左右在外务工,王静曾是其中一员,在北京、广东都干过,打的最后一份工是在南京一家电动工具生产厂做操作工,"我每天上下班要骑车一个半小时,工作12个小时,工资才2300元。"

2009年10月,王静的小店开张,等了一个月,没卖出一件东西。"我至今清楚记得,第一件'宝贝'是被广东韶关人买走的,还给了个好评,那次兴奋得半夜都没睡着,后来订单越来越多。"

不仅外出务工人员返乡了,一些大学生也回到村里开始网络创业。董来平毕业于新疆一所大学,2009年在家创了一次业,养七彩山鸡,家人始终不理解:"花那么多钱供你上大学,怎么能养鸡?"

受不了世俗的眼光,董来平应聘到山东一家上市公司工作,月薪6000多元。看着村里热火朝天的场景,他还是于2012年4月辞职回村,开网店卖家具。每天早晨7点起床,到自家家具厂和3名工人一起干活,工人下午5点下班,自己再加班干到9点，回到家里，接替老婆看网店，直到晚上11点半，关机睡觉。"虽然累点，但比在公司上班有劲，挣钱也多得多，应该早点创业。"

王万军当了十几年兽医、在建筑工地打过工、拉过废塑料，"但没挣到钱，现在是'父托子福'。"王万军说，这几年，儿子网店成交额都在100万元以上，"重要的是儿子回家了，不用在外面'漂'了，以前村里没什么人气，只有到过年时才能全家团圆，现在天天团圆，过节与平时也没什么两样，村里的留守问题基本上迎刃而解。以前是我们去城里打工，现在是城里人也来给咱打工，我们村的不少钱被外面的人挣走了。"

外地的大学生也到东风村"淘金"。90后大学生吴潇崇，陕西宝鸡人，半年前从北京一家影视公司辞职来到东风村，开了一家名为"V度电商服务"的公司。"村里网商主动来找我们的不多，思想还是保守，宁肯每天花500元去淘宝做推广，也不愿找我们第三方做运营。"吴潇崇有些苦恼。

短短几年时间，东风村从无到有，建起250多家家具厂，聚集42家物流企业，周边其他村上千人到这里打工。

来自单庄的单波，每天骑摩托车到东风村上下班，在家具厂拆装成品床，拆装一个20元，两人一班，每天拆装二三十张，能收入200多元，"刚生了宝宝，方便顾家。"

由东风村扩散，带动周边几个村模仿和跟进，网上家具生意也都起来了，在前不久举办的第二届中国淘宝村高峰论坛上，沙集镇被评为"淘宝镇"，2014年交易额达到26亿元。

在见证东风村电商崛起历程的沙集镇党委书记邱良超看来，互联网经济的深度介入，加速了东风村和沙集镇的城镇化进程。

"网商发展带动了物流业，东风村老街不够宽，我们就修了6米多宽的柏油路；网速太慢，我们又进行了网络升级改造；网商开店没地方，我们兴建了产业园。农民转变了观念，在家创业致富，而现在的各项资源也都在向东风村和沙集镇聚集。"邱良超说，"村和镇目前已经连成一片，已经不是过去的小村庄了，俨然一个小城镇。"

从熟人社会到"虚拟社区",重构村民人际心态

**"以前没那么多心眼儿"**

是商人就有机密,有交易就有秘密。

到 2008 年底,东风村近 100 户开了网店,"砸价砸得血淋淋的。"孙寒把所有开网店的村民召集到一起,签协议商定,以后不许恶性竞争,谁想多卖,可以自己搞一些促销,但不要再教其他人开网店,"每教一个就是培养一个竞争对手。"

孙寒说,协议刚签过,大家还偷偷摸摸地教,后来就光明正大了,一点用都没有,一个月后开网店的村民就突破了 100 户,"自己的兄弟姐妹没有收入,怎么可能不教?不只别人,我也破了规矩,教了两个妹妹。"

面对亲情与生意,东风村的人有些进退失据。王万军给开网店的儿子打气:"卖得好的款,就是你妹妹家卖也不行。"

在村里办了 6 个家具加工厂的徐松说,他有一款彩色烤漆儿童双人床,已申请外观设计专利,网上销售非常好。自己外甥也开店,想使用这一专利,徐松没同意,"给他吃,我就得挨饿。没给他使,就不理我。"

低门槛就容易被模仿。

2012 年,王跃投诉外村的 8 家网店抄袭自己的"宝贝",没敢投诉本村的,淘宝倒是给下架了,"结果这几家合伙,到我的网店把货给拍光了,那时候淘宝网允许不付款就减库存,让人哭笑不得。"

很多网商为了省钱省事,直接"拿"别人网店图片使用。沙集镇电子商务协会成立后,孙寒组织了一个团队,举报盗用自家图片的网店,持续一个月,投诉了上千家,引起村里一些人不满,结果又是不了了之。

竞争日趋激烈,没有特色的货品,很难得到买家青睐,倒逼着网商拍摄体现自己特色图片。2014 年,东风村一下子冒出来 10 家专业摄影店。孙寒熟悉图片处理软件,往年大都是自己拍摄,花在图片上不足千元,这一年他找了专业摄影店,花费 2 万多元。

刚过去的这一年,孙寒作别相伴 8 年的淘宝,并且减少为别人代工,悉

心打造自己的品牌,成为京东自营家具商品的供货商,一条新的生产线即将投产。

对网络创业群体而言,各地的淘宝村普遍面临着产品同质化、低端化、恶性砸价、忽视专利权等问题。对此,一些地方建立了行业协会,但在熟人社会,收效甚微。

王万军兼任着沙集镇电子商务协会副会长,"协会很难发挥作用,成立几年来,没有找到抓手,缺乏资金运转,以前还可以收取50元的会费,现在会费也收不上来,人家不交,你一点办法都没有。"

王万军说:"有些新开的网店,为了赚信誉、赚好评,赔钱也卖,协会更没招,恶性竞争是网商的坟墓。"

一位大学毕业的淘宝店主指出,有些店主急功近利,为了追求利益最大化,就会用成本低的原材料,产品质量势必下降,影响整个东风村的声誉。

创业就会有成败,竞争就会有输赢。王万军说,网络创业,并不意味着"一网就灵",村里开网店转型、退出的也不在少数,这呼唤农村基础设施建设和公共服务配套强起来,知识、人才和品牌建设跟上去。

"村里的人际关系,似乎没有以前那么融洽,好像以前没那么多心眼儿。"孙寒说,以前开网店的年轻人经常一起玩,现在没那么多时间,每个人都有压力,都很忙。

为了陪着"网购族"夜晚购物,电子商务改变了东风村民的作息规律,也影响着他们的生活方式。他们不仅在网上卖东西,也在网上买东西。

"不能只顾着赚钱,还要讲点生活品质。"孙寒把家安在了离村15公里的宿迁市区,更多的东风村人开始在睢宁县城买房子,为自己,也为孩子上学。

王静指着工作室里的金鱼缸、墙上贴的艺术字"天道酬勤","这都是网上买的,买东西都买到两颗钻了,前些天从网上买螃蟹,收到时还在张牙舞爪。"

刚过去的平安夜,文道兵送给老婆一份圣诞礼物——一辆宝马轿车,"我们东风村农民都过圣诞节了,东风村也越来越像豪车展览馆。"

(原载《人民日报》2015年1月9日,此稿获人民日报2015年精品奖)

附：

## 护佑童年

卞民德　郝　洪　禹伟良　申　琳

凌晨，福建仙游县，山间万籁俱寂。沉睡中的梧店村，突然被凄厉的哭喊声惊醒。

"哎，小龙（化名）又被他妈妈打了！"睡眼惺忪中，村民们不用多想，就明白咋回事。

过去几年，这样的场景再三上演。白天，小龙在街上漫无目的地游荡，或是蜷缩着身子，躺在不知谁家的门口。晚上，则遭遇妈妈没来由的毒打，脸上、身上留下100多处伤痕。

"有妈的孩子像块宝"，但对11岁的小龙而言，相依为命的妈妈已成童年噩梦。

2015年新年到来的时候，梧店村民已有半年多没听到小龙的夜半哭声了。小龙住进了国际儿童村，有了新"妈妈"。半夜，小龙有时仍然会突然惊惧尖叫，不同的是，当他从黑暗中醒来，看到的是"妈妈"的笑脸。

"妈妈"一词，在小龙的世界中已由冰冷变得温暖。如今的小龙笑容多了，身上的伤痕渐渐淡去。

半年，恍如隔世。

是什么照亮了小龙幽暗的命运隧道？

"再不管,就要出人命喽!"
**不能迟到的干预**

梧店,有店。

穿村而过的马路两旁,红木家具加工作坊、佛珠批发店成行成市。小小的闽中仙游山村,红木家具产业兴旺,村民大都家底殷实。

小龙家是个例外。

生父至今身份不明,母亲每日天不亮便出门,到外面干点零活维持生计,一整天都不着家,饥饿的小龙四处觅食。母亲常常在凌晨返家,回来后,稍不如意,便拳脚相加,用火钳打、刀片割。

隔三差五,小龙会带着新添的伤,到村支书林国荣的诊所里"蹭药"。

很多次,邻居们看不过去,招呼小龙进门吃口热菜饭。县乡干部请来心理医生,对小龙母亲进行心理疏导。然而,好心换来的却是小龙母亲恶言相向,"我家里的事,不要你们管!"

"村里给母子俩办了低保。逢年过节,我也带点东西去看看。"年轻的榜头镇团委书记郑剑航是这个特殊家庭的常客。"每次来,先看看孩子有没有伤,然后再把买的东西留下。有段时间好很多。"

尽管写下了保证书,承诺再也不打孩子,但这样的情形并没有持续多久。一次次,小龙凄厉的哭喊划破山村的夜空。"再不管,就要出人命喽!"林国荣摇着头说。

林国荣还记得一年多前发生的"南京饿死女童事件"。

那场悲剧的制造者乐燕和小龙母亲一样,几乎不管孩子,拒绝社区邻里救助。乐燕说,那是她的家事,不要别人管。为了两个孩子,南京麒麟街道泉水社区每月拿出800元,定期由民警送上门,但这并没有让乐燕对自己的孩子多看几眼。在乐燕又一次离家出走一个多月后,上门探望的社区民警破门而入,看到的却是两具幼小的尸体。两个不到3岁、花儿般的生命,尚未绽放就戛然而止。

今天,政府要不要管小龙的家事?怎么管?

2014年5月底，当地公检法、民政、妇联、共青团等机构联合施救，达成共识：让小龙彻底离开他的母亲。

可是，这条路怎么走？

"太难了！"南京市江宁区民政局副局长袁道法说。当初，南京有关方面也曾想将乐燕的孩子送往福利机构，或是起诉乐燕虐待罪。但是，"家庭暴力，谁来鉴定？打到什么程度才算？监护权转移给谁？而且最容易对未成年人造成侵害的，往往是他最亲近的人，既难发现，又难取证。"

而最难的，还是观念。

每每想起"南京饿死女童事件"，姚建龙如有锥心之痛。这位上海政法学院教授、上海市未成年人法研究会会长，这些年一直坚持不懈地呼吁强化"国家亲权"。"我们传统观念认为，'孩子是父母的'、家长管教孩子是'家事'。错了！孩子是国家的，国家才是孩子的最高监护人。"

在仙游各方苦苦寻找小龙事件突破口的时候，作为民政部确定的首批未成年人社会保护试点之一，贵州省凯里市正开展一项基于"国家监护"理念的地方试验。

"凯里试验"并不玄奥：市领导包片、干部驻点，镇村两级排查常态化，学校登记报告，对困境未成年人动态监测；设立专门的未成年人保护中心，建立高规格的部门联席会议制度；开展"防乞保学""春雨工程"，构建监护干预新模式……

"未成年人保护不是别人家的事，是每个社会成员的事。当你在街上，有孩子伸出手来向你要钱，当你的包被一个孩子偷走，你做何感想？观念改变了，机制理顺了，事情就好办。"凯里市委副书记周文锋坦言。

"法律、制度总有不完善的地方，在面对儿童问题的时候，决定我们应当采取什么样的立场和解决方案的，有且仅有一条原则，那就是儿童最大利益。"姚建龙说。

在仙游，正是考虑到小龙的利益，从村民、社会公益组织的民间救助，到民政、共青团等机构的介入，对小龙的救助开始了民间和官方的接力。

2014年6月，当救助小龙的接力棒传到陈建红手上时，这位在仙游县人民法院工作了 30 年的法官，真真掂出了分量。

"大人不靠谱，孩子谁来管？"
**唤醒沉睡的法条**

"真不敢相信，竟有这么狠心的母亲。大人不靠谱，孩子谁来管？"

陈建红接手案件的 10 余天前，小龙母亲被依法行政拘留。这期间，小龙被暂时安置在当地救助站。陈建红征求小龙意见时，一提起妈妈，小龙就面露恐惧之色。尽管口齿不清，但小龙的意愿非常明确：不想再和妈妈一起生活，怕被妈妈打死。

根据现有证据和小龙的意见，撤销小龙生母的监护权并无悬念。摆在陈建红面前的最大难题是，谁来提起诉讼？如何启动撤销监护权的程序？

民法通则第十六条规定，被监护人父母死亡或无法履行监护权，其祖父母、外祖父母、兄、姐、关系密切的其他亲属、朋友可以担任监护人。如果都不可以，未成年人住所地的村委会、民政部门等可以担任监护人。

"可法律规定是原则性的，很难操作，当时又无先例可循。"陈建红说。为了这个案件，仙游县人民法院内部讨论了多次，最终认为由村委会担任监护人可行。

2014 年 7 月 4 日上午，小龙生日的第二天，开庭审案。陈建红预想的激烈场景并没有出现。小龙母亲没有请律师，除了为自己辩解几句，并不否认殴打行为。法院启动特别程序，判决撤销小龙母亲的监护人资格，指定梧店村村委会担任监护人。

当时，陈建红并不知道，她法槌落下、"（2014）仙民特字第 01 号"判决书签发的那一刻，创造了历史。"这应该是中国大陆第一起撤销父母监护权，转由国家监护的案例。"姚建龙如此评价。

陈建红更无从预料，在小龙案宣判半年后，最高人民法院、最高人民检察院、公安部、民政部联合出台《关于依法处理监护人侵害未成年人权益行为若干问题的意见》（以下简称《意见》），今年 1 月 1 日起实施。

《意见》共 44 条内容，不过薄薄几页纸，却激活了"监护权转移"这一沉睡 20 多年的法律条款。

"它列举了 7 种剥夺监护权的情形，并且明确了具体操作规则，类似小龙这样的监护权转移案就有章可循了。"陈建红舒了口气。

《意见》实施第 7 天，江苏徐州市铜山区法院受理了一起由检察机关建议提起的全国首例民政部门申请撤销监护权案件。

"我更愿意将这一《意见》称为'李梦雪·李彤法案'，以纪念 2013 年在南京饿死的两名女童。事实上，这一恶性事件也是促成这一法案出台的重要动因。"姚建龙说，"它明确确立了儿童最大利益原则和国家亲权原则，在我国未成年人保护法治史上具有里程碑意义。"

时隔一年半，"南京饿死女童事件"已渐渐淡出人们的视野。行走在事发社区，车水马龙，生活依旧。

其实，没有人真正忘记，只是不愿再提起。

"如果再发现这种情况，沟通、教育之后还不改，那肯定要起诉剥夺监护权。"南京市泉水社区党支部副书记申静不假思索地说。

然而，监护权转移只是第一步，关键是要给孩子更好的生活。姚建龙就很担心，作为法定监护人，梧店村委会能抚养好小龙吗？

**"养大易养好难"**
**小小蒲公英，何处是春天**

对于村集体年收入几万元的梧店村，村委会的确有心无力。

按照民法通则关于监护权转移的规定，安置小龙的首选本该是其近亲属。因为找不到小龙生父，当地政府曾尝试将监护权转移给小龙的舅舅。

"他不是不想管，但小龙生母经常为此大吵大闹，凌晨打上门都有。"林国荣也理解小龙的舅舅的苦衷。

谁来照顾小龙？

费尽周折，小龙住进了福建莆田国际儿童村。

"按规定，儿童村招收的是身体健康的孤儿。而小龙有母亲，而且连生活自理都有欠缺。"是否"收留"小龙，让平时干练果断的"村长"曾素琼犹豫再三。

儿童村的组织方式是：一位职业妈妈和几个孩子共同组成家庭，同吃同住同生活。小龙的到来，一度打乱了家庭正常秩序。半夜，因恐惧黑暗，他会大喊大叫；虽然已经 11 岁，却还随地大小便。

儿童村 3 号楼，是小龙的新家。晚上 6 点，其他"姐弟"都已吃完晚饭，小龙还在磨蹭。"妈妈"林丽芳一边收拾碗筷，一边催促小龙准备 7 点后赶到儿童村活动室参加集体自习。客厅墙上贴满照片，小龙的笑容格外灿烂。

"他笑得很可爱、很天真，声音很好听。有时候会很开心地说'妈妈说我是宝贝，妈妈叫我宝贝'。"前几天林丽芳感冒，听到"妈妈"咳嗽，小龙马上站起来给她捶背。"你说我感动不感动，虽然照顾他很累，但他这样对我，我也很满足了。"

"我们这里，一个家庭要同时照料五六个孩子，'妈妈'对小龙付出的多了，必然对别的孩子不公平。"曾素琼觉得，"应该有一个专业的机构，接收小龙这样身心受严重伤害、监护缺失的困境儿童，对他们进行心理疏导治疗和行为能力矫正，调整一段时间之后，再送到儿童村来。"

儿童福利院行不行？论物质条件，承担"小龙们"的监护责任，问题并不大。"但是，儿童福利院是封闭的，不是一个家，接收的多是身体残疾的孤儿。"曾是精神科医生的南京市社会儿童福利院院长朱洪不无担心。

"目前儿童福利机构能够解决的，还只是生存问题，养大易养好难。"南京市民政局社会福利和社会事务处的马彦坦承，困境儿童的保护，处置机制最难。"每个孩子的需求都不一样，有的是生活照料，有的是心理干预，如何抚养好监护缺失的孩子，亟须破题。"

在姚建龙看来，监护权的履行需要专业和技巧，但更具有情感依赖性和人身依附性。"无论谁来承接监护权，都要有监护能力评估与监督机制。如果不能保证孩子在转移监护权后生活得更好，只是单纯启动剥夺监护权诉讼是很危险的。没有保障就没有干预。"

寒假很快就要到来。按照惯例，儿童村的孩子们要回家探望监护人。曾素琼的心里，却愈发忧虑："村委会是监护人，小龙回去看谁？是村主任还是村支书？如果村两委换届，对小龙的监护能否延续？"

"血脉亲情总是割不断的"
**寻家，归期可有期**

一溜破旧的砖瓦房中，一间七八平方米的出租房，就是小龙生母临时的家。租约很快到期了，"去哪儿住？"她一脸茫然。

这实在不像一个家。窗户被木板钉死，只留一半透亮，木质窗棂已有部分朽烂。一张简单的床占据了一半空间，另一半则堆满了垃圾袋。剩余可以转身的空间内，挤进了一张放着电饭锅的小桌。电饭锅是郑剑航送给她的。"我每次都说，把垃圾清出去，她不听。"郑剑航说。

小龙离开后，她经常找到郑剑航，要他带自己去看看小龙。

"一个周末早晨，我出门就碰到她，也不知道她怎么找到我家的。"为了不打扰小龙的新生活，郑剑航一直没有答应。"我跟她说，小龙现在过得很好，让她要多改变自己，等小龙回来，可以看到一个不一样的家。"

一开始，小龙母亲还有怨言，也找林国荣吵过几次。后来，她骑三轮车摔断了腿，村里、镇里及时给予了救助，"她的态度就不一样了。"如今见到林国荣，她会主动打招呼。

现在与人聊起小龙，她总不忘说几句感谢政府的话。"这样对他好，跟着我会变成傻孩子，政府管起来，能让他变成聪明伶俐的小孩。"

"我们再怎么好，但血脉亲情总是割不断的，只是时间还短，在小龙身上看不出来。"曾素琼并不希望，小龙心里埋下对生母太多的恨。

小龙还会回到他生母身边吗？他的权利是否可以得到保障？

新出台的《意见》，设置了恢复监护人资格的条款，但没有明确被撤销监护人资格的父母是否可以探视孩子。

"国家监护不是占有孩子的人身权利，而是为了更好地履行保护孩子健康成长的责任。"在曾素琼看来，将来小龙回到哪里并不重要，重要的是要让小龙成为正常、健康、生活自立的人。

"凯里试验"或许可以诠释曾素琼的梦想。

未成年人犯罪的发案量，一度占到凯里市发案量的1/4，且重复犯罪率高。这些孩子大多处于家庭监管缺失的困境，或是父母在外打工，或是家庭变故。其中有个孩子，先后作案百余起。

"让这些监护缺失的困境儿童重新回归家庭和社会，是'凯里试验'的主要目标之一。"周文锋说。为此，凯里开设了临时监护机构——"春雨学校"，并与家长签订了委托协议。

"春雨学校"负责人杨举，自称"娃娃头"，与23个孩子同吃同住。"这里所有费用都不用家长承担，父母可以随时来探望。一般经过两个月的行为矫正，再送入定点中学单独编班，体验真正的学校生活；一学期后考评合格，这些孩子就可以回归正常学校。"

第一批经过矫正的12个孩子，基本上回归正常家庭生活。其中5个完成矫正后留在定点中学——龙场中学继续学业。校长杨昌华做过对比，这些孩子有精神、守纪律、懂礼貌。

"生了娃不能扔给社会"
**挽回沉沦的父母心**

清晨8点，小龙在"妈妈"护送下进入校园，开始一天的学习。此时，凯里"春雨学校"的操场上，23个孩子正在进行队列训练。

其中，15岁的黄平（化名）已是第二次来到这里。黄平父母离异，做保安的父亲很少管他，母亲也不常见。黄平大部分时间在外面游荡，因小偷小摸被抓了好几回。

"他是一年前进来的，矫正效果很好，经过评估，计划送到龙场小学读6年级。"杨举说。暑假，黄平被父亲接回家。"开始还挺乖，烧饭、打扫卫生，但娃娃毕竟小，安定了半个月后，他出去找原来的同伴玩，结果又是一个月不回家,错过了入学时间。"

有一天,杨举在街上碰到了黄平,一问情况,立刻给黄平父亲打了电话。"他父亲说:'哎呀,你就把他带到你们那里去管吧,我没时间、没精力管,也管不了。'当父亲的这样说,害羞不?经过多方考虑,我们只好再次将孩子收进来。"

办手续的时候,黄平父亲来了。"打了四五次电话,只来了一次,一来就骂娃娃。我将他狠狠地批评了一顿,我说,你生了娃娃就得抚养、管教,不能扔给社会。"

黄平的经历令许多人担忧——国家监护提得多了,会不会无意中"鼓励"父母逃避责任?"春雨学校"就接待过不少家长的咨询,大多是想把孩子送过来。贵州毕节"儿童垃圾桶取暖死亡"事件后,当地救助站也曾接到许多家长电话,声称无法管孩子,要求把孩子送来。

贵州省民政厅社会事务处的徐娇认为,制度设计上,需要考虑对"不尽责父母"进行惩罚和矫正。"我觉得,国家监护最主要的不是剥夺监护权,而是在监护缺失或者无法监护的情况下,由国家给予一定的帮助和干预,确保监护人履行好监护权。"

在上海市长宁区,这样的探索已经开展了四年。在长宁区检察院的推动下,北新泾社区家长学校和心理工作室建立,通过项目化运作,提供家庭教育指导和救助。长宁区检察院还联合区教育局,监督怠于履行监护职责的在校生家长承担起监护职责,对行为不端的家长进行教育。

凯里的探索者们也在思考,"春雨学校"的未来,不应是政府全管,而是让"不尽责的父母"也要负起责任。"比如让他们承担孩子的矫正和生活费用,从而警醒家长要履行好自己的监护义务。"周文锋说。

在如何惩处不良父母问题上,姚建龙则主张,政府当先"接盘"后追责。

"很多国家的法律允许父母在不伤害孩子的前提下将监护权转移给国家,国家不追究父母遗弃罪的责任。"在姚建龙看来,基于儿童最大利益原则,国家需要大爱和担当。

"国家和父母过多博弈的结果,往往是'撕裂'孩子。如果将孩子硬推向不负责任的家长，事实上就是把孩子推向了一个危险的、缺乏救济的环境。近些年曝光的很多恶性事件应当引起我们的警醒。"姚建龙说，"当然，需要特别指出的是，被撤销监护人资格的父母仍应当负担未成年人的抚养费用，以及因监护侵害行为产生的各种费用，还可能会因其监护侵害行为承担行政甚至刑事责任。"

"我真的很想念我的两个女儿！"站在被告席上，乐燕残存的母性已无法换回两位"天使"的生命。让国家监护立起来，则可将更多的"小龙"从监护缺失的险境中解救出来，给予他们一个可期的未来。

（原载《人民日报》2015年1月16日，此稿获人民日报2015年1、2月好新闻二等奖）

## 没有冲突就没有故事

没有冲突就没有故事，出乎意料的情节最能牵引人心。当年电视剧还可以插播广告的时候，每到剧情转折关头往往戛然而止，但不管广告有多烦人，总有观众愿意等到"欢迎回来"。新闻也是如此，情节越是一波三折越能吸引眼球。①

人民日报社贵州分社记者程焕在一篇业务研讨文章里这样说。

道理大家都明白，但具体到采写实践中，如何发现并抓住"冲突"乃至"一波三折"，对记者却是极大的考验。

《志不求易　事不避难》，是《人民日报》社会版2020年7月新开的一个专栏，讲述高校毕业生的奋斗故事。地方分社当月有两篇稿子在这个专栏刊出：《黄顺轲考上村官干劲满满》（7月28日），《为社区居民服务，充实》（7月29日）。

专栏的这个名称，可以说把报道的采写要求也点明了，你得挑一桩"难事"来讲述高校毕业生踏入社会后的奋斗故事。但这两篇稿基本上都是循着时间顺序平铺直叙，没啥故事，更不见难事。

我们常说"好开头，一半文"，不妨看一看开头来感觉一下：

下了高铁，大约还剩100公里的路程。记者在山里绕了快3个小时，

---

① 程焕《让"小人物"撞进"大时代"》，人民日报社地方部《业务研讨快讯》2020年第27期。

才赶到村委会大院。一下车,一个年轻小伙迎上来,这应该就是记者要找的人。看他略微有些腼腆,记者先抛出几个问题:"咱们村有几个村民组,人口有多少?""贫困户还剩几户?"

"整个村有5个大组,14个小组,2334人;贫困户73户289人……"听到这儿,记者对于接下来的采访,多了几分期许。(《黄顺轲考上村官干劲满满》)

开头很平实,但显然也比较平淡。

把人物放在特定的环境中展现,记者的想法是不错的,但这个特定环境不能太一般化。这篇稿子里写到这样一件事:

前段时间,为做好疫情防控,凡是从外地进村的,都得登记排查。没想到,黄顺轲碰到了情况。

"这个村民从外地的娘家回来,进村时没登记。我就赶紧联系,哪知道她非但不配合,说话还特难听。"眼看沟通几次无果,黄顺轲也有了情绪,一个人生闷气,"实在搞不懂,自己没做错啥,她态度咋这么差!"

黄顺轲会怎么解决这件难事呢?假如这篇报道一开头就把黄顺轲放在这样的环境里来展现,想想看,会是什么效果?

再看另一篇稿的开头:

7月17日,北京市丰台区宛平城地区城南第二社区耐火厂院门口,一个身着T恤衫牛仔裤的女孩,拿着一堆表格、文件急匆匆跑过来,向等候在小区门口准备申请保障性住房的李大爷,介绍申请条件与申请方式,还仔细地讲解如何填写申请表,需要准备哪些材料。这个女孩就是去年新入职的社区工作人员太正琪。

也是放在一个动态的工作环境中来写人物,而病症也相同,就是这样的环境实在太一般。

是因为刚工作不久,没碰到难事吗?现实总是拒绝童话,尤其在基层社区,上面一根针,下面千条线,事多,事杂,事也难。稿件里介绍了,去年新入职的太正琪遇到过不少麻烦:平房户雨季雨水倒灌,无法排出;社区里开始搞垃圾分类;北京新发地发生疫情后社区要忙防控……

哪件事都挺难的,如果开头选其中一件事,在这个背景下来报道人物"事不避难",便自然会好看许多。

2020年初,江苏分社申琳采写的《高新贷 为科创企业救急》(见附文),把平常分社记者比较怕写的经济类报道写得生动可读。稿子一开头就把高新贷这个创新做法,放在矛盾冲突中来呈现:

"高新区管委会的同志上门时,正碰上我们团队愁得一夜没睡。"
"公司账上就剩4万块钱了,'高新贷'真的是救命钱。"
"已经几个月没发工资,要不是'高新贷',我们就倒在成功前夜了。"
……

伟信奥图、天逸瑞狮、加拉泰克……这些苏州高新区里的中小科创企业明星,2019年营收额增长都达一倍以上,发展前景一片光明。然而在此之前,这些企业都经历过差点撑不住的时候。为他们雪中送炭的,就是苏州高新区推出的金融新招——"高新贷"。

语言简洁,内涵颇丰,满是张力。

这篇稿登在经济版新开的《高新区里见高招》专栏。无独有偶,山东分社徐锦庚社长执笔的第二篇《人才估价轻松融资》,也是开门见山,一落笔就见冲突:

公司账上马上就没钱了。在办公室转悠半天,耿哲狠下心、一跺脚,抓起手提包,直奔银行。包里,是家里所有的房本。

劈头就见奇峰，连续的短句，透着紧张急迫，渲染出耿哲的内心冲突。

从讲好故事的角度说，发现矛盾冲突还只是第一步，更重要的，是要善于把这种矛盾冲突展现出来。

上面《黄顺轲考上村官干劲满满》一稿，里面说到具有冲突元素的难事：抗疫期间一个村民从外地娘家回来进村时没登记。那么记者后来怎么展现这件事的呢？

> 最后他只好向其他村干部求助。谁知没费啥功夫，事情就解决了。冷静了一会儿，黄顺轲分析，问题可能出在自己身上。

一句语焉不详的"谁知没费啥功夫"，就把这桩"难事"轻轻带过了。

我们再看申琳在稿子开头提到"高新区管委会的同志上门时，正碰上我们团队愁得一夜没睡"，文里说到此事怎么展开：

> 刘宁开始还想，没资金就向银行贷呗。到银行一联系，他才发现，自己既没可抵押的固定资产——厂房是从高新区租的，几台电脑、专用工作台也不值几个钱，销售订单也得不到银行的认可。
>
> "有技术、有订单，可就是没钱启动生产，这才明白了什么叫'一分钱难倒英雄汉'！"刘宁和他的创业团队之前通宵不睡为科研，如今通宵讨论为一字——钱！
>
> 正一筹莫展，苏州高新区服务团队的人找上门来，"高新区刚推出一个扶持科技型中小微企业的金融产品，叫'高新贷'，额度最高500万元，伟信奥图符合条件，可以申请贷款。"
>
> 刘宁说，自己就像快冻僵的人，面前突然摆上一盆暖暖的炭火，"马上就活过来了！"

瞧，有过程，有细节，多处用引语，故事曲折，讲得也很生动。

再看徐社长稿件里开头说的那桩事，文中再说到这里，是这样展开的：

耿哲虽有 1 万多平方米厂房,但那是租的,有专用设备,银行又不认,能抵押的只有房产。妻子强烈反对:"万一搞砸了,你让全家睡大街?"耿哲装作若无其事:"哪能呢!公司 120 多个人,个个都在玩命干,困难只是暂时的。留得青山在,不怕没柴烧。"妻子拗不过,只好同意。

2018 年 6 月,580 万元抵押贷款终于到账。此时,公司账上只剩 1.99 万元。

一个是"强烈反对",一个则"装作若无其事"。暗流汹涌更惊心,峰回路转显波折。正像徐社长在报社做增强"四力"的讲座中强调的:"讲好故事就要去写矛盾冲突。"

客观地说,要让矛盾冲突适当展开,需要有一定篇幅。《志不求易 事不避难》这个专栏是社会版的头条,给的篇幅不小,有 3000 字左右,足以供分社同志们一施拳脚。事实上,改版以来各新闻版的头条给的篇幅都不小,讲好故事,讲出有矛盾冲突的故事,篇幅完全有保证,关键还是看你的采访深度够不够。比如这个月还有一篇分社的稿《一路向北的"棚菜人生"》(7 月 30 日),介绍李天来院士几十年致力于解决北方冬季吃鲜菜难。夜班评报时大家认为,这篇本来应该很有可读性的稿子,好像不是在采访本人,倒像是别人在回忆,写一个人一辈子,没有写出一个有矛盾冲突的故事。

一般说来,第一次把科研理论转化到实际生产中是最难的,"因为当时资金很紧张,要借助农民自身投入开展示范推广工作,一旦失败,就很难再唤起农民尝试的热情。"

这事发生在 1988 年,要让还没富裕起来的农民、观念还在转换之中的东北农民接受冬季也能种菜这种史无前例的新鲜事,矛盾与冲突在所难免,困难肯定如山一般大。这山是怎么翻过去的呢?报道紧接着这样写:

为此,项目组成员频繁地举办培训班、现场指导,最终获得了初步成功。

巨大的困难，被一个没有温度的形容词——"频繁地"，轻松消解了。想象中是惊涛骇浪，在记者笔下却只见一泓静水。其实，如果紧紧咬住这一点，锲而不舍往下追问，矛盾与冲突或许就在眼前精彩展开了。有矛盾冲突的故事，是需要狠下一番功夫去挖掘的，而首先，你得牢牢树立"讲好故事就要去写矛盾冲突"的意识。

而程焕之所以感慨"情节越是一波三折越能吸引眼球"，正是在这种理念指导下的自觉努力。

2020年，是全面建成小康社会和"十三五"规划收官之年。那些目标完成得如何？决胜小康在基层有哪些故事？群众还有什么期待？4月，人民日报推出一个新专栏《第一落点·决胜小康在基层》。专栏"头一炮"，选用的就是程焕写的《老杨种菜记》（见附文）。

地方部评报时，值班主编谢雨肯定此稿故事讲得好。报道紧紧围绕主人公老杨展开，情节跌宕起伏、富有张力、冲突感强，有拽着读者往下看的感觉。一波三折中，既讲出了农民致富的艰辛，也展现了对幸福生活的执着追求，富有深意。

谢雨强调：一波三折不只是写作技巧，更重要的，在于它真实地反映了创业的艰难曲折，唯挫折中之奋斗，才更能展现命运变迁中人物故事的动人力量。

程焕是怎么写出这个一波三折的故事的呢？

> 老杨是个健谈的人，还没等到我发问，就滔滔不绝地讲起了自己的故事。说实在的，听完之后我感触并不大，平铺直叙难有共鸣。于是我主动出击、不断追问：在农村长大为什么没种过几年地？在外面干得好好的怎么想着回来种菜？不愁卖的菜为何突然没了竞争力？怎么想着要把儿子"拉下水"……
>
> 一连串问题抛出来，老杨不再没边际地漫侃，思路变得清晰许多，问题也谈得更加透彻。老杨跌宕起伏的创业历程最终感染了我，在写稿过程中，我努力试着还原这份曲折，通过提出疑问、设置悬念等方式，

将一些冲突和矛盾放大，以期出现意料之外又在情理之中的效果。

当然，写新闻不是写小说，故事的冲突性不能凭空捏造，所有情节均要立足于事实，否则就是在做假新闻。面对有故事的人，找到扣人心弦的情节其实也并不难，抓住一些有冲突感的细节，多问几个为什么，惊喜没准儿就会被撬出来。①

程焕发现，编辑对此稿也青睐有加。"报道刊发后，我拿出原稿逐字逐句与见报稿对照，发现版面做了不少巧妙修改。除了润色文字，还对行文逻辑进行了强化。"

总编室编辑许诺这样回顾和记者合力打磨这个"一波三折"的故事的过程：

第一部分开头："老杨是地地道道农村人。不过，他此前就没正儿八经干过农活。要说到他种地，那也才是近些年的事。"

第二部分开头："种菜、卖菜，这样简单的生意，老杨原以为能一直干下去。哪想到，好日子只维持了3年。"

第三部分开头："合作社走上了正轨，蔬菜基地摊子越铺越大，老杨有些应付不过来，盯上了在外工作的儿子杨迪。"

每个部分的开头都拿出一句，单独成段，设置一个转折与悬念，既是对前一个部分的承应，也是对后一个部分启开，前后勾连，行文顺畅，这源于结构上的设计，也有语言打磨后的作用。

记者在原稿中已设计了这三个转折的结构，体现出了写稿前的深入思考和布局。但编辑编稿时感觉，针对这三个转折的烘托描述稍显偏弱，于是分别增加了一些内容。

针对第一个转折，编辑打磨、重写了之后一段内容：

为啥这样？一个原因，种地不挣钱。老杨一家原有9口人，拢共才

---

① 程焕《让"小人物"撞进"大时代"》，人民日报社地方部《业务研讨快讯》2020年第27期。

12亩地。靠种地养活这一大家子,困难。为了多赚点钱,20岁老杨就出去了。一路闯来,干过装修,卖过保险,后来有了经验,开始管理工程项目。

开头不直叙"农村人多年不种地"的原因,而是通过反问让人有一丝悬念;同时,大量使用短句,营造明快的节奏,把很长时间的个人经历压缩在这一段话里,却让读者读来不觉得枯燥。

针对第二个转折,编辑将记者原稿"好日子只维持了三年,到2014年,老杨的蔬菜渐渐不再畅销"的相关内容,做了这样的改编:

种菜、卖菜,这样简单的生意,老杨原以为能一直干下去。哪想到,好日子只维持了3年。

不知怎么的,到了2014年,老杨的蔬菜渐渐不再畅销。

咋回事?老杨边琢磨、边调研,原来,周边人看着蔬菜集中种植挣钱,于是纷纷上马蔬菜基地。粗放经营的蔬菜种植,成了大路货。

"简单的生意却种不下去了""不知怎么的""咋回事"都是编辑通过编稿营造出来的悬念,目的是增加读者阅读的兴趣。

针对第三个转折,编辑增加的内容很少,只增加了一句话。

记者原稿为:合作社走上了正轨,蔬菜基地摊子越铺越大,老杨有些应付不过来,他盯上了在外工作的儿子杨迪。"农村也是年轻人的大舞台,回来一样能闯出名堂。"架不住父亲的游说……

编后稿是这样的:

合作社走上了正轨,蔬菜基地摊子越铺越大,老杨有些应付不过来,盯上了在外工作的儿子杨迪。

老杨三天两头给儿子打电话:"农村是个大舞台,年轻人一样能闯出名堂。"架不住父亲的游说……

这里不仅将一段内容分为两段叙述,而且增加了一处细节。有了"老杨三天两头给儿子打电话",就有了老杨急迫的细节和具体的动作,让"游说"这个概括的词更显画面感。①

许诺在文章里讲了这样一番发人深思的话：

在采编实践中，有时会遇到雷同的故事母题，很多故事看起来要素是新的，但往往是换了时间、地点、人物，本质的框架是旧的、套路化的，细节是抓住了，但老的故事框架终究带不来新鲜感。因此，在构思故事、后期剪辑故事时，要有点基于事实的设计感和"巧思"。设计不是编造，而是为了把故事线铺展得精致些，不落俗套。②

抓住冲突，一定要咬定"没有冲突就没有故事"这个理念不放松，一定要有那么一股勇于不落俗套、不见冲突不罢休的劲头。

《美联社新闻写作指南》一书里写了这样一个例子：

**美联社肯塔基州法兰克福电** 肯塔基州各地方学校的董事会正在就能否在公共学校教室里张贴基督教十诫的问题争论不休。

刊出时，编辑把这个导语改了：

**美联社肯塔基州法兰克福电** 1978年的一项肯塔基州的法律说，你可以在教室的墙壁上张贴十诫；现在，美国最高法院说，你无权这样做。被弄得不知所措的地方学校董事会喊道：救救我们吧！③

公说公理，婆说婆理，夹在中间的小媳妇"不知所措"，改写过的导语简洁清晰，把尖锐的矛盾冲突生动地呈现在读者面前。这样编稿完全是重起炉

---

①② 许诺《写故事和剪片子》，人民日报社地方部《业务研讨快讯》2020年第32期。
③ 《美联社新闻写作指南》，杰克·卡彭著，新华出版社1988年11月。

灶了，好在编辑生活在当地，对发生在当地学校的那场争论很熟悉，所以能一下就挖出"争论不休"后面的尖锐冲突。

这恐怕只是孤例，但同样能给我们启示——编辑主动作为的空间有多大。当然，更重要的还在于记者，在报道中讲故事时，一定要有强烈的发现并捕捉矛盾冲突的意识。

也应该提醒的是，在采写人物报道时，要有分寸感，不能为了增强这种冲突感，而有意拔高，逾越常情、常理。

人民日报原总编辑范敬宜在清华大学新闻学院讲课时便强调过这个问题：

有段时间，某个先进人物去世了，报道上几乎都有"江涛呜咽，松涛悲鸣，在××大地上响彻着一个声音，你在哪里？"这种夸大使人感到特别别扭，很不真实。

比如有一篇人物通讯，一开头就说："他，在父母面前不是好儿子，在妻子面前不是好丈夫，在儿女面前不是好爸爸。可是，他在工作中确实是万人称赞的好党员、好干部。"又如写一个好法官，晚上回到家里，发现有两条鱼，问鱼是从哪里来的，老母亲说是某某人送来的，法官听了大怒，逼着七岁的女儿扶着七十多岁的老奶奶，冒着瓢泼大雨给送回去。母亲全身湿透，"一路骂声不绝"。这种对先进人物的描写，究竟是美化呢，还是丑化呢？①

时光转瞬即逝，而范总批评的这个现象却并未绝迹。比如前些年《人民日报》上有一篇写一位优秀干部的报道，这样开头：

有一个儿子，母亲去世 3 天他才知晓，与父亲同住一个小区却一个月一次也见不上；

有一个丈夫，家里事情他全都照顾不上，妻子的就业问题，他有能

---

① 《范敬宜新闻教育文选》，清华大学出版社 2011 年 11 月。

力帮却没有帮；

有一个父亲，女儿出生时他没在身边，唯一的慰藉是高考前送去的鸡汤；

……

他是兰辉，四川省北川羌族自治县原副县长。一个看似如此不近人情、不顾亲情的人，在北川百姓心里，却是一个好领导、大好人。

确实是在尖锐的冲突中勾勒出了人物鲜明的形象，但是——"这种对先进人物的描写，究竟是美化呢，还是丑化呢？"

我们应该牢牢记住范总这一问。

附：

苏州高新区创新金融服务

## 高新贷　为科创企业救急

申　琳

"高新区管委会的同志上门时，正碰上我们团队愁得一夜没睡。"

"公司账上就剩 4 万块钱了，'高新贷'真的是救命钱。"

"已经几个月没发工资，要不是'高新贷'，我们就倒在成功前夜了。"

……

伟信奥图、天逸瑞狮、加拉泰克……这些苏州高新区里的中小科创企业明星，2019 年营收额增长都达一倍以上，发展前景一片光明。然而在此之前，这些企业都经历过差点撑不住的时候。为他们雪中送炭的，就是苏州高新区推出的金融新招——"高新贷"。

保障兜底　助力成长
**"决定命运的一招"**

伟信奥图智能科技公司于 2018 年 8 月成立，主要生产与手机检测相关的智能设备。到今天，创始人刘宁博士已经手攥 4000 多万元的订单。"可当初差一点就倒在起跑线上了。"刘宁感叹。

刘宁在合肥工大从本科一直读到博士，入职过几家国内外知名企业，年薪能拿到 150 万元。36 岁时，看到两个博士同学创业成功，刘宁也决定换个活法，拉了一个技术团队出来创业，领域是国内领先的 3D 光学检测设备研发和生产。"当时觉得,'技术男'搞产业不会那么难。"

起步挺顺,他获得了苏州高新区国资平台苏高新金控公司300万元种子轮投资。可到了2018年年底,刘宁却发现公司没资金了,成本投入都不够,"我们这样的新公司拿不到客户的定金,只能把产品生产出来后才能销售。"

刘宁开始还想,没资金就向银行贷呗。到银行一联系,他才发现,自己既没可抵押的固定资产——厂房是从高新区租的,几台电脑、专用工作台也不值几个钱,销售订单也得不到银行的认可。

"有技术、有订单,可就是没钱启动生产,这才明白了什么叫'一分钱难倒英雄汉'!"刘宁和他的创业团队之前通宵不睡为科研,如今通宵讨论为一字——钱!

正一筹莫展,苏州高新区服务团队的人找上门来,"高新区刚推出一个扶持科技型中小微企业的金融产品,叫'高新贷',额度最高500万元,伟信奥图符合条件,可以申请贷款。"

刘宁说,自己就像快冻僵的人,面前突然摆上一盆暖暖的炭火,"马上就活过来了!"伟信奥图公司的贷款申请交上去,一个月不到,首批250万元贷款就到账了。

"高新贷"到款两个月内,伟信奥图公司完成了500万元产品的生产交付。看到企业良好的销售业绩,知名投资机构闻讯而来,现已完成800万元的后续股权融资,伟信奥图公司的估值由3000万元提高到了6000万元。

"科技人才创业,最缺的就是资金保障,人生第一次创业,'高新贷'成了决定命运的一招!"刘宁感慨。

灵活调整　消除顾虑
**"关键的一次输血就是续命"**

每月的研发投入、员工工资等运营费要100多万元,而苏州加拉泰克动力有限公司的账上只剩下4万多元。

节支文章做尽，员工从 19 人减少到 11 人，之前租来的一栋近 4000 平方米的厂房退租……前期融资 5000 万元建成的年产 5 万套产品的生产线，因是专用线，银行认定不可抵押。

公司负责人心里清楚，尽管核心产品"三合一电驱动总成"在新能源汽车动力系统领域具有明显技术优势，市场前景广阔，但产品要进入下游车厂，周期还很长。

然而，当"高新贷"实施主体之一的苏高新金控公司的项目团队赶来对接时，加拉泰克公司却对"高新贷"说了"不"。

"不是嫌'高新贷'500 万元的额度小，而是对其中有关股份期权的协议条款有顾虑。"因为"高新贷"期权估价，依据的是公司注册资金，加拉泰克公司财务总监陈欣说，"担心会拉低加拉泰克的总估值，顾眼前而毁了长远。"

针对企业在股份期权上的疑虑，2019 年 7 月，苏州高新区及时调整，出台"高新贷"2.0 版，在股份期权上采取更灵活、更容易被企业接受的形式。加拉泰克这次毫不犹豫地提出申请，仅 20 多天，就获得了 500 万元满额授信。

时值岁末，记者走进加拉泰克的车间，工人们正有条不紊地进行样机生产。如今，公司的核心产品已获得宝马汽车等世界五百强企业的认可和验证，也拿到了吉利、金龙等国内知名车企的订单。陈欣介绍，2019 年度，加拉泰克实现销售收入 1000 万元，2020 年已拿到 4000 万元的生产订单。

苏高新金控公司总经理周琼芳说，像加拉泰克这样的初创型科技企业，要经历从研发、测试到生产，再到获得客户验证并实现销售一个很长的周期，"很多这样的企业在初创期会面临亟须输血的关键时刻，我们看似只给它输了一次血，但它因此就活下来了。"

"对我们来说，'高新贷'这关键的一次输血就是续命啊！"加拉泰克公司负责人感叹。

打破困局　不断升级
"政府就要干'雪中送炭'的事"

这个被中小微科技企业视作"救星"的"高新贷",究竟怎样在贷款问题上打破"困局"、打通企业与银行间的"梗阻"呢?

苏州高新区设立 1.5 亿元的风险资金池,合作银行配套设立 30 亿元的授信资金池,一旦出现风险全部由政府代偿;银行给企业最高 500 万元的授信,最多只需承担理论上的利息风险。"企业只要有核心技术、市场前景,都有可能成为'高新贷'的服务对象,大大降低了这些企业融资的门槛。"因此,"高新贷"推出后,苏州高新区内 24 家银行全部积极参与。

但毕竟出现风险是要由政府全部代偿的,谁能保证每次贷款都不走眼呢?万一风险频发,风险资金池里的活水不就越来越少了吗?

"高新贷"为此设计了一个期权保障。贷给企业的 500 万元,将根据企业估值获得相应股份期权。这样,即使多数贷款沉没,只要有少数企业成长做大,苏州高新区就会凭期权获得几倍甚至几十倍的增值,行权后再注入风险资金池。"政府就要干'雪中送炭'的事!"苏州高新区党工委委员、管委会副主任高晓东是"高新贷"的主要推动者,他说,"科技创新型企业是高新区高质量发展的重要抓手,政府就要针对种子期、初创期、成长期科技型企业的痛点,创造性解决他们的资金难题。"

这一点已经被"高新贷"启动一年来的实绩证实。苏高新金控公司的项目组走访了区内 260 多家科技型中小微企业,涉及医疗器械、生物医药等高新区重点培育的战略性新兴产业,其中立项 80 家,有 40 多家获得审批,获批金额近 1.3 亿元。

有企业质疑"股份期权"可能会拉低企业估值,这个问题怎么办?

"我们在 2019 年 7 月及时调整出台了'高新贷'2.0 版,把估值起点从贷前改为贷后下一次风投给企业估值时。现在,我们快要推出 3.0 版,将采取更灵活、更容易被企业认可的形式。"周琼芳介绍。

正采访,周琼芳忽然致歉,要着急赶往一家企业对接金融需求。"在'高新贷'扶持下,我们有信心,一些企业很快会在科创板上市。"说着匆匆而去,留给我们一串姑苏女甜甜的笑。

(原载《人民日报》2020年1月16日,此稿获人民日报2020年1、2月好新闻二等奖)

附：

## 老杨种菜记

程 焕

"再清点一下,看看钱有没有少。"

"错不了!"

湖南益阳市赫山区衡龙桥镇湘江西村,蔬菜种植合作社的会议室里,点钞机哗哗响,每一次停顿,桌上就出现一沓数百元到上万元不等的现金,花名册上随之摁下一个红手印。老杨在跟客户们结账。

老杨今年50岁,大名杨利民。记者问老杨,以前想过生意会做到这么大吗?他果断回答,"绝对想不到!"再问他,咋能做得这么好?他不好意思了,摸摸头说:"七分靠打拼。"

### 回家·创业

老杨是地地道道农村人。不过,他此前就没正儿八经干过农活。要说到他种地,那也才近些年的事。

为啥这样?一个原因,种地不挣钱。老杨一家原有9口人,拢共才12亩地。靠种地养活这一大家子,困难。为了多赚点钱,20岁老杨就出去了。一路闯来,干过装修、卖过保险,后来有了经验,开始管理工程项目。

转眼到了2011年,村里引进一家农业企业,计划流转土地,发展蔬菜种植。老杨见过世面,办事又靠谱,企业负责人拉他一起干。听说回老家干农业,老杨立马提起了兴致,"闯荡30多年,还是想回家。"

4个多月脚不沾地地忙,老杨挨家挨户做工作,流转到500多亩地。正当他铆足了劲,准备开始种植时,企业出现了经营问题。眼看之前努力要打水漂,他不甘心,"我来想办法!"老杨找到5个多年合作的老伙计,真把企业顶了起来。

虽然一波三折,但让老杨没想到的是,后面顺利极了。先建大棚蔬菜基地,再组农民专业合作社,机制一顺,万事皆顺。村里地势平、水源丰,老杨在这里种菜,很快打开了局面,茄子、辣椒、小白菜等时令蔬菜长势喜人。

第一批菜品上市,他直接拉到60公里外的长沙马王堆蔬菜批发市场,不用他吆喝,菜就被经销商抢购一空。"基本上不愁卖,种出来就能变现。"

老杨顺势将种植规模扩大到700亩。

### 转型·升级

种菜、卖菜,这样简单的生意,老杨原以为能一直干下去。哪想到,好日子只维持了3年。

不知怎么的,到了2014年,老杨的蔬菜渐渐不再畅销。

咋回事?老杨边琢磨、边调研,原来,周边人看着蔬菜集中种植挣钱,于是纷纷上马蔬菜基地。粗放经营的蔬菜种植,成了大路货。

"必须要转型了。"老杨明确了方向。

但具体怎么转型,真不知道从哪儿下手。老杨放下手头的菜地,"自费出差",跑到山东、河南等地,参加了许多有关蔬菜的农资展览,还实地考察了一些知名生产基地,学到了不少经验。

学到了啥?老杨一总结,就是四个字:绿色、高效。老杨说,现在生活水平提高了,城里人买菜开始变得更讲究。村里的蔬菜要闯出市场,发展现代高效农业是大势所趋。

老杨先请专家进村,对土地做了两次全面"体检"。"好地才能种出好菜,搞绿色高效农业,得有扎实底子。"

确定土地没污染,他就放开了胆,拿出半辈子攒下的积蓄,对蔬菜基地进行了大改造。同时,老杨还注册了商标,立志做成品牌。

在当地农业部门帮助下,老杨的合作社与湖南农业大学建立了技术指导关系，还承担了省微生物研究所的多项技术推广和应用实验。

"玩的都是高科技，基地里新品种、新肥料、新药剂的应用率达到100%。"他还计划在基地架上摄像头，建立农产品溯源模式，让顾客扫描包装上的二维码，就能看到蔬菜的生产情况和种植过程、检测证明。

现在，蔬菜基地不仅通过了绿色农产品产地认证，还获得了农业部蔬菜标准园、湖南省"三品一标"示范合作社等称号。在此基础上，基地的精品蔬菜拓宽了市场，走进了长沙的高端超市，最近更是跟广东企业签了约，即将供应香港市场。

**传承·较劲**

合作社走上了正轨，蔬菜基地摊子越铺越大，老杨有些应付不过来，盯上了在外工作的儿子杨迪。

老杨三天两头给儿子打电话："农村是个大舞台，年轻人一样能闯出名堂。"架不住父亲的游说，2017年，20多岁的杨迪成了村里第一个大学生农民。

小杨有自己的想法。他回村后，不甘心给老杨打下手，琢磨来琢磨去，竟然蹚出了一条新路子——和村里合作成立公司，干起了特色农产品加工。

"老爸卖出去的都是新鲜菜，我就跟他搞'错位发展'。"基地里的蔬菜，尽管品质都不赖，但有一些产品因为品相不过关而入不了老杨的"法眼"，杨迪借机捡漏，二次加工，把这些菜做成干辣椒、卜豆角等农家菜。

"不得不承认，他的利润空间比我的高一大截。这小子是块干农业的料。"让老杨感到意外的是，儿子不仅能搞出新产品，还能卖到全国各地。原来，小杨在埋头做加工的同时，还腾出手来干电商。小杨在多个网购平台都开设了网店，曾经上不了台面的乡土菜，摇身一变成了热销品。

2020年初，父子俩相互亮出了2019年成绩单：老杨的蔬菜基地扩大到1900亩，共做成了1500万元蔬菜生意，发给老乡们的劳务费就接近300万元；小杨的公司也卖出了300多万元农产品，电商销售额突破200万元。

"我跟广东一家企业签了笔大单，2020年每天供应5万斤蔬菜。"谈到今年要全面小康，老杨志在必得。小杨也毫不示弱，跟老杨撂着劲儿干，交出自己的底牌：占地 400 平方米的新工厂即将投产，不光卖村里的产品，还要把十里八乡的特色农产品销往天南海北。

（原载《人民日报》2020 年 4 月 14 日，此稿获人民日报 2020 年 3、4 月好新闻一等奖）

# 写出那个脸庞自己的故事

2019年，新中国70周年华诞，中宣部部署开展"壮丽70年·奋斗新时代"大型主题采访活动，人民日报社陕西分社记者张丹华到西安市长安区皇甫村蹲点。

皇甫村，村子不大名气大，因为柳青在这里创作了著名的长篇小说《创业史》。张丹华行前，编辑部和她做过沟通，希望这篇反映皇甫村新"创业史"的报道里，能有一两个与书中的原型人物有关联的人。

书中出现的人物要么去世了，要么已经离开了皇甫村。唯一在世的刘田民，是《创业史》中"才娃"的原型。今年70多岁的才娃为"柳青伯"守墓已有20年，无论谁来采访，他都喃喃地说："起初我父亲守，后来我守。只要我在，就一直守着这里，守着我柳青伯。看着咱皇甫村的变化，现在都过好了，不愁吃、不愁穿。更好的日子还在后面呢。"

我觉得他的发言过于"政治正确"，缺少真实感人的力量。深入采访与思考后，我否定了原本的思路。

在法国电影《脸庞，村庄》中，艺术家阿涅斯·瓦尔达与街头艺术家JR驾驶小货车穿越法国村庄，一路上他们拍摄下所遇到的人物，并把这些照片连成一排张贴在墙上，以此来表达对这些普通劳动者的敬意。瓦尔达说，墙上的每个脸庞，都有一段故事。我想，我也要寻找有故事的面孔，从不同的微观角度反映皇甫村的变化，进而折射出时代的变化。

从村上选取的几位致富带头人中,我最终选定了"草莓哥"罗利平。他不是普通意义上"伟光正"的人物形象,言谈举止甚至有一些"痞"。但是,他勤劳、善良、真实。①

2019年5月29日,《人民日报》刊出《皇甫村的新"创业史"》,文中这样写这位"草莓哥":

从西安市中心钟楼顺着长安路南下17公里,到达滈河大桥。涓涓滈河两岸,就是《创业史》中的十里蛤蟆滩。滈河和皇甫村则化作了作品中的汤河和下堡村。这里曾经"蛙鸣十里,水稻飘香"。1971年起,这里逐渐改种了旱田。

皇甫村村民罗利平流转的30多亩土地就在滈河南岸不远处。

"老罗!"听到有人喊,罗利平从草莓棚后面的育苗大田里跑了出来。光着的脚丫沾满了潮湿的泥土,挽着裤腿,戴着草帽。4月的西安,还没有很热,他的两鬓却汗珠直落。

来的人是草莓批发商,每天下午6点过来将当天采摘的草莓全部收走。1972年出生的老罗其实不老,他更喜欢村里人给他起的外号——"草莓哥"。

种草莓之前,罗利平在鞋厂打工,每月领着不到2000元的工资。"2012年是我日子最难的时候。"罗利平眼眶红了,他说:"母亲查出肺癌,女儿初中升高中,儿子小学升初中,每个人都需要用钱。"

为生活所迫,罗利平决定创业。中学的时候,他在课本上学过《创业史》选篇《梁生宝买稻种》。望着12岁的儿子,罗利平给自己打气:"梁生宝面汤泡馍都能干成事,如今我们吃着细米白面还有啥干不成!"

他找到在村里种草莓的周发来拜师学艺。"之前,周发来的草莓大棚遇到大风被掀翻了。当时我路过他家的草莓地,就过去帮忙重新搭建,

---

① 张丹华《写出那个脸庞自己的故事》,人民日报社地方部《业务研讨快讯》2019年第81期。

干了几天活。他看我想学技术，二话没说就答应了。"

学成归来，罗利平投资17万元，其中贷款15万元。流转土地，搭建大棚，披星戴月，种植草莓。从8月开始种苗到第二年5月最后一拨儿草莓摘完，他有10个月在大棚里吃住、劳作，没有假日。

"第一年草莓卖了17万元，虽然没有达到预期，但是贷款都还完了。之后，每年收入都稳定在40万元左右。"罗利平高兴地说。

皇甫村的"创业史"，在罗利平这样新一代的"致富带头人"手里续写，虽然形象不如柳青笔下的梁生宝那样高大，但他代表着时代的面孔，代表着今日皇甫村新一代农民的面孔。

李文强，是陕西省铜川市耀州区一名乡村医生，又是一位先天性大骨节病患者，但他克服自身残疾服务乡亲父老18年。2014年"新春走基层"活动期间，中宣部把李文强的事迹列为中央媒体采访选题。

李文强的故事两年前就见诸当地媒体报道，"奉献弱小残疾身""跌绊性命救危亡""人比金钱更贵重"等等，地方给各媒体推荐的李文强的事迹材料新意不多，"让人不由自主'敬而远之'。春节过后，新华社仅仅在新华网上刊发了李文强的人物报道，其他几家兄弟媒体的处理也大多'蜻蜓点水'"。①原因何在？

"规定动作"所布置的人物题材，其事迹往往已基本清楚，经媒体多次报道后很难挖出"新料"，在采写层面难逃固定套路的窠臼，到了排版播出流程与"自选动作"相比也常不受待见，从读者审美感受而言，对此类典型报道早就习以为常、多则生厌。②

而《人民日报》在要闻版六版头条位置配图片刊发了一篇2000多字的通

---

①② 姜峰《"规定动作"的审美陌生化》，人民日报社地方部《业务研讨快讯》2014年第48期。

讯《乡医 乡恋 乡愁》（见附文）。第二天，铜川市委书记就学习宣传李文强事迹做出批示，《铜川日报》头版头条全文转载。读者反映，《人民日报》这篇报道写出了这个人的个性，把人物写活了。

作者姜峰在总结这篇报道的成功经验时这样说：

最重要的，是报道在立意上所带来的陌生化审美体验。

"规定动作"中的人物典型报道，出于烘托其"大情怀"的需要，某种程度上往往淡化了人物的"小烦恼"，而这些烦恼背后可能折射出大问题。乡医李文强怀着浓浓的乡恋扎根故土，而孝顺的闺女在父亲力主下考上护校，毕业后却留在城里"坚决不回来"接班，这桩愁心事背后充满讽刺意味的是，被李文强寄予厚望的闺女，是早年老婆因为嫌家里穷跑了，无奈之下抱来的养女。采写过李文强的其他媒体同行有意无意地回避了这个问题，就事迹谈事迹，仅仅把李文强生活经历的曲折作为其崇高人格的例证，而本文虽对李文强父女间的分歧着墨不多，但由此点出了有别于他文的真正立意。

《乡医 乡恋 乡愁》，略带诗意的题目，最终指向的却是广大乡村医生生存状况亟待改善、农村特别是偏远山区医卫从业者后继无人的冷峻现实；没有肩题，没有副题，叫人一眼看不出说谁写谁，这样"不合格"的人物通讯标题，让所描写的对象似乎外化为一个符号，也让整篇报道多少更具深度广度。①

写出人物的同中之异，"写出那个脸庞自己的故事"，似乎已司空见惯的选题，就会赋予读者一种"陌生化审美体验"。而"陌生化审美体验"，并不是简单地写一个陌生人。

人民日报社宁夏分社采编中心主任王汉超，曾经写过一个街头偶遇的陌生人——桂林街头艺人、搬运工乐手理宁。

---

① 姜峰《"规定动作"的审美陌生化》，人民日报社地方部《业务研讨快讯》2014年第48期。

发表后很多网站转载,网友转发到论坛、博客上,还专门建了QQ群,一个帖子3天点击4万多次。我读到很多根据报道继续阐发的感想,也藏在QQ群为网友一次次把本报截屏发上去而暗喜。听拉琴的理师傅讲,当地很多人看了报道去找他,一对70多岁的老夫妇,晚上从很远的三里店挤公交车去听,有个年轻小伙子,对理师傅说看报"掉了泪"。①

这个来自街头偶遇的故事,为何不仅得到了编辑部的青睐,而且"从网上也得到很多认可"呢?王汉超这样回顾这次采访:

国庆期间跟朋友到桂林,在桥头遇见了一位下岗后退休的老工人在拉琴。听得感动,就攀谈几句。他说自己是搬运工,拉了41年的琴。他还拒绝了很多去咖啡馆大饭店的机会。

我觉得他的身份反差有新闻性,要了联系方式。计划回报社汇报一下,没准儿可以做"走转改"的线索。夜雨里又听很久,目睹听众、游客的反应,看到他的大厚留言本,加深了一些认识。老实说我算不上容易被打动的人,城市的阅历使人日渐冷漠。但在他的琴声里,内心有触动。我第三次要倾囊(还有几十元)放入他琴盒时,被他拦住了。他说:"靠一个人翻不了身,你付出已经很多了。"

告别以后,我越想越觉得故事有价值。电话问他有没有时间,说明自己是记者,想和他聊聊天。老同志很谦和,怕我外地人路不熟,第二天专门跑来见面。两人坐在墙角冰凉的水泥台上,聊了一个上午。理师傅倔强,有自己的世界,清教徒一样生活,又那么向往分享(像音乐)。话题一旦打开,是说不完的故事。这么一气说下去,到中午,我说不行,要去赶火车了,匆忙告别。

回到北京,脑子里还常袅袅地回响着他小提琴的旋律。拖了两三天,把他的故事写出来,请教有关领导,他们都很认可。送到六版,两位主

---

① 王汉超《夜雨闻琴,路遇好题材》,人民日报社地方部《业务研讨快讯》2011年第60期。

编大力支持。袁振喜主编修改之余，专门找我探讨，这里面的故事很多，最感人的点集中在哪儿？音乐追求？梦想的坚持？群众认可？困境中的乐观？还是平凡中的不平凡？

　　我确实没有深思过这个问题，我就是被感动了，想写下来。一开始，肯定是被他的音乐打动了，后面听到了很多故事，哪个最有社会意义，最有新闻价值？探讨的结果，我们一致认为，就是理师傅坚持在这里为群众拉琴，普通群众平时花钱获得高雅享受的机会少，一位老工人带给他们这么多，这一点最有价值。这方面当时我没深问，采访对象本人也未必好好想过。

　　电话里补充采访，我让老理挑一些留言给我念念。他说，"都很好，我也不知道念哪个。"我说，那就随机念吧。很多留言确实是听众当时发自肺腑写下来的，老理念着念着就哭了，一边哭一边念。这些鲜活素材我又补充进了文章中。①

写出那个脸庞自己的故事，不仅是写出那个人，更重要的是要善于发现这张面孔所具有的时代色彩。"理师傅坚持在这里为群众拉琴，普通群众平时花钱获得高雅享受的机会少，一位老工人带给他们这么多，这一点最有价值。"和版面编辑碰撞出来的这个点，事实上正是这篇报道最动人心魄处。也就是说，即使是采写普通人的故事，也要把人物放在时代的纵深里细细打量。

王汉超很欣慰自己抓住了一个好故事，但他在那篇业务研讨文章里又表示遗憾：还有一些故事报道中没有讲。

　　街头艺术和乞讨一样，目前是被城管部门整治的对象。群众再喜欢，还是要被清理。文章发表正赶上桂林举办"山水文化节"，固定的演奏地阳桥被清场好几天。老百姓觉得，为了文化而禁止提升文化的活动，是

---

① 王汉超《夜雨闻琴，路遇好题材》，人民日报社地方部《业务研讨快讯》2011年第60期。

不可理解的。就城管而言,没有规章,只能一刀切。街头艺术管理的空白值得继续关注。①

"我没能试着探讨解决问题的方案。"王汉超说。

在时代的纵深里,光线总是明暗交织。如果记者能把这种暗光也巧妙地加以表达,那么报道也就蕴含了更深的意境。当然,暗非纯黑,暗光能让人物形象更加丰满,而光明,也正是从黑暗中走来的。

---

① 王汉超《夜雨闻琴,路遇好题材》,人民日报社地方部《业务研讨快讯》2011年第60期。

附:

## 乡医 乡恋 乡愁

王乐文 姜 峰

踩着板凳,踮起脚尖,李文强探出右手,够了两次,才勉强将吊瓶挂到了窗楣上。卧病在床的女乡党见此情景,"爱莫能助"间也不禁莞尔一笑——不到一米五的身高,76斤的体重,让老李即使站在女患者身边,仍显得格外"娇小"。

扛起药箱,李文强一瘸一拐地又赶去下一家出诊。与身上所着白色大褂形成鲜明对比的,是那和45岁年纪并不相符的一张饱经风霜的黝黑面容。

连通陕西省铜川市耀州区石柱镇光明村3个村组205户786名村民的土泥路,乡村医生李文强一走就是18年。生于斯,长于斯,唯愿一生"悬壶济父老"的老李,如今心心念念的是,未来谁能"接班"照顾乡亲?

(一)

铝水壶在土炉子上嗞嗞作响。李文强还未归家,年过七旬的老母亲杨桂玲已将屋内炉火烧得旺旺的,"一出诊忙起来,常常吃不上热饭",老人心疼地说。

与周围拔地而起的二层"洋房"相比,这是一户在村里并不显眼的农家小院。前厢,挂着"光明村卫生室"的牌子,药房、治疗室、病床一应俱全,白墙刷得亮堂堂的;后院,两间房用作仓库,还余一间给老人当卧室,大白天亮起灯,屋里略显陈旧的家具摆设仍显得黑黝黝的;而李文强,平常则睡在卫生室的值班室。

"村里至今还有30多例大骨节病患者，其中就包括我和我娘。"母亲多年饱受病痛之苦，自己打小也因病症影响了发育，李文强深切体会到偏远山村缺医少药的难处。1992年他如愿考上耀州区卫校，毕业后一拿到乡村医生资格证，就回到老家开起了卫生室。

常见季节多发病、各类慢性病、孕产妇体检、0到6岁儿童接种疫苗……论医术高低，李文强算不上名医；论人心轻重，老李却是全村人信赖的祛病良医。

2005年冬的一个雪夜，凌晨1时，李文强被拍门声惊醒，"二组王爱侠的丈夫说媳妇肚子疼得在炕上直打滚。"冒雪赶至患者家中，李文强很快诊断病人为宫外孕，当即送她到镇卫生院抢救，夺回了一条性命。当年，他就及时送诊了4位有生命危险的村民。

2012年7月，79岁的村民魏翠英肺心病发作，右心衰竭，经医院治疗无效而返家。"她的家人打好了棺材摆在院子里，但又抱着一丝希望找到我。"李文强坚持开药治疗，10多天后魏翠英病情缓解，后来还能下厨做饭，"老人现在还健在。"

年届八旬的一组村民李文汉，身患结核性胸膜炎，住院期间多次接到病危通知单，医院建议接病人回家、安排后事。患者家属找来后，李文强坚持对症治疗，3个月后患者奇迹般地康复了。"老汉现在还精神得很，后来医院主治医生不敢相信，还给我打过电话，问我咋治的。"老李笑言，就是打针挂吊瓶，3个月花了170元，还不及住院一天的费用。

新农合推行前，李文强从未收过出诊费、诊查费；肌肉注射一次两角钱，静脉注射一次1元钱；用药"只开对的、不开贵的"，感冒、腹泻等常见病开3天药只要两三元钱，吃药能好就不打针；出诊上门从不在人家屋里吃酒，更不要红包……厚道憨实的李文强，每年诊治1200人次以上，出诊率超过50%，先后为乡亲减免了10余万元的医药费，"赔"上的却是3辆摩托车、1辆小汽车，还有自己的两条腿。

## （二）

李文强家后院的仓库里，如今还停着一辆废旧的黑色摩托车，没有车座，车垫绑在车梁上。"车座太高，咱骑不上去，只好叫人拿大锤敲掉，坐在车梁上开着"，由于大骨节病不便步行，为了上门出诊，老李先后换过3辆摩托车，"3个村组来回跑，土路多，费车。"

2012年夏天的一个雨夜，三组村民谢继年突发冠心病，李文强开着摩托冒雨出诊，路滑不慎摔到了水渠里，车子压在身上，砸坏了右腿膝盖，打电话给患者家属才将他背回了家。经过7个小时的手术，他的右腿更换了一块膝盖骨，"现在两腿是一条长一条短，一公里以上的路就走不动了，天冷还发麻疼痛。"乐观的老李笑称自己的膝盖是"气象台"，"天气一变马上反应"。

手术过后，李文强不能再开摩托了。难道以后天天坐诊不成？在上级部门赞助下，加上老李又自掏腰包的2万元，买了辆老年代步车。老李个儿矮，开在山塬上，远远看去就像无人驾驶。一来二去，老李的出诊交通成本增加不少。"今年正月走雪路，5天竟然吃掉了100块钱的油"，老李瞪大眼睛反复念叨着，有点心疼。

但为乡亲减免医药费时，他却从未这般"盘算"过。"门诊费用6000元，公共卫生费8000元，药品'三统一'年补助10000元，刨掉各项支出，还剩个一万五六"，老李扳着手指。和绝大部分乡村医生一样，待遇问题让他过日子必须精打细算，"还得给闺女接济些。"

老李的闺女本不姓李，"早些年媳妇嫌家里穷，跟别人走了，后来抱了个养女。"对闺女，老李是"要一毛钱不敢给八分"，十分疼爱。而闺女也争气，在父亲的力主下考上了护校，现在在城里的中医院做护士，"合同工，月工资1000多，房费啥的一弄就不够了。"

孝顺的闺女打算在城里处个对象，再把父亲奶奶接过去安度晚年，可这却成了父女间的最大分歧。"等我老了干不成了，总得有人接手，不然咱农民谁有个病咋弄？"李文强放不下乡里乡亲，尤其是留守在家的老人们。"我想让闺女回村里接过卫生室的工作，可闺女却说，坚决不回来。"赌气似的，老李又补上一句,"我说,接我去城里我也不去。"

采访被上门配药的村民和求诊电话频频打断,采访结束,李文强继续忙碌。他脸上重新浮现起乐观的神态,好像已经说服自己看开了和女儿之间的不快,"将来咱村医待遇好了,肯定还有人争着干。"

(原载《人民日报》2014 年 3 月 26 日)

**附：**

活出自己的精彩，再以精彩感染别人，这就是搬运工乐手理宁

## 弦动人落泪　夜雨谁操琴

王汉超

10月5日晚，小雨，广西桂林。

记者和朋友沿榕湖去杉湖，穿过阳桥。弦乐隐约中，听到《红莓花儿开》。旋律熟悉，又有些特别，乐声中转上桥头。只见一位中年人，一把小提琴，一方音箱，物我两忘。

阳桥是桂林水系中榕湖、杉湖的中心，夜深了，灯光中水波流动，行人匆匆。小提琴演奏流畅地滑过，让一切显得舒缓。一曲终了，乐手静默片刻，深深吸气，拉动弓弦，一段音乐奔淌而出——《映山红》。

寥落听众一齐拍手叫好，乐手微微躬身示意。演奏间隙，记者上前询问，他说："我叫理宁，是名搬运工。"

（一）

老理今年57岁，已经拉了41年琴。15岁时，第一次听小提琴，他像失了魂，"能让我摸一下吗？"从此和琴再不分开。他带着琴去插队、下矿坑、进钢厂，琴声伴着他跌宕起伏。1985年，他到桂林冶金机械总厂做了一名搬运工。3年前，厂子效益不好，紧接着改制，他下岗了。

生活拮据，他鼓足勇气，带着琴站到了街头。那晚，他挣了32.5元钱。"原本出来拉琴，是为了解决生计，困难不转嫁给社会。没想到一发不可收拾，现在看，这琴才是我最宝贵的。"没想到，3年中无数人听懂了他的琴，无数

人在他琴声中流泪，也让他无数次感动。琴声使他们灵魂相通，互相温暖。

网上有他的视频，还被发到论坛、博客。网友说每次到桂林，再忙也要抽半小时去听他拉琴。有人说，从未被街头音乐打动，他是唯一一个。有人给他买花，有人每年生日都到这儿来过。人最多的时候，桥头围了400多人，"多到我心里怕，怕妨碍了交通"。

如今，他依然清贫。如今，他却已然富有。3年里，老理收获几大本留言。多少次，老理抱着留言本掉泪。有个女孩总安静地听，最后鞠躬离开。留言本上，这个叫慕晴岚的女孩写道："我不能说话，但我听得懂。谢谢你为我的生活带来美好。"有位小朋友留言说："听你的琴，看见你直直的脊背，让我想到等我回家的爸爸。"

有一位捡废品的老人，拖一大袋空瓶，在一旁听了许久。其他人走完，老人摸出两毛钱来。老理忙去拦。老人说："我没钱，但我听了你的音乐，想起很多往事。这是我的心意，不收就是看不起我。"他看着老人走远，眼泪差点下来。

如今在街头拉琴，钱多钱少，老理都看淡了。他已经找到了最宝贵的东西，也找到了自己的价值。在街头，与忙于生计的人们分享感悟，分享音乐，感动别人，也感动自己。

有人好意介绍老理去酒店、咖啡馆拉琴，也有人开高价求他带学生，感谢之余他都拒绝了。"那样是赚得多，但很多人就听不到我的音乐了，尤其是没有闲钱的人。我愿意拉琴给他们听。""他们喜欢我，简单、朴实。我舍不得，离不开。"

老理忘不了在深圳拉琴，旁边就是音乐厅。不少打工仔说："我们买不起那个票，但我们有老理，一样能听到这么好的音乐。"有个导游，带团在南京，夜里有心事，想起老理的音乐，让朋友到阳桥，打通电话听。有个孕妇，怀着宝宝的时候就常来，生下宝宝两个月，就推童车过来。老理拉了支《小燕子》，孩子手舞足蹈。

老理说，我的收获，用钱买不到的，也不是每个人都能得到。

## （二）

老理自我要求高，没见过他哪首曲子马虎。耳熟能详的红歌，到他手里，深情饱含，艺惊四座。老理有个诀窍："最关键是第一句，第一句一起，必须让掌声四起。"他最常拉的有《上甘岭》的主题曲《我的祖国》，有《英雄儿女》的主题曲《英雄赞歌》。"常听年轻人说，哎呀，红歌也这么好听！"

遇到他那晚，第一次听他的《映山红》，感到的是不由得屏住呼吸的美。细雨纷飞，记者和朋友有些瑟瑟发抖。迎着雨雾见弓弦跳动，音乐随之飞扬，原来是首《花仙子之歌》。

"下雨，真是心疼这把琴。"琴是1975年父母省吃俭用攒给他的，也是老理唯一的一把，"拉琴41年，这把，跟了我36年。"

"小提琴很娇气，要特定的环境、气温、干湿度，才能体现最佳音色。"老理总是尽最大可能追求完美，"一般在家热完身才出来。像《梁祝》，没有拉开时，千万别拉。"音箱，他已经换了5个。按说，白天拉，客流多，但老理不，"夜幕降临，音乐才有意境。"

演奏小提琴要站着，随节奏而起伏，不然韵律就大打折扣。老理每天站4个多小时，最长6个多小时。他不敢喝水，不方便如厕。身边就是饮料摊，"很想喝，但是不敢"。

老理说自己能吃苦。曾有深圳朋友拍过他在那边拉琴的生活。带盒饭不好挤公车，也怕油不好闹肚子，每晚带5个馒头啃。"当时不觉得苦，后来看得自己想掉泪。"

感动过，悲怆过，老理说，有他的阅历，才有他的音乐。

## （三）

很多年了，老理没登过台，但桥头的三级台阶常坐满了听众。"这是每天最快乐的时刻。"有一次拉了6个多小时，到了凌晨1点，"他们说，你什么时候收，我们什么时候走。我说，只要有人听，我就拉下去！"

现在，街上、商店，常有陌生人叫他"理老师"，也常接到天南海北的电话，老理都会恭敬地回答:"感谢你听我的音乐。"新疆的许多哈萨克族群众口耳相传,都知道桂林有人动情地拉《玛依拉》,很多人到桂林必来老理这儿,说我想听你的《玛依拉》。

当问他有没有去考级,老理说,"我要群众承认就行了,让级别来承认我干什么?金钱、名利,都看淡了。"

有人开他玩笑:"这么多人知道你,'阳桥拉琴的',你是名人了!"老理说:"我不是名人,我是人民。我不想出名,只是想让更多人听到我的音乐。美好的东西给大家分享,就是一种幸福。"

老理最简单的心愿,就是他的音乐能有一席之地。他说,音乐,不必非得华丽舞台、高档音乐厅,只要能让人们接受、欣赏,就有价值。

那天晚上,雨时疏时密。一曲《红河谷》在回旋中,被老理自由地变奏。出租车在桥上来往,骑车经过的小伙儿在雨中停下倾听,走出夜店的德国游客欢呼喝彩。老理沉浸在他的琴声里,一招一式,像是置身一场隆重的独奏。

**简单的幸福　充实的人生**(记者手记)

老理是偶遇来的,他让我想起很多书上、电影里、传说里的人和事。

想起一位挑水的农妇,看见秦牧家客厅挂齐白石画的虾,担子没卸肩就看着了迷,说真像呀,活的一样。再高雅的艺术,同最基层的群众也不应该有隔阂。让普通人心里面感动,心里面喜欢,这种"高雅"才是有价值的。老理做到了,他爱小提琴,群众也爱听他拉的琴。

想到电影《立春》里的王彩玲,让生命去成全追求的时候,他们不得不应对着人生的困境,他们都不放弃,都守护着内心的世界。但老理更平易,不因艺术高人一等,也不为出人头地。把琴声分享到越来越多人心底,他的幸福不过如此。

想到了英国的手机业务员保罗·珀特斯,一贯木讷,没信心、爱紧张,有一天他唱的歌剧却通过网络传遍世界,让无数人眼泪夺眶而出,视他为心中的英雄。艺术追求是要真诚的,纯粹的情感和心灵才能打动人。

作品所浸润的情感，不像技巧是可以学、可以练的。

看到老理在街头拉小提琴，很多人第一反应是问他动机。赚钱？出名？熟悉老理就知道，他想法极简单。宁可不要命，也不能不拉琴。给不给钱不强求，你爱听，我就拉。日子清贫，但拿大家帮助的钱更换音箱他最舍得。义务献血，老理一直坚持到55岁生日当天。他的幸福是简单的。

如果去桂林，听听他的琴。

（原载《人民日报》2011年10月24日）

## 少点工作味　多点人情味

1997年,我在人民日报社经济部当记者。一天,部主任班明丽把我叫到她的办公室,让我认真读一读总编辑范敬宜的一篇评报:

"气龙送火到京门",是首都千千万万居民的福音,应该更多从群众角度来写,写出这项工程怎样使广大人民受惠,广大人民怎样高兴。可是四版这篇通讯通篇写的是工作、业务,如投资、施工、管线焊接等等。这些不是不能写,而是应该写出这与千家万户的关系是什么,它给千家万户带来的是什么。我们的经济新闻一定要转变观念,转到贴近群众这一根本点上来。①

这篇题为《气龙送火到京门》(1997年9月2日)的报道,是陕京输气管线施工单位的通讯员写的,因为我当时跑能源口,所以部主任特地叮嘱一番。

报道要多从群众的角度落笔,是范敬宜任人民日报总编辑时反复强调的一个问题。他此前还就《不要把煤炉带到下世纪》(1995年1月5日)一稿评说道:

《不要把煤炉带到下世纪》,写得比去年12月30日的新闻好,从中看出了上海市政府关心人民群众生活的苦心和所做的努力。不足之处还

---

① 《总编辑手记》,范敬宜著,人民日报出版社1997年12月。

是从工作、业务的角度写得多,从群众的角度写得少。建议肖关根、朱伟同志再深入到群众中去,听听老百姓的反映,写写老百姓的悲欢,衬托出市领导的努力。①

从工作、业务角度写得多,从群众角度写得少,这大概是各类媒体做工作性报道,特别是成就性报道时的一个通病,也可谓"顽症"。

小厕所连着大民生,小厕所关系大健康。2016年10月,《"健康中国2030"规划纲要》发布,全国各地兴起了一场"厕所革命"。2017年5月,《西安市开展"厕所革命"工作实施方案》发布,计划3年内在西安中心城区新建上千座独立式公厕。

"厕所革命"有两大难点,一个是农村地区,一个是城市里的老城区。西安是世界著名的千年古城,这里的老城区怎么搞"厕所革命",自然很有代表性。人民日报社陕西分社记者高炳为此采访了碑林区城管局环卫科科长赵春明。

那天采访,我们聊了很久。当晚,赵春明发来微信:"报道厕所革命,多家媒体联系我们科,只要成绩材料与一组组数据。只有你们倾听厕改一线的声音与困惑。感谢,致敬。"②

瞧,距范总批评20多年过去了,"新闻一定要转变观念,转到贴近群众这一根本点上来"的问题仍然没从根本上解决,即使基层的普通群众,都能感觉当下媒体中普遍存在的问题,报道工作成就时,眼睛里还是工作、业务,一张口还是要材料、要数据。

那么,高炳是怎么采写这篇报道的呢?

他用故事来还原新闻,从人的角度切入展开叙述。这样,原本生硬的"厕

---

① 《总编辑手记》,范敬宜著,人民日报出版社1997年12月。
② 高炳《七个字与三个人》,人民日报社地方部《业务研讨快讯》2018年第81期。

所革命"这一专项工作,因为有了人物的命运变化而变得鲜活起来,正所谓:"人是一切主题的灵魂。"

这篇报道的核心人物之一,就是赵春明。

> 老赵是辖区"厕改"小组组长。老城设施老旧,厕改难度大、矛盾多;科里仅3人,忙得团团转。1小时的采访,他接了4通电话,3通跟厕所有关。每次挂断电话,他都致歉,"不好意思打扰咱谈话了,那边又吵嚷开了。"
>
> 看着这上班节奏,我问赵春明:"平日工作中,你有啥委屈没?"一句话,他竟红了眼眶。
>
> "我半年没陪儿子过周末了,这都不打紧。公厕选址有'邻避效应',老百姓不情愿,最让人为难。"赵春明一改"工作访谈"式聊天,打开了话匣子,"在老街道建新公厕,我们夜里11点悄悄行动,还是让警觉的街坊大娘给轰走了。"
>
> 从那以后,老赵领着大伙儿,只能夜里2点再行动,熬个通宵。赶天明前,一座座活动式新厕已经落成。悄悄观察两天,若街坊没做出"对抗式反应",才敢在第3天修缮下水配套系统,"正规工作,搞得跟打游击一样。"①

从读者角度找题材,找关键人物访故事,零距离采访,心贴心交流,然后,把这份真实、真情倾之于笔端。高炳采写的《老城公厕变形记——瞧环卫干部赵春明怎样帮老西安李建村去烦恼》2017年12月20日刊出(见附文),获报社2017年11、12月好新闻一等奖。

"厕所革命"虽说是社会治理、城市管理领域的专项工作,但毕竟是民生题材,话题软,只要记者在采写中有读者意识,找到让读者感觉亲近、亲和的切入角度,还是相对容易采写的。如果话题很硬,比如是反映建设工程类的工作性报道呢?

吉林西部的河湖连通工程,习近平总书记在考察调研时曾予以肯定。人

---

① 高炳《七个字与三个人》,人民日报社地方部《业务研讨快讯》2018年第81期。

民日报社吉林分社报道这项工作时，注意到了尽量讲故事、让读者可亲可感这个问题。

按照讲好故事，增强新闻性、减少工作味的要求，我们努力地找故事、改故事，用故事来呈现吉林"绿色发展"的理念。比如，初稿开头选取了吉林西部莫莫格湿地候鸟回归的故事：

"现在，这白鹤湖能看到的白鹤比以前少多了。"初冬时节，吉林省镇赉县，米太村农民钱立臣望着湖面笑说。

"白鹤湖的生态有了这么大的改善，白鹤怎么少了呢？"记者感到不解。

"这几年政府实施河湖连通工程，白鹤湖的环境好了，周边其他湖泊湿地的水也多了，白鹤有了更多的栖息地，不再到这里扎堆了。"钱立臣赶忙解释。[1]

不错，避免了只见事不见人。但初稿中米太村农民钱立臣这个人物，无非一个人名而已。"原稿开头笔墨主要用在白鹤湖的变化上，努力找到反差，试图写出新意，但终究还只是局限在生态恢复的表面。"[2]

编辑商记者修改时提示，用故事化手法报道工作，见人见事不是报道里多几个人（原稿中还提到在查干湖渔场当了20多年"鱼把头"的张文，提到称赞居住环境变美的快递小哥王树德），写人要具体，要写出人物自身的故事，见人情味。

改稿突出了故事化讲述，原来报道河湖连通工程时没有一个故事主体，改稿把查干湖突显出来，因为查干湖的变化最具代表性，"松花江水经哈达山水利枢纽的干渠、引松干渠，一路向着西北注入查干湖。河湖连通，让查干湖水面比最小的时候扩大了10倍，每年可产鱼5000吨。"这样，白鹤湖的钱立臣退出了，转而讲述在查干湖渔场当了20多年"鱼把头"的张文的故事。

---

[1][2] 祝大伟《故事多点人情味　叙述少点工作味》，人民日报社地方部《业务研讨快讯》2019年第30期。

改稿过程中,"人情味"这个词让我特别受触动。改稿以查干湖冬捕的故事开篇并贯穿全文,查干湖渔工张文成为文章的主人公,新闻性和时效性更加突出,不仅写出了生态的变化,还展现生态变化给当地百姓带来的好处。从实际效果来看,合适的故事,无须刻意表达,就能让思想自然流露,文章也更生动更有说服力。

费伟伟副主任在修改意见中要求我把张文的故事写得再细腻些,多点"人情味"。当时感觉有些"头疼":作为千把字的消息,在"人情味"上再用笔墨,必须去掉原有的一些"干货"。

现在想来,故事的主体是人,把故事写出"人情味",才能真正让文章生动起来,有感染力和说服力。"人情味"不就是故事中的"干货"么?

见报稿结尾最后两句话:张文也不甘落后,和老伴经营起260多平方米的"活鱼城"。"今年春节的游客一直没断,冬捕忙了一个月挣到好几万啊。"张文一家这个年过得更加"吉庆有余"。

文章以鱼开篇,以鱼结尾,形成了很好的呼应,一条主线贯穿始终。吉庆有余,透着浓浓年味,也回应了总书记考察查干湖时对渔民的嘱托:希望乡亲们守护好查干湖这块"金字招牌",让生活"年年有鱼"。①

人情味是新闻的重要元素之一,报道有了故事,有了人情味,工作味自然就淡化了,但这种淡化还只是叙事角度改变所带来的。要真正淡化工作味,还是要牢牢绷着故事化讲述这根弦,在讲述上狠下功夫。

让"故事味"变浓,就得让"工作味"淡化。这篇稿件压缩、删改的过程,就是一个挤掉"工作味"的过程。

工作味藏在哪儿?主要是工作味的内容和工作味的表达。先看语言表达的前后变化:

---

① 祝大伟《故事多点人情味 叙述少点工作味》,人民日报社地方部《业务研讨快讯》2019年第30期。

**原稿**：河湖连通工程利用洪水资源及灌溉回归水对区域内的203个湿地、湖、泡、水库进行补水，构建引、蓄、灌、排、提相结合的河湖连通工程体系，形成以向海、莫莫格、查干湖、波罗湖为核心，集中连片、河湖互动、动态平衡的4个生态群落。

**见报稿**："河湖连通"工程，以西部现有大型水利工程为"主动脉"，疏通湖泡间的"毛细血管"，把洪水引入4.46万平方公里区域内的203个湖泡、湿地，形成河湖互济的大水网。

同样的工作内容，用更加形象的词语，将河湖连通简明地呈现出来，从工作味的专业表达，到自然清新的讲述，效果在对比中自然一目了然。

这样的改动还有不少。初稿1500余字，见报稿不足1100字，工作性的内容只剩下三句话：

目前，河湖连通工程量已完成80%以上，连通湖泡124个，引蓄洪水21亿立方米，恢复和改善湿地2400平方公里，恢复草地360平方公里。

河湖连通，还让吉林西部区域内地下水抬高1米左右，1.1万多眼农田井恢复原有灌溉能力，扩大农田灌溉面积55万亩，累计增产粮食5.6亿斤。

2018年吉林西部松原和白城两地接待游客1300万人次，旅游总收入近252亿元，两地旅游总收入同比增长分别为16.9%和15.4%。

工作味减了，工作成效不减——初稿对"河湖连通"做了多角度的介绍，内容不可谓不翔实，读来却平淡无味；见报稿只三句话就把河湖连通工程的"精髓"交代清楚，其间，用"查干湖不只是水大了，而且水也活了""水一来，鸟儿们也来了""水一来，游客们也来了"这样平实而凝练的语言作过渡，生动自然，"河湖连通"的成效更加明朗突出。[①]

---

[①] 祝大伟《故事多点人情味 叙述少点工作味》，人民日报社地方部《业务研讨快讯》2019年第30期。

**附:**

# 老城公厕变形记

## ——瞧环卫干部赵春明怎样帮老西安李建村去烦恼

### 高 炳

西安老城的居民李建村,再也不烦上公厕了。

李建村是位老西安,曾经烦透了老城区厕所条件差,"又少又脏,没人管",苍蝇愣往脸上撞;但是今年,情况发生了变化。没明显异味不说,洗手池擦得又光又亮!这不能不提到一个人:赵春明。

赵春明是老城区的一位环卫干部,忙活的事儿就是落实厕改。老李的烦正是他要解的难。

**老城痛点**

*如厕真恼心*

李建村跟社区里的公厕"杠上了"。

"说起上厕所,真恼心。"李建村掰开了手指头:自个儿待的社区地处老城,人流大,解手的头一个不便就是厕所少。

"我们这儿是长乐社区,向西100米就是唐代罔极寺,往北走是八仙宫,不远处还有东新巷教堂。社区0.62平方公里,常住人口超过3万人,各地游客也人来人往,以前公厕却只有3座,这哪够?"李建村说。

除了数量不够,厕所还不好找。李建村说,附近的巷口有夜市,车水马龙很热闹,不过附近卫生间"藏"得深,又没有明显的标识,逛夜市的人遇上内急来回转圈,没办法只好偷偷就地解决。

"夜市周边的公厕,又偏又臭。有些小孩子上厕所,实在来不及,只能尿在居民家门口。"李建村说。

卫生差也是让李建村对公厕望而却步的原因。

"由于管理跟不上,公厕里面苍蝇乱飞,下水道经常堵,泛出的味儿很大,得俩手指捏着鼻子往里冲。"李建村说。

在厕所的设计上也有让居民不满意的地方。比如女厕位不够,女厕所门口排长队是经常的事;还有,厕所设施不全,都是蹲便,缺少坐便,让一些人感到不便。

因为缺少坐便这事,还闹过笑话。李建村说,有一回社区来了一个丹麦考察团,其中一位70多岁的女士途中想去卫生间,接待方将她引至社区厕所。

"那位女士一转身就出来了,摇头说里面没有坐便。考察团只能提前结束行程,返回酒店。"李建村说,那场面挺尴尬。

**破解困局**

厕改组合拳

李建村的烦恼,赵春明心里也急。

长乐社区地处碑林区,老赵是区里城管局环卫科的科长,一直盯着老城厕改。

"首先要解决数量问题,一是新建公厕,二是开放私厕。"赵春明说。根据今年5月发布的《西安市开展"厕所革命"工作实施方案》,3年内,西安中心城区将新建独立式公厕1135座,除新建固定式公厕外,还要建设活动式公厕。

除了新建,鼓励社会单位开放私厕也同步进行。在赵春明的办公桌上,记者看到一份星级宾馆和酒店开放厕所名单。"这23家单位已经协调好了,马上正式签约。"老赵指着名单说。

数量要升上去，卫生标准也得跟着提。

不管是新建公厕，还是老旧公厕的改造，都得按照"五无五净一明两通"的标准来。赵春明说，"五无"是无蛆蝇、无杂物、无尘灰蛛网、无明显臭味、无乱刻乱画；"五净"是尿台净、蹲台净、地面净、门窗净、厕外净；"一明"是灯明；"两通"是水通、下水通。

"要保卫生，平时就得有专人负责管理。"赵春明说，"我们按照市里的标准，全面推行三级'所长制'"。所谓三级"所长制"，是指总所长—副总所长—所长。"总所长"一般由区县、开发区领导担任，"副总所长"由街道、开发区主管部门领导担任，"所长"由所在区县、开发区干部担任，分别对辖区厕所进行协调、监督、检查和管理。全市3000余名所长，分级负责、责任到人。

在完善设施上，首先要增加女厕位数量，其次是新设坐便。

"对于新建固定式公厕，女厕、男厕位比例应不低于3∶2。一些街道改造现有公厕时，只要条件允许，也尽量多加一个女厕位。"赵春明说。

对于增设坐便，记者走访社区卫生间发现，虽然设有坐便，但蹲便厕位仍为主流。"有的社区做过民意调查，很多街坊还保留着蹲便习惯。"赵春明说，"有些老人用不惯家里马桶，还专门下楼找公厕。对此，我们尽量照顾周全。"

厕改虽是方便大家的事，但实施起来还是会碰到阻力。老赵说，最明显的是"邻避效应"。

"厕所跟自家相邻都不乐意，这个咱都理解。公共区域选址，很难让各方满意。我们会尽力平衡，筛出最优选项。"赵春明回忆，有次在老街道新建公厕，因担心居民反对，便选择夜里11点施工。不料仍遭遇阻挠，最终不了了之。

"从那以后，施工只能凌晨两三点开始，彻夜不眠。"赵春明笑言，修建永宁门内的活动式公厕，便熬了个通宵。

"新厕按标修建、旧厕提升改造、私厕鼓励开放，这次厕所革命，打的可是'组合拳'。"赵春明说。

**公厕升级**

第三卫生间

老城厕所革命,成绩有目共睹。与厕所"杠上"的李建村,心里终于松快了。

"厕所革命后,我们社区卫生间提升改造,变化大着哩!"李建村指着不远处的导厕标识牌:"如今在街上,5分钟之内,就能找到卫生间。"

他带着记者,先到了罔极寺不远处的庙子巷公厕。灰黑色小楼位于街角,主体建筑在几幢居民楼之间。走进卫生间,地面洁净,没有异味,清洁员即时打扫。洗手池、干手器擦得光亮,一旁还设有残疾人厕位。

接着,他又把记者带到万庆巷。公厕干净整洁,"卫生间虽然不大,但足够街坊使用。困扰巷子居民多年的难题,总算解决了。"李建村乐着说。

变化不只在固定式公厕。在永宁门内一处活动式公厕,记者看到该公厕共有3个厕位,外加一个小型盥洗间。公厕位于书院门街口、宝庆寺塔南侧,周边店铺林立,游客熙攘。据观察,10分钟内,共有19人使用卫生间,公厕利用率挺高。

老李说,不光老城的公厕"改头换面",自己去新城逛逛,更是被那里的公厕"惊艳"。

在曲江池遗址、大唐芙蓉园等地卫生间,外墙装饰颇具设计感;走进休息区,电视机、饮水机、自动喷香机等设备一应俱全。

"进来瞧,这儿还有'第三卫生间'呢。"大雁塔景区的厕所所长韩永利推开门,向记者介绍:"这种'家庭式卫生间',除了基本如厕设施,还有安全抓杆,主要给老人用;父母想给孩子换尿片,可用这个婴儿护理台;将小孩放在安全座椅上,大人也能轻松如厕。"

话还没说完,一位中年游客扶着老人缓步走进公厕。韩永利走上前招呼,指了指座椅对面的第三卫生间。

"很多人对这功能还不了解,我们看到有需求的人群,都会进行引导。"韩永利说,"如果碰到不文明如厕行为,像在洗手池给宠物冲澡,我们也会及时规劝。"

"现在公厕好了，咱作为市民也得自觉，那些不好的习惯、不文明的行为得改改。"李建村说，"咱不能让厕改的劲儿白使啊！"

（原载《人民日报》2017年12月20日，此稿获人民日报2017年11、12月好新闻一等奖）

**附（原稿）：**

## 吉林："河湖连通"修复西部生态

初冬，站在白鹤湖南岸，举目北望，瓦蓝色的湖面与天相连，水中金灿灿的芦苇，一簇簇、一片片，向远处铺开，苇丛中鸟儿的鸣叫声此起彼伏。

白鹤湖位于吉林省西部莫莫格湿地核心区，因白鹤聚集栖息而得名。每年春秋两季，白鹤在这里栖息百日以上，最多时达3000多只。几年前，白鹤湖的湖水面积只相当于现在的一半并且日渐缩小，周边湿地干涸，留下斑斑驳驳的"牛皮癣"。

"现在，这白鹤湖能看到的白鹤比以前少多了。"在湖边生活了几十年的镇赉县米太村农民钱立臣说。

"白鹤湖的生态有了这么大的改善，白鹤怎么少了呢？"记者感到不解。

"这几年政府实施河湖连通工程，白鹤湖的环境好了，周边其他湖泊湿地的水也多了，白鹤有了更多的栖息地，不再到这里扎堆了。"钱立臣赶忙解释。

吉林省西部，是科尔沁草原的延伸带，历史上曾经是水草丰美之地。自20世纪70年代以后，"十年九旱"，区域内90%湖泡干涸，地下水位下降，湿地面积缩减3000多平方公里，土地沙化和盐碱化面积达到7600多平方公里，生态环境不断恶化。"一年四季，大风一来，白土面子漫天飞，呛得人没法出门。"这是留给钱立臣的记忆。

吉林省东部是林海茫茫的长白山区、中部平畴沃野的黑土地，占全省面积1/3的西部地区，是生态最脆弱的区域。改善西部生态，成为吉林省经济社会发展的重大课题。吉林省委、省政府制定东中西"三大板块"发展战略，西部被确定为生态经济区——围绕生态建设抓发展。

治理西部生态环境,关键是解决"水"的问题。

水从哪里来?长期以来,"四季抗旱,雨季抗洪"的场景在吉林西部年年上演。松花江、嫩江、洮儿河、霍林河4条重要河流从这里穿过,主汛期过境水量每年可达300多亿立方米。

出路在于转变治水理念。留住"过客",实现洪水资源化利用,变害为利——把4条河流汛期多余的洪水引蓄到"干渴"的湿地和自然湖泡之中,建立河湖互济的大水网,既解决缺水问题,又减轻洪水灾害。"河湖连通"工程由此诞生。2013年启动试点工程,2017年成为国家项目全面开工建设。

河湖连通工程以已经建成的大型水利工程为"主动脉",疏通"毛细血管",利用洪水资源及灌溉回归水对区域内的203个湿地、湖、泡、水库进行补水,构建引、蓄、灌、排、提相结合的河湖连通工程体系,形成以向海、莫莫格、查干湖、波罗湖为核心,集中连片、河湖互动、动态平衡的4个生态群落。工程总投资为33.38亿元,建设区域总面积4.46万平方公里,占全省总面积的23.8%,计划2020年7月全部完工。

目前,河湖连通工程已连通区域内湖泡、水库124个,引蓄洪水21亿立方米,恢复和改善湖泡、湿地2400平方公里,使区域内地下水位抬高1米左右,吉林西部生态环境已得到明显改善。

"有了水,绿色多了,鸟类多了,降雨量多了,美景多了,游客多了;盐碱地和沙漠化土地少了,沙尘天气少了,洪水威胁少了……"松原市水利局局长李树生说出了河湖连通工程带来的一连串变化。

"这几年,查干湖的鱼又大又肥,一斤鱼最高卖到60元。"在查干湖渔场当了20多年"鱼把头"的张文谈到鱼就兴奋。

松花江水经哈达山水利枢纽的干渠、引松干渠,一路向着西北注入查干湖。河湖连通,让查干湖水面比最小的时候扩大了10倍,每年可产鱼5000吨。河湖连通,吉林省西部新增养鱼水面85万亩、养蟹水面43万亩,扩大农田灌溉面积55万亩,支撑高效节水灌溉面积150万亩,增产粮食5.6亿斤。

引来60公里外的嫩江水,串联起镇赉县城周边7个泡塘,美其名曰"七湖连珠",形成了镇赉县环城国家湿地公园。镇赉县快递小哥王树德一家明年将入住城南的幸福花园。作为棚改回迁小区,幸福花园紧邻湿地公园。在楼上放眼,楼下碧波荡漾,芦花簇簇,景观长廊延续百米,亲水栈道曲折蜿蜒。"搬离棚户区,一下子住进了'水乡'。"王树德心里美滋滋的。

## 附（见报稿）：

吉林西部不缺水，尴尬的是曾十年九旱。
一项工程，让 2400 平方公里土地变成了湿地——

## 河湖连通，这里四季能赏景

**本报长春 2 月 13 日电** （记者岳富荣、祝大伟）春节过后，查干湖上的渔工们又开捕了。冬捕冰上作业负责人张文和工友们越干越带劲。"这几年，查干湖水质好了，一网最多能打 30 万斤，鱼又大又肥，大的都有 40 来斤。"

水好鱼多，是因为湖面大了。57 岁的张文打小长在湖边，见证了查干湖的变迁。20 世纪 70 年代以来，吉林西部"十年九旱"，湖泡、湿地面积缩减 2700 多平方公里，查干湖也一度由近 500 平方公里缩小到 50 多平方公里。

查干湖水净如镜，映照出吉林近年来治理西部生态的观念之变。

吉林西部不缺水，只是有些难以驯服：松花江、嫩江、洮儿河、霍林河从这里穿过，每年主汛期过境水量达 300 多亿立方米。然而，雨季抗洪好理解，可年年上演"四季抗旱"着实让人尴尬。

洪水不也是水么？能不能利用洪水抗旱？吉林转变生态理念，自 2013 年起，启动"河湖连通"工程，以西部现有大型水利工程为"主动脉"，疏通湖泡间的"毛细血管"，把洪水引入 4.46 万平方公里区域内的 203 个湖泡、湿地，形成河湖互济的大水网。目前，河湖连通工程量已完成 80% 以上，连通湖泡 124 个，引蓄洪水 21 亿立方米，恢复和改善湿地 2400 平方公里，恢复草地 360 平方公里。

查干湖不只是水大了，而且水也活了。"原来查干湖是只进不出的，'河湖连通'后，引入汛期松花江水，与周边 16 个湖泡连通，水可进可出，3 年就能实现一次水质转换。"松原市水利局局长李树生说。湖水的碱性减弱，鱼的生长环境、食物有了改变，肉质更紧实、鲜美。去年，查干湖被评为全国有机农业（淡水鱼）示范基地。

河湖连通，还让吉林西部区域内地下水位抬高 1 米左右，1.1 万多眼农田井恢复原有灌溉能力，扩大农田灌溉面积 55 万亩，累计增产粮食 5.6 亿斤。镇赉县架其村农民张树权的 21 亩旱地，这几年连年增产，"雨水多了，地下水上来了，就连旱田也借力了。"

水一来，鸟儿们也来了。吉林西部小气候发生改变，年降雨量增加 40 至 80 毫米。2018 年 10 月下旬，镇赉县内的莫莫格湿地迎来各类候鸟数十万只。河湖连通恢复和改善莫莫格湿地 1090 平方公里，栖息的白鹤由原来的 500 多只增加到 3800 多只，据有关方面介绍，这占到全球白鹤数量的 95%。

水一来，游客们也来了。夏赏碧水绿草，冬观冰雪胜景，春秋两季看候鸟迁徙，生态改善让吉林西部的旅游业火了。2018 年吉林西部松原和白城两地接待游客 1300 万人次，旅游总收入近 252 亿元，两地旅游总收入同比增长分别为 16.9% 和 15.4%。

让张文不曾料到的是，如今的查干湖，出名的可不只是鱼儿肥美，他所在的屯去年获评"中国最美渔村"，全村搞起了餐饮和住宿接待。张文也不甘落后，和老伴经营起 260 多平方米的"活鱼城"。"今年春节的游客一直没断，冬捕忙了一个月挣到好几万啊。"张文一家这个年过得更加"吉庆有余"。

（原载《人民日报》2019 年 2 月 14 日，此稿获人民日报 2019 年 1、2 月好新闻一等奖）

# 抓"明确、具体、特定的细节"

"踩着板凳,踮起脚尖,李文强探出右手,够了两次,才勉强将吊瓶挂到了窗楣上。"姜峰的《乡医 乡恋 乡愁》(见本书第163页),一起笔就给读者描绘出一个既具体生动又令人忍俊不禁的画面,这样的细节是特定的,因为李文强这位乡医"不到一米五的身高,76斤的体重,让老李即使站在女患者身边,仍显得格外'娇小'"。

西方写作经典《风格的要素》中这样强调:"最能唤起读者兴趣、引发读者关注的是那些明确、具体、特定的细节。"好的报道都有这个共同点,有引发读者关注的"明确、具体、特定的细节"。因为特别、特定,也就格外能打动读者。

2019年是大庆油田发现60周年,人民日报有篇报道受到中央有关部门的称赞:"写过无数次的老典型又被人民日报写新写活了。"

大庆油田是个老典型,正因为"写过无数次",王进喜的"铁人三问"也广为人知。这篇报道要回答大庆在新时代建设百年油田的新作为中如何传承和发扬"大庆精神""铁人精神"。带队采访的人民日报社副总编辑王一彪鼓励记者在报道上大胆创新,地方部记者孙振构思初稿时,扣着大庆油田最具标志性的历史事件"铁人三问"来谋篇。正如评论所分析:

《新时代大庆这样回答"铁人三问"》一稿(见附文),短短1000余字,却举重若轻。"钻机到了没""井位在哪里""这里钻井的最高纪录是多少",

当年"铁人三问",是艰苦奋斗的体现,更是大庆艰辛创业的见证,而文章对"三问"的现实回答,则生动地彰显了大庆60年的变化——这里的生态环境变美了,勘探区域变大了,技术实力变强了。如此将历史与现实相融,可谓构思巧妙,四两拨千斤。

比如报道中的"二问":

井位在哪里——

在海拉尔,在塔里木,在四川盆地……今日大庆,产能空间已不再局限于松嫩平原,勘探范围扩至黑龙江全境、内蒙古海拉尔、吉林延吉等9个盆地,近年来还通过中石油内部矿权流转,进入新疆塔里木盆地、四川盆地。现在,大庆油田登记探矿权面积已达8.7万平方公里。

在蒙古国,在伊拉克,在南苏丹……新时代大庆人乘着"一带一路"东风,走出去开拓海外市场,把业务拓展到26个国家和地区,覆盖中东、中亚、亚太、非洲、美洲五大区域,实现了铁人王进喜"把井打到国外去"的夙愿。

淡话历史,浓说当下。往事虚之,今闻具体。这"构思巧妙,四两拨千斤"的秘密,就在于紧紧抓住了"明确、具体、特定的细节",从而把这个老典型"写新写活了"。

抓住"明确、具体、特定的细节",《乡医 乡恋 乡愁》这篇报道便获得了一个特色鲜明的开头;

抓住"明确、具体、特定的细节",《新时代大庆这样回答"铁人三问"》这篇报道便获得了一个既能"将历史与现实相融",又别出心裁、新意盎然的结构;

抓住"明确、具体、特定的细节",还能让记者、编辑最烧脑的文章标题举重若轻,"得来全不费功夫"。

2016年11月12日,歼—10首批女飞行员余旭在飞行训练中不幸牺牲,

《人民日报》仅隔一天，就于11月14日在一版、十一版刊出相关消息《致敬！蓝天"金孔雀"》和通讯《最美的青春在蓝天绽放》。

连采带写的时间仅仅一天，是不是就用空军提供的素材编写？作者是2015年8月才参加工作的人民日报社政治文化部记者卢晓琳，她后来在业务研讨文章中说，政治文化部军事采访室主编倪光辉对她强调，不到现场怎么能发现那些精彩故事和细节呢？再辛苦也要到一线采访。

> 余旭不幸牺牲，生命永远定格在30岁，她的朋友圈弥漫着震惊、哀恸、惋惜："永远的'金孔雀'一路走好！""若你换羽归来，定如初见般爱你""愿你在另一片星河里飞翔"……震惊、哀恸、惋惜，弥漫在微信朋友圈里。一个个关于这个美丽的"金孔雀"的时光片段重回人们的思绪。透过对余旭的追怀，她所在的中国女飞行员群体在长空万里展现的使命担当让人感动。①

"永远的'金孔雀'""美丽的'金孔雀'"，为什么称余旭是"金孔雀"？记者在采访中看到余旭的朋友圈后禁不住发问。原来，余旭在部队联欢时跳过孔雀舞。"到不到现场是完全不一样的，采访的面和采访的深度，战友们对余旭的情感，只有人在现场才会有感受。"卢晓琳慨叹。

一个在八一飞行表演队里有着"金孔雀"美誉的美丽姑娘，这个"明确、具体、特定的细节"便圆满收入囊中。翩然而美丽的孔雀，歼—10首批女飞行员，二者之间形象所具有的内在联系，不仅让这个独特的细节在报道中熠熠生辉，而且，也打开了给这篇报道做标题的灵感之门——《致敬！蓝天"金孔雀"》。

抓"明确、具体、特定"的细节，也是报纸和新媒体在互联网时代比拼的"绝杀技"。

2018年6月13日下午，《人民日报》要闻六版编辑组从网上发现：6月

---

① 倪光辉、卢晓琳《最美的青春在蓝天绽放》，人民日报2016年11月14日。

11日下午，河南信阳小学教师李芳，面对疾驰、失控的三轮摩托，奋力推开学生，自己被撞倒，虽经全力抢救，还是不幸于13日凌晨去世。

近年来有关教师的负面报道屡见报端，对教师的不信任等情绪有所蔓延。编辑组分析认为，虽然网上已报道，但并未能揭示这一事件的新闻价值和社会价值，于是立即向人民日报社河南分社记者约稿。14日晚，前方记者王汉超发回稿件。

版面编辑组审阅后请记者再补充采访，重点是救人事件的现场、事件后续和最新进展等。同时，编辑组也查找、收集了该事件的大量相关报道，掌握尽量多的信息。

夜里11点50分左右，王汉超发回补充素材，版面编辑重新整合、加工。15日凌晨0点45分左右，稿件上版。

这篇题为《"她用生命完成了最后一堂课"》的通讯，成为中央媒体中关于此事的第一篇全面、准确、深入的报道。报道刊发当日，被200余家媒体、网站转载；仅在人民日报客户端，就有近百万读者点击阅读。网友称赞，《人民日报》关于李芳老师的报道，让更多人理解了"教师"这一群体的默默付出，有力批驳了"中国教育世风日下、教师道德严重滑坡"的论调。

策划报道的《人民日报》要闻六版编辑组后来在工作小结中说：

> 不足2000字的通讯《"她用生命完成了最后一堂课"》，为何能取得如此强烈的反响？除了李芳老师的事迹感人外，这篇报道在表达上的创新也是重要因素。在求"快"——"抢"得及时的同时，也把握住了"准"。文章的每一处细节，都力求准确、真实地还原人物。
>
> 交通监控视频，客观还原事发现场，再补充以同事、学生等见证者的回忆，既写出了"生死一念间"抉择的壮烈，也让现场有温度、可感知。
>
> 用同事对李芳老师平日品格的赞赏、被救学生和家长的感激、学生稚嫩的悼词、邻居老太对事发当日一件小事的念叨，再加上李芳老师卧室里绿植等细节描写，以及她职业生涯、家庭的简单介绍——没有刻意

拔高、没有特意渲染——一个献身事业、呵护学生、热爱生活、爱护家庭、善良助人、有人情味的平凡又伟大的老师、共产党员的形象，跃然纸上。

正因其平凡，更显出其关键时刻行为的不平凡；正因其热爱生活，更衬托出其舍生忘死的伟大；正因其对家庭、生命的眷恋，更显出其对职业、学生的热爱和奉献。

报道推出，赶上端午节放假。教育部相关领导打电话给人民日报社领导表示感谢，肯定人民日报的报道"真给力"；并在端午节期间启动紧急程序，追授李芳同志为"全国优秀教师"，号召在全国教育系统深入开展学习李芳同志的活动。河南省总工会也号召全省各行各业广大职工向李芳学习。

显然，若单论"快"，人民日报没有抓到第一时间，这篇报道的线索，还是来自网上。但是，抓住"明确、具体、特定"的细节，让这篇报道不仅获得了新媒体难以抵达的深度，也平添了不少让读者感同身受的温度，从本质上真正体现了新闻报道的时效性。

饶有意味的是，报道刊出这一天——2018年6月15日，正是《人民日报》创刊70周年纪念日。

## 历史的洪流总在细节之处留痕

每于半程须思量。"壮丽70年 奋斗新时代——记者再走长征路"活动，于2019年6月11日启动，7月20日刊出地方部编辑郝迎灿写的《讲述长征故事 见证信仰力量——本报"记者再走长征路"主题采访活动扫描》，对《人民日报》前半程采访报道做了小结。王一彪副总编辑给予了表扬，同时要求"下半程，请大家继续努力"。那么，努力的方向是什么呢？

还是要狠治报道顽症——解决粗线条概述多、生动细节少的问题。试以7月11日的《遵义会议，生死攸关的转折点》一文做点剖析。

这篇报道近千字，有4/5的篇幅都是介绍会议议程、背景和意义。比如：

在第一天的会议上，博古做主报告，周恩来做副报告。接着，张闻天逻辑严谨、系统全面地做了批评博古、李德错误路线的报告，为遵义会议彻底否定"左"倾军事错误路线定下了基调。

据遵义市长征学学会副会长雷光仁介绍，与会人员的讨论非常激烈。当时，张闻天的报告刚结束，毛泽东随即做了长篇发言。他指出，第五次反"围剿"失败的主要原因绝不在于客观，而是由于博古、李德实行单纯防御路线，在战略战术上犯了一系列错误。

毛泽东的论述鞭辟入里，一下抓住了问题的实质，引起了与会人员的强烈共鸣。朱德、刘伯承、李富春、聂荣臻等都相继发言，支持毛泽东的意见，赞成张闻天、周恩来、王稼祥等的正确建议，主张由毛泽东指挥红军。

经过三天的激烈讨论，最后会议做出四项重要决定：一是选举毛泽东同志为中央政治局常委；二是指定张闻天同志起草会议决议，委托政治局常委审查后，发到支部去讨论；三是政治局常委再进行适当的分工；四是取消"三人团"，仍由最高军事首长朱德、周恩来为军事指挥者，委托周恩来同志为党内对于指挥军事下最后决心的负责者。随后，中共中央决定由毛泽东、周恩来、王稼祥组成新的"三人团"，以周恩来为团长，负责军事行动。

虽然文字很干净，但读来沉闷。除了"据遵义市长征学学会副会长雷光仁介绍，与会人员的讨论非常激烈"这一句，通篇为历史资料的梳理。

从《人民日报》读者的角度看，那些具有重大历史地位和作用的事件，不说是耳熟能详，也都是有一定常识的，大可不必展开。从中宣部对此次报道的要求看，虽说要求重在写历史，但强调我们的报道要让历史照进现实，要从当代人的视角去看历史、读历史，诠释历史的当下意义。况且这次大型采访又是"行进式报道"，当考虑如何与读者互动，如何让读者代入历史场景。

不妨拿福建分社采编中心主任颜珂写的《信仰之花永不凋零》（见附文）做个比较。这篇报道的主体部分是"瞿秋白之死"，这同样是读者比较熟悉的历史事件，但报道读来仍然给人以新鲜感：

> 瞿秋白也是留守者，在长汀被捕，关押在敌36师师部。中统专门派人劝降，被他严词拒绝，就义前写下绝笔："……秋白曾有句：'眼底云烟过尽时，正我逍遥处'，此非词谶，乃狱中言志耳。"
>
> 在关押旧址，我们看到了这位我党早期领导人就义前的照片——身穿中式对襟衫、抵膝布短裤，脚穿一双黑线袜和黑布鞋，面带微笑。照片里，感受不到死亡阴影的笼罩，一如他最后留下的文字："一切新的，斗争的，勇敢的都在前进。那么好的花朵，果子，那么清秀的山和水，那么雄伟的工厂和烟囱，月亮的光似乎也比从前更光明了。"
>
> 行刑的日子是85年前的6月18日。他用俄语一路高唱《国际歌》，在长汀县罗汉岭的一处草坪前，英勇就义，生命定格在了36岁。

行文简洁，两处秋白狱中遗书引用恰当，融入了当代人的眼光，既给人以新鲜感，也有很强的代入感，言简意远，令人回味。记者的感受很细致，报道刊出于6月17日，文中特别提到，"行刑的日子是85年前的6月18日"，意味尤长，逸出文外。

瞿秋白作为我党早期优秀领导人，英勇就义的史料十分丰富，但记者没有陷于资料爬梳，而真正是在用当代人的视角重识历史。这篇报道的结尾尤被大家称道：

> 触摸尘封历史，精神的力量依然震撼人心。瞿秋白关押处，讲解员介绍，院子里的一株石榴树，年年开花，依然鲜艳。是的，信仰之花永不凋零，只会越开越艳。

感受于历史，观照于当下。夹叙夹议，议论精到，虽然只是片言只语，但结合上下文细读，不难体察文字背后丰富的生命感受。

而《遵义会议，生死攸关的转折点》一稿的结尾，仍然是在史料中徘徊：

> 遵义会议是中国共产党历史上开始独立自主地解决中国革命和革命战争的重大问题的会议，实际确立了毛泽东在中共中央和红军的领导地位，在极端危急的关头挽救了党，挽救了红军，挽救了中国革命，是党的历史上一个生死攸关的转折点。

只有概括的高度，而无个体感受的温度。本质上或许还是采访不深，对历史资料限于梳理，学习理解不透，从而无法站到高处，放出自己的眼光。

不错，遵义会议是历史重大转折点，这个重大转折就在于它"是中国共产党历史上开始独立自主地解决中国革命和革命战争的重大问题的会议"，而要生动说明这一论断，史料中同样可以发掘到细节。比如，遵义会议参会者20人，18人都围着长桌坐，还有2人却坐在门口，一个是共产国际派来的军事顾问李德，另一个是翻译伍修权。自从李德跟随博古到中央苏区后，每次会议李德总是位居中心的，此番却只好坐在一边，"一个劲地抽烟，神情十分沮丧"，这个细节无疑颇具历史意蕴。

如果把视野稍放开一些，遵义会议后，为甩开蒋介石的围追堵截，红军二渡赤水，重夺遵义，击溃和歼敌2个师又8个团，毙伤敌2400余人，俘敌3000余人，打了长征以来最大一次胜仗，蒋介石则谓"国军追击以来的奇耻大辱"。这又是一个紧紧扣着遵义，反映中国共产党人"独立自主"解决自己问题的生动事例。

在参观遵义会议纪念馆时，如果用心，从讲解和资料介绍中，同样能了解不少会议细节。比如，现在稿子里只概括说了一下"与会人员的讨论非常激烈"。当事人回忆，"发言的声音很高"，"会议一共开了三天，每天总是开到半夜才休会"。报道里多一点这样的细节，自然便可一扫文件资料归纳的枯燥。

由马伯庸小说《长安十二时辰》改编的同名电视剧播出后广受好评，紧凑的剧情以及高质量的制作，赢得网友频频点赞。马伯庸在接受《环球时报》采访时表示，自己写这部作品的最大挑战并不是故事编织和人物塑造，而是对那个时代生活细节的精准描摹。"唐朝人怎么喝茶、吃饭，男子外出怎么花钱，女子出门佩戴什么首饰，甚至长安城下水道走向，都要一一描摹。我查阅大量资料,研究论文和文物考古报告,跟一些喜欢唐史的朋友交流,去西安数次实地考察,希望离那个真正的长安城更近一些。"①

离历史上真正的长安城更近一些,取决于对那个时代生活细节的精准描摹。让今天的读者离80多年前的伟大长征更近一些,同样需要我们在细节的挖掘上多下功夫,以小见大,使长征报道的主题主线更加丰满。

颜珂在总结采写《信仰之花永不凋零》一稿时这样说:

长征的硝烟早已散去,见证者已然不多,手头资料大多是间接获取,历史的温度如何传递?

采访中,一幅照片永难忘怀。瞿秋白就义前的黑白影像,穿越80多年,至今仍能直击人心。这正是历史和现实交汇的"红色印记",带着历史的温度,真实可感地刻画出信仰的力量。采写中,我尽量跳出简单转述史实,抓住像这样的历史现实"交汇处",以今带古,以实写虚,力争在交汇处营造"代入感",增强"丰满度"。事实证明,巧用交汇处,更容易让读者重回历史场景,在获得"了解之同情"中,触摸真实的"历史意见"。

宏大叙述离不开微观细节的支撑,小处着手,以小写大,往往有大力量,更富感染力。《信仰之花永不凋零》等报道之所以获好评,我想很大程度上是因为抓住了历史的细节,写出了细节中的真实。其实,具有象征意义的细节,不仅仅是思想之佐证,亦可以是文眼之载体,串联行文,可以让主线更清晰,让故事更流畅。②

没错,就像郝迎灿在《讲述长征故事 见证信仰力量》一文中所说:"历史的洪流总在细节之处留痕,好故事的回音总在细微之处飘荡。"

--------

① 刻羽《平静"盛唐",有人默默守护》,《环球时报》2019年7月9日。
② 颜珂《在交汇处找共情,在细节里找力量》,人民日报社地方部《业务研讨快讯》2019年第64期。

**附：**

# 新时代大庆这样回答"铁人三问"

王一彪　费伟伟　吴齐强　孙　振

一张泛黄的报纸，把我们带回激情如火的年代。那是1964年4月20日，人民日报刊发长篇通讯《大庆精神 大庆人》。大庆油田，以及那场发生在松嫩平原的石油大会战，第一次走进人们视野。

时光飞逝，岁月留痕。

共和国不会忘记：三年会战，大庆油田不仅让中国摘掉"贫油"帽子，而且提供着当时全国51.3%的原油产量，在国家最困难时刻保障了工业和国民经济体系的运行。

共和国不会忘记：自1976年起，大庆油田连续27年保持年产原油5000万吨以上；自2003年起，又连续12年保持年产原油4000万吨以上，有力地维护着国家能源安全。

共和国不会忘记：气吞山河的铁人精神，是铁人王进喜纵身一跳，用身体搅拌泥浆的英雄场景，更是那"宁肯少活20年，拼命也要拿下大油田"的铮铮誓言……

当年王进喜率井队从西北来到大庆，一不问吃，二不问住，连珠炮似的问道：钻机到了没？井位在哪里？这里钻井的最高纪录是多少？

今年是大庆油田发现60周年。习近平总书记发来贺信指出，"大庆油田的卓越贡献已经镌刻在伟大祖国的历史丰碑上，大庆精神、铁人精神已经成为中华民族伟大精神的重要组成部分。""站在新的历史起点上，希望大庆油田全体干部职工不忘初心、牢记使命，大力弘扬大庆精神、铁人精神，不断改革创新,推动高质量发展,肩负起当好标杆旗帜、建设百年油田的重大责任,为实现'两个一百年'奋斗目标、实现中华民族伟大复兴的中国梦作出新的更大的贡献!"

我们走进这里,带着感叹再次发出"铁人三问",现场聆听大庆回答。

钻机到了没——

随叫随到!而且智能化操作,钻机下方铺轨道,液压缸动力驱动顶着钻机向前"自走",井队搬家如履平地;"一趟钻"给钻头装上"眼睛",地下可自动拐弯绕过障碍物,在几千米地下深部1米厚的油层内穿行,指哪打哪。

钻井不仅智能化,而且全过程体现环保理念:为防止地下受到污染,工人们在施工地段铺上多层防渗布;作业中含油污泥处理后再循环利用,泥铺路或垫井场,油回收,水再回注;作业结束把草籽撒在作业面上,让地面复绿。

当年,"头顶青天一顶,脚踏荒原一片",打井粗放拼速度;如今,矿区内生态作业、绿色发展,渠渠相通,湖湖相连,草木葳蕤,作业井掩映其间,"井在绿中,绿在城中,城在水中",处处蕴藏着勃勃生机。

井位在哪里——

在海拉尔,在塔里木,在四川盆地……今日大庆,产能空间已不再局限于松嫩平原,勘探范围扩至黑龙江全境、内蒙古海拉尔、吉林延吉等9个盆地,近年来还通过中石油内部矿权流转,进入新疆塔里木盆地、四川盆地。现在,大庆油田登记探矿权面积已达8.7万平方公里。

在蒙古国,在伊拉克,在南苏丹……新时代大庆人乘着"一带一路"东风,走出去开拓海外市场,把业务拓展到26个国家和地区,覆盖中东、中亚、亚太、非洲、美洲五大区域,实现了铁人王进喜"把井打到国外去"的夙愿。2018年大庆油田实现油气产量当量4167万吨,其中海外原油权益产量达617万吨。

这里钻井的最高纪录是多少——

铁人当年率队的1205钻井队又创新纪录,截至8月9日,钻井总进尺突破300万米,相当于钻透339座珠穆朗玛峰。

这些纪录与成就,靠的是日益增强的"技术内核"。大庆油田多年来始终坚持以科技创新破解发展难题。从自喷采油,到用注水技术把油"挤"出来,再到用化学剂把油从岩层孔隙里"洗"出来，陆相油田开发技术始终处于国际领先地位，先后捧回3个国家科技进步特等奖。目前，大庆油田已研发出以提高采收率技术为代表的一整套核心主导技术，主力油田采收率突破50%，高出国外同类油田10到15个百分点。在采访中，大庆人从管理团队到科研人员、普通职工都充满自信。

进入新时代，大力弘扬大庆精神、铁人精神，大庆人正在用最新科技和有效机制推进"大庆底下找大庆""大庆外围找大庆"，力争实现百年高产稳产目标。近日，大庆油田再传捷报：今年前三季度，大庆油田完成国内外油气产量当量3250.32万吨，其中国内原油产量2322.39万吨，天然气产量32.41亿立方米，均超额完成运行计划。

风雨一甲子，大庆正青春！

（原载《人民日报》2019年10月10日，此稿获人民日报2019年精品奖）

**附：**

河南信阳董家河镇绿之风小学老师李芳，生死一瞬间，挡在学生身前——

## "她用生命完成了最后一堂课"

王汉超　吴炳辉

**"要不是李老师推开孩子们，后果不堪设想"**

事发太突然，周围人还没反应过来，失控的三轮车就冲过来了。就在一瞬间，李芳老师呼喊着推开了4个孩子，挺身护在孩子们身前。三轮车没有减速，撞倒了李芳老师后，又向前冲了很远……从交通监控里，交警看到了当时的惊心一幕。

6月11日17时51分，河南信阳市浉河区董家河镇绿之风小学校门外50米的红绿灯路口处，老师们正护送放学的孩子依次过马路。二年级的语文老师李芳也在其中，她正站在路口护送孩子们，一切就这样猝不及防地发生了。

当时在现场的五年级学生小曹说，事发时有4名同学正走在斑马线上，走到一半时，小曹突然听到一声大喊，"李老师让孩子们快点走，我看见李老师推开了那4名同学，自己却挡在了前面。飞驰的三轮车从她身上撞过去，并连带剐倒了那4名同学。"

据了解，那是一辆装满西瓜的摩托三轮车，没有牌照，从高坡上冲下来，刹车已经失灵。另一位张姓老师也在现场，她听见在背后护队的李老师大声呼喊，接着就是一声巨响，李芳老师被撞得躺在地上，4个孩子也被剐倒了。孩子们吓得哭起来，张老师冲过去抢救，李老师已经不省人事。

"要不是李老师推开孩子们，后果不堪设想。"一位在场的家长说，"三轮车惯性好大，撞了李老师后又冲了很远，车头撞上三层台阶后才停住。"

### "李老师再也不会回到讲台了，我们想她"

"经过诊治，4名同学的伤都没有大碍了。"据信阳市中心医院的一位医生介绍，其中3名孩子属于轻外伤，已经回家，另一个孩子的头部缝了6针，但神志清醒。

据了解，李芳老师被紧急送往一五四医院后，经检查诊断，确定为脑部颅骨骨折，脑组织大面积出血。转至信阳市中心医院后，医院紧急联系了武汉协和医院、同济医院的多位专家远程会诊。但是，李芳老师的自主呼吸渐渐衰竭，医护人员经过一天两夜的奋力抢救后，仍然没能挽救李老师的生命。6月13日凌晨4时40分，李老师平静地离开了。

绿之风小学是一所位置相对偏僻的乡村希望小学，李芳老师来到这里工作已近30年了。13日清晨，消息传回学校，老师和孩子们一片哭声，"李老师再也不会出现在校园、不会回到讲台了，我们想她。"

据介绍，前一周，李老师刚刚度过49岁生日。她是农家的女儿，20岁从原信阳师范学校毕业，正式成为一名乡村教师，从最初分配的谢畈小学，到撤校后来到绿之风希望小学任教至今，默默耕耘近30年，作为一名优秀的共产党员，生死的一瞬间，她把生的希望留给了孩子们。

14日，祭奠李老师的灵堂内，不断有周围的乡亲和附近的学生家长前来送行。

### "她永远是我们心目中的最美老师"

"得知她用自己的身体去阻挡冲向学生的失控三轮车，我们一点也没觉得奇怪，因为她就是这样一个人。"在绿之风希望小学的教师公寓，与李芳老师生前同住一室的郝翠玲老师哽咽着说，"只是万万没有想到，她这次的选择，却成为我们之间的永别。"

李老师住的单间双人宿舍，条件虽简陋，但被她精心装饰得无比温馨：

她的床铺悬挂着蚊帐，衣服物品叠放得整整齐齐。窗外还有她亲手培育的绿植……

在绿之风希望小学的教务处，李老师生前教过的二年级（3）班学生李星月，正在用稚嫩的小手工工整整地写着给李老师的悼词："老师，我还记得您刚接手我们班时，您的办公室还在那边教学楼二楼。有一次下大雨，我交作业时把头发都淋湿了。您知道这件事后，特意把办公室搬到了一楼。从那以后，我交作业再也不用淋雨和晒太阳了。老师，谢谢您总为我们考虑。"

李芳的丈夫代业明是国家电网信阳供电公司变电检修公司电气试验一班成员、共产党员服务队队员。结婚30年来，夫妻两地分居，但感情始终很好。独生女代雨辰是信阳明港公安分局的一名辅警。一家三口在3个不同的地方默默地支持着彼此的工作。只有在周末不忙的时候，三口之家才能迎来短暂的相聚。这个周末，本是女儿参加邻省湖北广水公务员面试的时间，李芳本已答应陪笔试第一名的女儿一同前往。可如今，母女二人已天人永隔。

李芳家邻屋一个抱着孩子的老大妈走过来，泪眼婆娑地说："那天上午，她还带了几个韭菜包子给我小孙子吃呢……多好的老师呀，怎么就这样说走就走了呢！"

"她用抉择教给了学生们最后一道题，她用生命完成了最后一堂课，她永远是我们心目中的最美老师！"信阳市委副书记刘国栋说。

（原载《人民日报》2018年6月15日，此稿获人民日报2018年5、6月好新闻二等奖）

附：

## 信仰之花永不凋零

颜 珂

拨开满径蕨草，沿小路上山，烈士后代钟鸣领着我们去看当年的红军阵地。"这就是当年的战壕。"手指处，壕沟依稀可见，一旁散落些许砖瓦，应是简易碉堡的遗迹。雷声不时在耳边响起，仿佛呼应着85年前那场大战的炮火轰鸣。

这里是福建省长汀县松毛岭一处名叫白叶洋的山头——松毛岭战斗中红军主阵地之一。1934年9月，红九军团、红二十四师和福建苏区地方武装在这里坚守着中央苏区东大门的最后屏障，为了给红军主力转移赢得足够时间，他们要用生命与时间赛跑。

9月底，红九军团接到上级指示后先期下山集结，在中复村观寿公祠前举行誓师大会，迈出了长征的第一步。红二十四师连同其他部队继续坚守，与数倍之敌展开激战。

《长汀县志》记载："是役双方死亡枕藉，尸遍山野，战事之剧，空前未有。"此后，红二十四师仍在奋力抵抗，迟滞敌人进入长汀县城和瑞金的时间。

"他们后来怎么样了？"

"现在留下的资料很少，绝大多数可能都牺牲了。"钟鸣说。

瞿秋白也是留守者，在长汀被捕，关押在敌36师师部。中统专门派人劝降，被他严词拒绝，就义前写下绝笔："……秋白曾有句：'眼底云烟过尽时，正我逍遥处'，此非词谶，乃狱中言志耳。"

在关押旧址，我们看到了这位我党早期领导人就义前的照片——身穿中式对襟衫、抵膝布短裤，脚穿一双黑线袜和黑布鞋，面带微笑。照片里，感受不到死亡阴影的笼罩，一如他最后留下的文字："一切新的，斗争的，勇敢的都在前进。那么好的花朵，果子，那么清秀的山和水，那么雄伟的工厂和烟囱，月亮的光似乎也比从前更光明了。"

行刑的日子是85年前的6月18日。他用俄语一路高唱《国际歌》，在长汀县罗汉岭的一处草坪前，英勇就义，生命定格在了36岁。

跟瞿秋白同年被敌人杀害的还有何叔衡，大瞿秋白23岁，党的一大代表中年龄最长者。遇难处在长汀县濯田镇梅迳村的一处山头。遇敌围堵后，59岁的长者只身跳崖，身负重伤，而后被杀。牺牲前，他留下一句话："我要为苏维埃流尽最后一滴血。"

触摸尘封历史，精神的力量依然震撼人心。瞿秋白关押处，讲解员介绍，院子里的一株石榴树，年年开花，依然鲜艳。是的，信仰之花永不凋零，只会越开越艳。

（原载《人民日报》2019年6月17日，此稿获人民日报2019年5、6月好新闻一等奖）

# 第三辑 文须有序

《周易·艮》曰:"言有序。"指语言要按一定的次序、规律组织成文。

文章形式形成的过程,同时也是内容展开的过程。美国心理学家考夫卡说过:"艺术品是作为一种结构感染人的。"

叙事不简单,结构有规律。用刘勰的话说,就是"总文理,统首尾,定与夺,合涯际(边际),弥纶一篇,使杂而不越者也。若筑室之须基构,裁衣之待缝缉矣"。(《文心雕龙》)

掌握了规律,方能如宋人吕本中所说:"规矩备具,而能出于规矩之外;变化不测,而亦不背于规矩也。"(《夏均文集序》)

"文变染乎世情",任何经典作品无不打上时代烙印。"若无新变,不能代雄。"(《南齐书·文学传论》)

# 结构当服从主题

2011年8月,中宣部部署在新闻战线开展"走基层、转作风、改文风"活动。同年11月,福建省委宣传部组织驻闽中央媒体和省里的主要新闻单位开展"走、转、改"活动,我时任人民日报社福建分社社长,安排采编中心主任赵鹏参加。赵鹏在长汀县采写了《十年治荒 山河披绿》一文(见附文),于12月10日刊出。

12月22日,福建召开省委九届二次全会,省委书记孙春兰在报告中说:《人民日报》以《十年治荒 山河披绿》为题,报道了长汀县治理水土流失的经验,习近平同志对此做出重要批示,要求中央有关部门深入调研,提出继续支持推进的意见。

2012年2月21日,福建召开全省深化"走、转、改"活动座谈会,省委宣传部长袁荣祥在会上说,"赵鹏同志采访总结的长汀水土流失经验在《人民日报》上刊发后,习近平副主席两次做出重要批示"。

2012年6月,赵鹏就这篇报道在一篇研讨文章里做了介绍。

尽管已经过去了近半年,但去年底我采写的《十年治荒 山河披绿》一稿所产生的广泛影响,至今仍旧不断。5月16至17日,国家水利部部长陈雷亲率水利部及全国各地水利部门负责人,赴福建省长汀县召开"总结推广长汀水土流失治理经验座谈会"。明确提出,中央已决定全面推进革命老区水土流失治理工作。水利部还与发改委、财政部等相关部门商议决定，进一步加大对长汀的支持力度。

一篇反映一个县的水土流失治理工作的稿件，最终引起中央高层对水土流失治理工作的高度关注，并进而上升为国家决策，可以说这篇报道是完成了一次"质的飞跃"。①

《十年治荒　山河披绿》这篇报道刊出后，当月即获地方部好新闻奖。当时我便听到有业内同行议论，道是报道主题很好，文笔也不错，就是文章结构不大精心。

这篇报道分三部分结构，第一部分讲长汀县十年治理的主要经验，最大的亮点是"成立全省唯一水保局，水土治理走群众路线"；第二部分，讲了三个普通人的故事：不认输的马大姐，不服老的黄老汉，不惧穷的沈支书；第三部分，是这篇报道"引起中央高层对水土流失治理工作的高度关注，并进而上升为国家决策"的精髓所在，小标题即是"向政府再提建议增加补贴，建立补偿，因地制宜调政策"。

确实，如果单纯从写作角度看，这三部分形式上各自独立，逻辑似乎不够严密。果真是赵鹏对这篇报道的结构没太用心吗？

其实同去采访这个题材的，并非只有我一人、一家单位，中央媒体和省内其他同行也有参与，为什么只有我这篇获如此殊荣，引起中央高层领导关注并两次批示，再进而成为国家决策内容？事情过去了近半年，拉开了一段时间与空间，也让我有机会细细梳理和总结，借以探讨党报驻地一线记者采写新闻的规律。

我个人体会，作为一名人民日报驻地记者，要对我们肩负的政治功能有充分理解。党报的新闻作品，不同于一般的文学作品或是其他社会媒体的新闻作品。我们的新闻背后带有"宣传"二字，其文字表达背后应有鲜明的政治态度和思想内涵。当然，这绝不是简单的、口号式的、

---

① 赵鹏《文贵出新　思贵求深》，人民日报社地方部《业务研讨快讯》2012年第40期。

摆起架子、板着面孔说教。

"横看成岭侧成峰"。不同的视角,会得出不同的观察结论;同样,不同的政治态度和思想逻辑,也会让观察者得出不同的论述观点。所以,态度决定了思想的出发点、报道的落脚点。有担当的记者,要擅长运用我们手中的新闻作品,发挥党报特殊的政治功能,为社会的健康发展提供更多正向动力。

就此文而言,其思想深度的反映集中体现在最后一部分——"向国家提建议"。这部分内容的得来,基于我对长汀水土流失治理素材的积累。因为有积累,和受访者探讨内容也就宽泛一些,比如技术问题、困难原因等等,结果越聊越放开,特别是一些困难问题,群众也愿意和我聊一聊,包括他们自己认为可行的解决方案。所以,文章最后提出的那些建议,确有信手拈来之感,毫不费力,但又直指关键。

当然,看到问题后,叙述的角度和方式也全在自己。换个思路,这篇文章还可以写成一篇问题曝光揭露式的批评稿——这也是我开始曾想过的一种方案,但很快就被否定了。揭露问题不难,难的是揭露后,解决起来只会是一事一地一案就事论事,140多万亩的治理区域所面临的问题,依然不会得到根本性解决,群众关注的问题,最多只能在一两个人身上有所缓解。这当然不是我所希望的根本解决方案。

那么为什么不可以以正面建议的形式提出问题,把从一两人身上集中反映出来的关键问题,放在通过改善机制的办法下普遍地、宏观地处理呢?揭问题不是不能解决问题,但这种解决很多时候只能是个案处理。用正向推动的办法,让好事继续办好,可以有更好的效果——这也是我之所以坚持保留这部分内容以公开形式发出,而不是做成内参稿件的原因。①

显然,作者对这篇报道的结构不是不用心,而是让结构完全服从于主题。"叙述的角度和方式全在自己","态度决定了思想的出发点、报道的落脚点",

---

① 赵鹏《文贵出新 思贵求深》,人民日报社地方部《业务研讨快讯》2012年第40期。

赵鹏这番夫子自道，说清了个中缘由。

著名作家张抗抗说过这样一段话：作者怎样写，取决于他对生活的认知。当我们选择"怎样写"时，其实已经选择了自己的思想立场和审美趣味。我们选择了某一种文体的时候，那种文体"有意味"的独特形式，将能够最贴切、最准确地表现出我们看待生活和世界的目光。

文学如此，以记录时代、书写时代为使命的新闻报道更是如此。新闻报道怎么结构，不仅是个技术问题，选择将故事组合成有意义的序列，同样也表达着记者特定而具体的价值观。一篇报道可以采用多种方式来谋篇结构，但最终决定怎么结构，当取决于对主题及报道力图取得的效果，它和记者对主题的认识血肉相连。或可套用一下《红楼梦》里林黛玉教人作诗时说的一句话："若是果有了奇句，连平仄虚实不对都使得的。"

因此，是主题决定了报道的结构形式，甚至，主题也决定了报道的文体形式。

人民日报老记者刘衡，在新闻界有"善写口述实录"之称，而奠定这一美誉的代表作，就是曾获1983年全国好新闻奖、被多家新闻院校选作教材的《"妈妈教我放鸭子"》(见附文)。这篇稿为什么会用"口述实录"这种文体呢？刘衡曾撰文介绍过：

> 1983年5月，我到湖北沔阳县（现改名仙桃市）采访。县委宣传部同志告诉我，彭场公社小口大队的陈惠容才17岁，养鸭很有成绩，全家都富了。
>
> 我很奇怪，小姑娘怎么有这么大本事。于是，坐上小划子，到她家新盖的鸭棚去采访。见着了陈惠容和她的父亲、姐姐。他们十分拘束，随便聊了一阵。
>
> 这年9月，我被第五届全国妇女代表大会选为全国妇联执委。10月份到武汉参加湖北省妇女代表大会，又见到了陈惠容，住一个招待所，会议空隙谈了几次。这次她见了我，有一种"他乡遇故知"的感觉，拘束减少了，告诉了我许多养鸭的知识、趣事。她说发现鸭子有好多地方

像人。鸭姑娘谈起这些来，津津有味。

  陈惠容干的是普普通通的劳动，既没有惊天动地的事迹，又没有曲折有趣的故事，人民日报来报道难度很大。但我又感觉她与众不同，劳动对她已不是沉重的负担，而是好玩有趣的事业了，她的心灵是美的。如果我能准确、生动地写出这一点，那么读者还是会喜欢的。这就必须在主题思想、采写角度、表现手法以及语言运用上下一番功夫。

  为了便于表现她的内心活动、思想情趣，我想到采用第一人称写法，让她直接和读者谈心。这种写法小说里很多，但新闻中比较少见，读者也会感到新颖。①

  正如刘衡所分析，《"妈妈教我放鸭子"》题材不大，"既没有惊天动地的事迹，又没有曲折有趣的故事"，要表达好"劳动是美丽的"这个主题，只能在文体创新上想办法。主题决定了文体，决定了报道形式。

  2008年6月25日，《人民日报》刊出《让党放心 让人民满意——写在人民日报创刊60周年之际》，文中提到那些刊发在《人民日报》上的经典之作："萧乾的《万里赶羊》、杨朔的《东风第一枝》、刘白羽的《长江三日》、臧克家谈诗专栏《学诗断想》、秦牧的小品，甚至包括记者的新闻报道，如刘衡的《"妈妈教我放鸭子"》……这些佳作被口传心诵，成了几代孩子的'课外语文教科书'。"

  《"妈妈教我放鸭子"》这篇"口述实录"被几代孩子诵读，成为一篇让时间记住的报道，其写作特色颇值得我们学习。刘衡曾这样总结：

  X光能照见人的心肝肺腑，但照不见人的心理活动。怎样才能把人的内心准确无误地写出来呢？"言为心声"，我找到了"人物自述"的好方法。人物的思想、感受等等，由他自己来说，比我这个记者来说，更直截了当，更不会走样。由于主人公直面读者，直抒胸臆，可以省掉许

---

① 《我的采写故事》，刘衡著，人民日报出版社2006年9月。

多不必要的过渡,简洁流畅,也缩短了主人公和广大读者的感情距离。许多时候,我干脆进入角色,变成我要写的人物,向读者叙事、抒情、谈心。

人们常说:"看人下菜碟。"这句话用在采访工作上,也十分恰当。人心就是一把一把不同的锁,要用不同的钥匙打开。《"妈妈教我放鸭子"》用小姑娘的眼睛、口气来谈她养鸭的经过和切身感受。

在写作时,我特别注意:

1. 她是全国最小的妇女代表,又是全国最小的"三八"红旗手。因此,我必须用小姑娘的眼睛来看待一切。例如:她妈妈在旧社会受苦,在她看来,也是轻松有趣的:"你那是旧社会,'饿得没法,就去放鸭!'"同时也表现出了她自己生在新社会的自豪感。

2. 写思想转变要自然、合理,才能让人信服。见妈妈伤心了,才答应去。勉强去了,还是不好意思,看见同学来了就躲。等到大家都知道了,她才豁了出去,不躲了。虽然不躲了,并没有爱上这个工作。经过一段时间,才爱上。

3. 多描写,少叙述,要用事实说话。鸭姑娘爱上养鸭工作了,怎么爱上的?不能空口说白话,要写出许多情景、细节,让读者自己去感受这一点。经过妈妈的引导,鸭姑娘走进了一个前所未闻的世界:"原来鸭子很多地方像人!"年轻的鸭子喜欢打扮,有蛋的鸭子像人怀了肚子,以及爱干净、知道害怕、害臊、不看表知道钟点等等。这些都说明了,她对鸭子已经有了感情,对工作有了兴趣,不必再去明说。人与其他动物之间有许多共同之点,能够交流感情。这就是人们特别爱马、爱狗,有时会和猪、鸡、鸭说话的原因。我在写这篇稿子时,特别注意这个特点。

4. 要让外行看得懂,内行也爱看。文中谈了许多养鸭的知识,技术性强。我尽量依照小姑娘的口吻来讲述,保留其中生动而通俗的民谚、民谣。例如:"鸭子虽小,浑身是宝,国计民生不可少。""饿不死的鸡,撑不死的鸭。""矮禾经不起鸭子拖,禾密过不了麻鸭婆。"等等,这样,就通俗有趣,好念好记了。

5. "口语入文，神情活现。"像这种谈话记更是需要摆脱书本腔，用小姑娘的口气来写作。人民群众的口头语言是丰富多彩的，多用口语写作，能使文章活灵活现、有声有色。①

20世纪80年代，新闻界思想解放、激情燃烧，涌现出一大批像刘衡《"妈妈教我放鸭子"》这样的创新之作。著名新闻人范敬宜在辽宁日报当记者时也写了不少传诵一时的佳作。比如，有一篇消息刊出后社会反响很大：《两家子公社：夜无电话声 朝无堵门人》(《辽宁日报》1982年3月15日)。过了几天，《人民日报》转载，将题目改为《月光如水照新村》(见附文)。这篇稿后来也被收进新闻教材②。

消息发表后，很多读者称赞写得新鲜好读，有的同行却不以为然："带'本报讯'的消息哪有后面加首诗的，不伦不类。"范敬宜在这篇消息最后，满怀激情地赋诗一首："劫后灾痕何处寻？月光如水照新村，只因仓廪渐丰实，夜半不闻犬吠声。"

范敬宜1993年任人民日报社总编辑。1996年，人民日报社经济部主任艾丰升任经济日报社总编辑，范总于是代管了一阵经济部。范总是苏州人，说话带几分软侬吴音，文质彬彬。有一次，他在经济部的会上谈到经济报道文风过于中规中矩的毛病时，忽然提高了嗓门："做人要老实，做文章不可太老实。"语惊四座。

做文章不可太老实？交谈中，范总提起他那篇"不伦不类"的消息，"假如这篇消息只有300来字的正文而没有最后那四句诗，也就没味道没意境了。"

范总认为，"新闻也要有意境。人民日报后来转载时就用了这首诗里的一句。"他说："没有这首诗，就不能把自己对三中全会路线的感情充分表达出来。文章没有感情，怎么能打动人？再说写新闻，文无定法，也应当不拘一格，

---

① 《我的采写故事》，刘衡著，人民日报出版社2006年9月。
② 《高等学校文科教材·新闻通讯选评》，中国人民大学新闻系编，中国人民大学出版社1989年4月。

难道按照一成不变的模式去套才行?"

　　文无定法。近千年前的金代文学家王若虚就说过:"夫文岂有定法哉!意所至则为之。"(《滹南遗老集·文辨》)

　　何为"意所至"?恰如清代著名学者沈德潜所说:"行所不得不行,止所不得不止,而起伏照应,承接转换,自神明变化于其中。"(《说诗晬语》卷上)

　　因此,新闻报道在结构上怎么安排?首先要看主题,形式服从内容。带"本报讯"的消息里,非要来首诗,正因为这种如张抗抗所说的"有意味"的独特形式,"能够最贴切、最准确地表现出我们看待生活和世界的目光"。

**附：**

从荒山连片到花果飘香，福建长汀——

# 十年治荒　山河披绿

赵　鹏

如果我有"穿越"异能，真想带你重回10年前的闽西老区，看一看那中国四大水土流失严重地之一长汀县，亲身感受一下什么叫"山光、水浊、田瘦、人穷"；如果我的笔有摄像功能，真想让你看一看今天的长汀，又是怎样的翠波千顷、满眼新绿、花灿两岸、果香万里。

**敢叫山河换新颜**

*成立全省唯一水保局，水土治理走群众路线*

长汀县土地面积460多万亩，1985年遥感普查显示，全县水土流失面积高达146.2万亩，面积大小、严重程度、危害性均居中国南方省份之首。从1983年起，福建省就开始了在长汀的水土保持治理，时任省委书记项南还专门写过一首72字的"水土保持三字经"。

2000年，福建省委、省政府正式将长汀水土保持治理工作列入全省为民办实事项目，确定连续8年每年从省级财政中划拨1000万元、龙岩市财政配套200万元，誓让这个当年土地革命时期人称"红色小上海"、中央苏区物资基地的长汀县，重披绿装。

第一个8年过去了，至2009年，长汀县累计治理107万亩流失山地，但长汀人铁心奋战绿荒山的脚步，并没有停下来。2010年，福建省委、省政府再次作出决定,扶持政策继续,再干一个8年,水土不治、山河不绿,决不收兵!

钱有了,长汀县政府成立了全省唯一的水保局;队伍也有了,虽然只有12个人,但个个都是农学毕业科班出身,技术不含糊。这就行了吗?"不行!"已经退居二线的长汀县水保局原副局长刘炳平陪着我,一个镇一个村实地走访,"干了10年,我觉得最重要的一条,就是必须要把群众发动起来,让群众一道参与治理保护,否则怎么干都白搭!"

**普通人做不凡事**

不认输的马大姐,不服老的黄老汉,不惧穷的沈支书

马雪梅今年48岁,老家山东青岛,1997年嫁到濯田镇莲湖村。1999年,她最早承包的198亩山地,还是刘炳平当副局长时"连哄带骗"拉来的。

"他们在山脚种一圈板栗,无偿交给我承包。可那叫啥山?天上下一点小雨,水从山头冲到山下时,就变成了泥石流,冲得整座山一道道深沟。"忆起往事,马雪梅还是忍不住流下眼泪。"这就是南方典型的水土流失面貌。"刘炳平说,下来的雨水在山上根本存不住,还冲走土壤中有机元素、微量元素。

哭完之后,马雪梅那股山东人的倔强性格显露了出来,重新借钱、重新买苗买肥,再度上山。刘炳平也豁出去了,带着技术人员上山指导。他们自己创造出"反弹琵琶""小穴播草""逆向治理""养分归还"等"土"招数,别看"土",但管用。2000年,马雪梅再种上去的板栗,4年后开始挂果,挂果率和质量也开始逐年提高。后来,马大姐又一口气承包200亩山地,如今400亩山地全部种满了果树,连养猪带收果,一年毛收入五六十万元。

黄金养今年57岁,三洲镇三洲村人,自小看够了当地水土流失的可怕模样。到了20世纪90年代,情况越发严重。"家门口就守着汀江水,可是一到种稻之时,周边几个村为抢水,没少打架甚至械斗。水土一流失,汀江里根本就没水。"

1999年,也正是长汀县实施"大种大养"战略之年,黄老汉当仁不让,主动要求治山。刘炳平当过三洲的镇长,熟悉老黄,二话没说就把一片300

亩左右的崩山（水土流失造成的崩坍山地）包给了他。招数还是那些招数，可黄金养选种的却是杨梅。"我们这里还是稀土区，土壤中虽然其他养分不多，但刚好适合杨梅。"这一承包，就到了今天，老黄把家里能凑来、借来的钱全都投到山上，连女儿每年从英国寄来的1万英镑养老费，也都扔了进去。

眼下，黄金养手上除了900亩杨梅，还有200多亩茶山。在他的带动下，整个三洲村种起了6000多亩杨梅，每年村里举办杨梅节时，放眼望去，漫山苍翠，郁郁葱葱。

因水土流失，长汀曾是国家级贫困县。沈腾香嫁过来时正是策武镇南坑村最穷的时候，"人均八分田，地上没资源"。没几年，凭着毛巾厂技术员的经历，沈腾香当上了村支书。不是本村人，还是女娃子，沈腾香最突出的本事——不惧穷。沈腾香细一琢磨，南坑的"穷根"是水土流失，只有治了山，才能彻底挖穷根。她领头带着村干部上山种油茶，结果当年就见效益，少的也赚了三五千。这一下，群众信了沈支书，第二年，南坑村9000多亩荒山全种起了果树。

沈腾香一看群众全都种果树，预料到几年后市场会有所波动。于是，她又找到在厦门做生意的一个乡亲进行合作，将村集体2309亩山地以入股的形式，种植银杏树，同时再把村里一家一户的养猪场合并到一起，全部搬到山上。既提供了肥料，又美化了村容，后来又在村里盖起了200多座沼气池，一并破解用柴用电的难题。

后来一切发展正如沈腾香所料，银杏树种植达到9000多亩，南坑由此一举甩掉穷帽。如今的南坑，家家新房、户户人丰，前年还成为龙岩市首批新农村建设示范村。

**向政府再提建议**
*增加补贴，建立补偿，因地制宜调政策*

10年努力，长汀县水土流失治理成效明显。对107万亩治理区的监测显示：植被覆盖率由15%至35%提高到65%至91%，植物种类由7科7属8种增加到20科26属30种，年增加保水6526.4万立方米，保土128.47万吨。

水利部专家誉之为"中国南方红壤区水土流失治理新模式"。

可马大姐、黄老汉、沈支书拉着我的手说，你们"走转改"来了，能不能顺便也帮我们提点建议：

电费、化肥能否多些补贴？咱这是治理区，禁砍树禁挖草，群众生活能源要么靠煤、要么靠电。以前水保局为了扶持群众烧煤，每个煤球补贴4分钱。现在煤价从原来的每斤0.15元涨到了0.8元，用不起了，只能改用电。可电价农村里每度0.6元。像老黄家一年仅生活用电费用就要2000多元，这还不算生产所需。化肥更别提了，复合肥原来一吨800多元，现在3000多元，有机肥一亩一年更要5000多元。

能否建立生态补偿机制？对治理区能否也像流域生态治理一样，搞个下游补上游，让汀江下游的地区对上游反哺一些。毕竟生态是大家的生态。

养猪能否少些限制？治理区原来都是荒山，可现在很多地方治理好了，一些山地被划为生态林之类，就意味着在这区域里限养猪了；另外，由于靠近汀江河上游，按现在法规，饮水源地也要限养或禁养猪。其实，治理区不同其他地方，这里养猪一个重要目的，就是要用猪的粪、尿，才能给山增肥。是不是也能给个特例，对这样的治理区养殖家畜，政策放宽一些。

| 编辑感言 |

　　一座座寸草不生的"火焰山"，一群生长于此的普通群众。可是，山，究竟是怎么改变的？树，是怎么栽活的？长汀的旧貌换新颜引人深思。

　　十年之间，从荒山连片到花果飘香，长汀人的努力让人感佩。正是他们不信邪、不服输、不怕穷的勇气和坚守，造就了今日人与自然的和谐。山清水秀，脱贫致富，日子也越来越有奔头。但长汀的农民群众依然有亟待解决的难题困在心头，希望有关方面能够采取措施帮他们解难。山河重披绿了，可别寒了群众心。

（原载《人民日报》2011年12月10日，此稿获人民日报2011年精品奖）

**附：**

## "妈妈教我放鸭子"

——记全国"三八"红旗手、湖北沔阳县彭场公社陈惠容的谈话

刘　衡

我去访问陈惠容啦。她刚满18岁，是全国最小的妇女代表，又是全国最小的"三八"红旗手。我说："鸭姑娘，你小小的年纪，一年收入九千几，本事真大！"她对我说：

哪里，哪里！我一只巴掌拍不响，这九千多元是我们一家5个劳动力合起来挣的。我的荣誉是妈妈转让的。没有妈妈，就没有我的现在。

1979年，我初中毕业。妈妈说："现在党的政策好，不割'尾巴'，不消灭'海（鸭）陆（鸡）空（鸽）'，你跟着我养鸭吧！"我说："姑娘伢跟着鸭屁股转，人家笑话！"妈妈说："谁会笑话？我8岁就甩鸭篙子了。"我说："你那是旧社会，'饿得没法，就去放鸭！'"妈妈叹气了："咱们家，吃得多，做得少，什么时候才能不吃国家救济啊？"我见妈妈伤心了，赶紧说："妈，我跟你去，我不怕丑了！"

说是不怕丑，走到荒湖野地看见同学来了，赶紧往草堆里躲。蚂蚁咬脸不敢动。时间一长，人们都知道了，我才不躲了。

我们全家搬到离村子四里开外的湖边，搭上棚子。天天，我手拿一杆金枪，脚踏一叶扁舟，当上了"鸭司令"。早晨，披着星光去；晚上，踏着月色回。一天三餐，由姐姐送来吃。夏天热冬天冷，苦楚是不少的。

妈妈告诉我："鸭子虽小，浑身是宝，国计民生不可少。"鸭的蹼能制药，毛能做衣服、被子。这些过去我都不懂，只知鸭肉鸭蛋可以吃。

妈妈说："饿不死的鸡，撑不死的鸭。鸭子是直肠子，消化快，最贪吃了！一年365天，天天要把鸭子赶到老远吃野食，才能省下饲料。"

妈妈说："矮禾经不起鸭子拖，禾密过不了麻鸭婆。放鸭子，要做到'四不拖'。就是：禾苗没有稳蔸；田里无水；禾秆倒伏；谷子低头的时候，不能把鸭子放进稻田。还要掌握'四不踏'就是：在雨天、雪天、田泥不干、春天盛长期，不能把鸭子放进绿肥田，不然农民要生气骂人。其余的时间，农民都欢迎鸭子进田。因为鸭子进了田，能够松土壤，除野草，吃害虫，施肥料。省工，省药，不污染。"

真想不到，妈妈懂得这样多！妈妈说，养鸭要知鸭性。她还听得懂鸭子说话哩！

有一次，我把鸭子赶回家。它们又推又挤，乱吵乱叫，不肯进窝。妈妈听见了，对我说："鸭子叫：'懒姑娘，房里脏！'你有几天不锄粪了？"我回答："六天。"果然，等我把鸭窝打扫干净，鸭子就排着队，一步一摇地走进去了。

妈妈的眼睛也挺厉害，轻轻一扫，就能看出鸭子是好是坏，是公是母，是老是小，有病没病，肚子里有蛋没蛋。慢慢，我把妈妈的本事也学来了。

原来鸭子有好多地方像人。年轻的鸭子喜欢打扮，穿得五颜六色，花里胡哨；年老的鸭子灰不溜秋，老里老气。公鸭体格魁伟，毛色鲜艳；母鸭小巧玲珑，十分朴素。有蛋的鸭子像人怀了肚子，尾部拖下来，走得慢；没蛋的一身轻松走得快。有病的鸭子不想吃食不想动；没病的东咧咧、西咧咧，嘴巴不肯歇一歇。

鸭子不看表都知道钟点。到了钟点不给食，就围着我闹。有时把脖子伸得老长，怄气、装死相，动也不动一下。喂了食，就高兴了，一蹦几尺高，有的还能飞三丈远。

鸭子知道害怕，碰到陡坡，只要超过45度，不敢上，也不敢下，连忙弯路走。

鸭子还知道害臊，从来白天不在野地里下蛋，都是夜里在窝里下。它们知道人们为它辛苦一天，不愿人们捡蛋麻烦，都是一个一个地轮流下在一个固定的地方。只有极个别的"懒婆娘"才就地下散蛋。

我到北京、武汉开妇女会，一些姐姐、阿姨、奶奶都爱围着我问："你一个人在野外，不害怕吗？不寂寞吗？"我回答她们："我像鸭子一样，爱上了湖中水，石头打来也不飞！""我怎么会寂寞，害怕呢？我又不是光杆司令，我有1000多名鸭兵！我爱它们，它们也拥护我。"

（原载《人民日报》1983年12月12日，此稿获1983年全国好新闻一等奖）

**附：**

## 月光如水照新村

**本报讯**（记者范敬宜）3月3日、4日，记者夜宿康平县两家子公社秘书办公室，发现从就寝到次日早晨，没有来过一次电话，也没有一个社员来报案、告状或要钱要粮，公社干部睡得安安稳稳。

据当过六年秘书的公社干部赵富权说，前几年情况大不一样，经常刚刚睡下，电话铃又响了，不是下达播种指示，就是追生产进度。冬天只好把电话机搬到枕头旁边。随着领导作风的转变，上面这种靠电话指挥工作和搞形式主义的现象大大减少了。

一年前，两家子还是全县最穷的公社之一，一年到头，生产队干部和社员来公社要农贷、救济粮和救济款的踏破门槛，往往天不亮就有人来堵公社党委书记的被窝。现在已经看不到这种情景了。去年他们实行了包干到户责任制，全社人均收入由历年六七十元增加到一百六十五元，有的老"三靠"队达到四五百元。社员生活好转了，不但不再向国家伸手，而且"穷泡、穷靠、穷打、穷闹"造成的民事纠纷和家庭纠纷也越来越少。

4日深夜，记者步出敞开的公社大门，遥望沐浴在银白色月光下的远近村庄，显得分外安谧，不禁遐想联翩，成诗一首：

劫后灾痕何处寻？
月光如水照新村，
只因仓廪渐丰实，
夜半不闻犬吠声。

（原载《辽宁日报》1982年3月15日，《人民日报》1982年3月21日转载）

# 以命运为主线来写

一篇稿子写一整版，曾经是许多记者的梦想。从 2015 年开始，人民日报社地方部真的给记者们打造了这样一个梦想舞台——记者调查版，一篇稿可以写 7000 字。

但新的问题也随之而来。7000 字的长篇，该怎样架构、怎样谋篇？

"目中无人"，是老生常谈的报道通病。而现在不时困扰我们《记者调查》编辑的一个问题，则是"目不暇接"。

一些来稿中出现的采访对象，有时多达几十位，"你方唱罢我登场"。可惜的是，眼花缭乱过后，有印象的没几个，大都是"路人甲"式的点缀——有姓名无个性，有职务无血肉，有台词无情节，有"快闪"无惊喜。

记者调查，顾名思义，要以调查所得事实建构报道。人物作为信息源，是调查中不可或缺的能动主体，必须不遗余力、最大限度地寻找新闻事实当事人及其相关人员，以期层层逼近核心事实。

然而，用事实说话，是否就意味着要以调查过程来结构报道，让采访所涉的各色人等一一出场，以"一个都不能少"的有闻必录，展现调查进程层层剥笋、行文步步推进的逻辑力量？①

---

① 禹伟良《重主题也要重主角》，人民日报社地方部《业务研讨快讯》2015 年第 64 期。

时任记者调查版主编禹伟良曾在一篇业务研讨文章里这样吐槽。

马克思曾说过，问题和解决问题的手段同时产生。针对报道中"一个都不能少"有闻必录、看似热闹其实稀松的问题，当时人民日报社领导也明确提出改进的方向。时任社长杨振武在《把握对外传播的时代新要求》一文中指出："要改变'重主题轻主角、重体现轻展现、重论述轻叙述'的片面做法，以小事件透视大时代，以小人物折射大变化，以小故事揭示大趋势。"

20世纪60年代初期，中共中央和毛泽东主席提出从战备需要出发，根据战略位置的不同，将我国各地区分为一、二、三线。三线地区泛指全国的战略大后方，为此而展开了大规模的国防、科技、工业和交通基础设施建设，史称"三线建设"。

半个世纪过去，共和国不会忘却这段记忆。

经过精心策划与深入采访，2015年6月26日，记者调查版刊发《"816"，一个无法抹去的生命代号》，以"816"地下核工程为视角，讲述三线建设群体可歌可泣的动人故事，致敬和传承那种无私奉献的民族精神。禹伟良参加了这次报道，尝试用自己的实践来对那个困扰他的问题作出回答。

> 时隔近半个世纪来写"816"，重温三线建设这个"一代人的时代记忆"，致敬一种穿越时空的人文精神，"宏大叙事"的诱惑真不少。
>
> 代号"816"的进洞原子能反应堆及化学后处理工程，是典型的三线建设战备工程。有关其前世今生的史料、素材、报道十分丰富，其中不乏"猛料"：设计可以抵御100万吨当量氢弹空中爆炸冲击的"世界最大人工洞体"，6万多建设大军、长达17年的"肉搏战"，折合现值高达几百亿元的总投资，风云突变后停军转民的艰难曲折……
>
> 大量亲历者"尽遣上场"的宏大叙事，写起来可能轻车熟路，也正合"816"全景式大通讯的宣传期待，但读起来就难以耳目一新了：如何不炒"核机密探秘一族"早已炒了N遍的冷饭？如何面对三线建设评价仍未"脱敏"的常规认知？如何避免主题宣传中"无哲理而穷唠叨"的老毛病？"历史"如何做成新闻？

犹豫不定中，一次采访偶得让思路豁然开朗。司空见惯的座谈会，情况介绍拉拉杂杂一上午，"熬"来最后一位发言者——潘开太，一位普通退休老人。一开口，老人就想闭口不谈了："时间都12点多了，我就不说了吧。当初来'816'，我也就以为替别人顶一下就回去了。"一个"顶"字让我们心头一震，改变采访计划，登门采访老人一下午。阴差阳错上三线，献了青春献子孙，有奋斗却没"成就感"，不抱怨不认输……老人身上"816人"的典型命运、鲜明个性，让我们有一种如鲠在喉、不吐不快的写作冲动。

视角迅即改变：从"人的事件"转向"事件中的人"，从"全厂开讲"的"故事汇"转向"瞧这一家子"的"连续剧"，将"主题事件化、事件故事化、故事人物化、人物命运化"，让读者在"看别人的故事、流自己的眼泪"中体悟人生真谛、家国情怀。

切口小了，但更深了，对"充分占有事实"的要求更高了。唯有静下心来，在小山沟里的企业"封闭社会"老老实实采了5天，将细节、场景、情节一项一项打捞出来，故事才有筋有骨、有血有肉地"立"起来。通篇以潘开太老人跌宕起伏的命运作为主线，讲述社会变迁大背景下"816"人骄傲而又沉重、失落而又奋起的坎坷经历、复杂情感——"有惊天动地之举、无惊天动地之声"。①

这种不同以往的深度报道架构方式——从主打故事、主要人物入手，写深写活主题主线，受到了报社领导的肯定。社长杨振武批示："一篇感人至深的好文章，写出了人民日报的水平，值得大力提倡！"

回顾总结这次采写过程，禹伟良说：

抓"人"不是抓壮丁，"见人"并非"人多势众"，关键是见故事情节、见人物命运。有时候，同源的事实，讲述一个人的跌宕际遇，比"众

---

① 禹伟良《重主题也要重主角》，人民日报社地方部《业务研讨快讯》2015年第64期。

声喧哗"式的"呈堂证供",更能有效吸引和影响读者。①

"关键是见故事情节、见人物命运",6万多建设大军、长达17年艰苦奉献的"816"工程可以以人物命运为主线来写,那么,日常工作性报道是不是也可以借鉴呢?

早在2014年11月,时任人民日报社总编辑李宝善就在人民日报社国内分社加强自身建设培训班上明确提出,要敢于突破传统新闻写法,不拘一格写新闻,"比如,写一地的工作成效、改革经验,完全可以以一家企业或一个人的命运为主线来写,而不是仅仅把其作为一个事例"。

2017年全国"两会"上,习近平总书记在参加辽宁代表团审议时,对辽宁优化营商环境建设专门提出要求。习总书记强调,国有经济和民营经济是一枚硬币的两个面,民营经济一定会成为振兴辽宁的生力军。一个地区打造营商环境,最终目的是要聚企业聚人心:对已有企业,要留得住,服务企业做大做强;对外部企业,要有吸引力,使企业敢于进入、顺利进入。

辽宁于2016年底出台了优化营商环境条例,并将2017年定为营商环境建设年。又于2017年3月,对原企业服务局转变职能,不增一编、不加一人,成立了全国唯一的省级营商环境建设监督局,从省级层面推动各地改善和优化经济发展软环境。到2018年9月,这个局已成立一年半,取得了初步成效,全省共偿还政府欠款111.5亿元。辽宁分社给地方部编辑室发来一稿:

(主题)**辽宁营商环境建设监督局打出组合拳**
(副题)成立一年半　问责484人

地方部会商后认为,在中央全面倡导重视营商环境建设的大背景下,辽宁省在全国率先成立营商环境建设监督局这件事很有意义。一年半全省就偿还政府欠款111.5亿元,这个数据也说明辽宁在这方面的工作很有成效。但这

---

① 禹伟良《重主题也要重主角》,人民日报社地方部《业务研讨快讯》2015年第64期。

篇报道存在两个问题：一是切入的角度不够精准，监督只是手段，目的是搞好营商环境，而来稿过于突出"监督"；二是表达手法俗套，工作味太重，没有体现报社编委会讲好故事、"淡化工作味，增强新闻性"的要求。

地方部要求辽宁分社按照习总书记"一个地区打造营商环境，最终目的是要聚企业聚人心"的要求，把报道角度从单纯讲"监督"扭到营商环境建设"聚人心"上，并且，讲好故事。

讲什么样的故事明确了，发现这个故事仍需要记者下足功夫。

辽宁省营商局最初给我们提供了三个案例，第一个涉及的是沈阳本地企业之间的纠纷；另一个案例中，政府偿还企业的费用只有10余万元，解决过程相对简单。这两个案例，虽也能一定程度地反映辽宁改善营商环境的成效，却不是最有说服力的那种。

我们最终选择的是慈春兰的故事。慈春兰作为一个来自安徽的民营企业家，公司负责2013年全运会亮化工程，手续完备且通过验收，政府却迟迟不予结清600余万元的费用。外地来沈投资兴业，时间跨度超5年，企业因为迟迟收不到欠款，陷入经营困难而要退出沈阳。这样的故事，太有典型意义了，能够实现"以小见大，以点带面"的目的。

按照报社领导转变一版报道文风新要求，我们通过一个曾经绝望的企业家的故事，将辽宁省营商环境悄然改变、艰难创新自然融入其中，有新意，有细节，有矛盾，更有说服力，从而打破过去经验性报道传统模式，在可读性上进行了积极探索。①

辽宁分社采编中心主任刘洪超后来总结这篇报道的采写过程时这样说。

《辽宁出实招优化营商环境》刊出后（见附文），我将首稿与刊发稿做了一次对比，从开头到结尾，从结构到行文，完全看不出有任何的相

---

① 刘洪超《再多的技巧也不如一则好故事》，人民日报社地方部《业务研讨快讯》2019年第6期。

同之处，就连引用的数据，也是更新到了 11 月初。回头反思，这个稿件 7 月底就开始定题采写，到正式见报，6 次修改，时间跨度超过 3 个月。细细想来，过程虽然辛苦，但对我来说却是一次极好的学习提高机会。通过这次采访写作，我最大的一个感受是，再多的叙事技巧和经验介绍，也比不过一则好故事打动人心。①

多达 6 次的修改，开始是在选择角度、选择故事上斟酌，后来则是在如何讲好慈春兰的故事上反复琢磨、推敲。地方部值班编辑琼达卓嘎记录了稿件的修改过程。

辽宁稿最初是这样讲故事的：

"原打算这个纠纷结束后，我们公司就全部撤出辽宁，可没想一个电话，困扰我 5 年的诉求就给解决了。"慈春兰，安徽蓝极光照明沈阳公司总经理，2013 年全运会前夕，她与皇姑区住建局签订合同，负责全运会的亮化工程，并垫付了全部的 665 万元。工程完工后，住建局却迟迟不予付款。"我每年也就 1000 万左右的工程量，这么多钱欠着不给，公司也难以维系。"5 年来，慈春兰几乎每个月都要去住建局催款。无奈之下，2017 年她将住建局告到了法院，"虽然皇姑区法院判决企业胜诉，却因种种原因迟迟未能执行。"

走投无路的情况下，3 月份她通过新闻，拨通了辽宁省营商环境建设监督局的投诉电话。一小时后，营商局的工作人员就主动与她取得联系。1 周后，皇姑区政府就制订了还款计划，5 个月内欠款全部还清。

"这件事让我们企业看到了希望，看到了辽宁优化营商环境的决心和努力，现在我也现身说法当起宣传员，动员我身边的企业家来这里投资兴业。"而自始至终，慈春兰竟然没有与辽宁省营商局的工作人员见过一次面。

---

① 刘洪超《再多的技巧也不如一则好故事》，人民日报社地方部《业务研讨快讯》2019 年第 6 期。

琼达卓嘎说："故事很好，但起笔过缓，平平叙来不大抓人。虽然注意到了多用直接引语，但引语不够简练生动。采编之间打电话、发短信频频互动，合力修改。"

见报稿故事变成这样：

> 一个电话，慈春兰要回了拖欠5年的工程款。"现在本金还清了，前天我们刚签了利息偿还协议。"11月1日，慈春兰告诉记者。
>
> 2013年全运会前夕，慈春兰任总经理的照明公司与辽宁省沈阳市皇姑区城市建设管理局签订合同，负责全运会亮化工程，垫付了665万元工程款。谁知项目完工后，城建局却迟迟不付款。
>
> "公司一年工程款也就1000万元左右，这么多钱欠着不给，不是逼我们关门嘛。"5年来，慈春兰几乎每个月都要去催一回款。
>
> "那时想，这件事一了，我就撤出辽宁。"慈春兰说。
>
> 今年4月，慈春兰看新闻得知，辽宁正在开展清偿政府工程款专项行动。"死马当活马医。"她拨通了省营商环境建设监督局公布的投诉电话。1小时后，该局工作人员就主动联系了她。1周后，皇姑区政府制订还款计划。

琼达卓嘎比较此稿修改前后说：

我们可以看出，一个吸引人的故事大约需要具备以下要素：

第一，要有一个"抓人的开头"，如果能有一点悬念更好。见报稿"一个电话，慈春兰要回了拖欠5年的工程款"，短短一句，直抵故事核心，引人入胜。

第二，突出"新闻性"。国务院总理李克强11月9日主持召开国务院常务会议，清理解决政府部门和国有大企业拖欠民营企业账款问题，是会议做出的一大部署，明确凡有此类问题的都要建台账，对欠款"限时清零"。见报稿突出了发生在"11月1日"这个时间点，故事便显得"应时而生"。因为无法确定稿子何时能刊出，编辑与记者已达成共识，紧盯事件进展，确保见报时是最新情况、最新数据。

第三，直接引语口语化。使用直接引语，多让新闻中的人物说话，是新闻写作中十分重要的技巧，可以增强新闻的真实感和现场感。原稿直接引语用得挺多，但不够口语化，读来不那么自然。比如，"原打算这个纠纷结束后，我们公司就全部撤出辽宁"，后改为"那时想，这件事一了，我就撤出辽宁"；"这么多钱欠着不给，公司也难以维系"，改为"不是逼我们关门嘛"。修改后更口语化，更贴近生活。

最后，形式上注重美感。句子长短错落，结构首尾呼应，读起来比较轻松。原稿开头部分讲了慈春兰的故事后，就转为工作性报道。见报稿则将原来的第三段，挪到了文章的结尾："'你相信吗，营商局帮我要回这么大笔钱，可我连营商局干部的面都没见过。'慈春兰说，这件事让她看到了辽宁真正改善营商环境的决心，'我决定留下来，还要现身说法，动员我认识的企业家来这里投资兴业。'"这样的修改，不仅在形式上形成闭环，也让结尾多了些许余味。①

见报稿将原来的第三段挪到文章结尾，既是"形式上形成闭环，让结尾多了些许余味"，也是内容上的需要，这样，这篇工作经验性报道，也就真正体现了李宝善社长此前提出的"以一家企业或一个人的命运为主线来写"的要求。

---

① 琼达卓嘎《紧扣热点讲好有说服力的故事》，人民日报社地方部《业务研讨快讯》2018 年第 93 期。

附:

# "816",一个无法抹去的生命代号

阎晓明　牛一兵　王斌来　禹伟良　崔　佳

"816"是个工厂,位于滚滚乌江流经重庆市涪陵区的小镇白涛;

"816"是项工程,在乌江之畔的金子山内,"挖"出了一个"世界最大人工洞体":其最大洞室,高79.6米,相当于20多层楼,深入乌江江底30余米。

这个代号"816"的进洞原子能反应堆及化学后处理工程,有惊天动地之举,无惊天动地之声,当年为绝密核工程。

时隔近半个世纪来写"816",它既是一个历史名词,也是一种民族精神,一段共和国记忆,更是几代人的青春。

这个历史名词叫作"三线建设";

这种民族精神叫作"无私奉献";

这段共和国的记忆叫作"备战备荒";

而几代人的青春记忆汇成一句话,就是——"当祖国需要的时候!"

非必要,潘开太不下楼,下楼就会习惯性地伫立东望。

东有乌江,江水澄碧,逶迤北去;沿岸峰峦叠翠,蜿蜒起伏……坚守武陵山深处46年了,这山这水还没看够?

岁月早已将这位79岁老人的心境擦得淡泊恬然,一切随遇而安——

从繁华京城辗转到偏远山沟,落差再大,他也只是淡淡的3个字:"没什么。"以前陌生的土地,已然成为老人一家三代8口人的故乡。

能走进这片深山,他却无法走出那个山洞。

洞子就在 10 多公里外的江东,藏在那个其貌不扬的"馒头山"(学名"金子山")中。老人视线的焦点,也是唯一能望见的标志——一根高出山顶 150 米的排风烟囱。

烟囱从未冒烟,往事也并不如烟。

走进洞子,洞中有楼,楼中有洞。这个掏空了整座"馒头山"的人工奇迹,便是典型的三线建设战备工程——"816"地下核工程。豪情、激情、血水、汗水,"潘开太们"付出了太多太多。

青春无悔却有泪。当国内外形势发生巨变,国家经济发展战略调整,"816"工程停建。梦断核化工,"潘开太们"一度感觉"时间都是灰的"。

搞核工业的"屈尊"卖化肥,曾经的中央直属企业"下嫁"地方……直面理想与现实的落差,"816"没有认输,"铸剑为犁",艰难坚毅转身。

如今,洞体撩开神秘面纱,变身旅游景点;"816"厂改名重庆建峰集团,"解甲归田"的"潘开太们"也迎来第二代、第三代,甚至第四代。然而,无论是坚守还是离去,"816",已成为他们无法抹去的生命代号,也成为共和国永远铭记的历史足迹。

"顶"出来的"好马"——
**说走就走的人生旅行**

潘开太百看不厌的,还有图纸。

虽说退休了,但还得"重操旧业"。"人家把工程图纸都送到家里来了,请你帮忙,你还能说不看?"

干了一辈子,连个业余爱好都没有,不遗憾吗?潘开太无所谓,被需要、被信任,才是他最大的快乐。

1936 年出生在湖南汨罗,1957 年考入湖南大学土木系,1962 年分配到化工部下属设计研究单位,1964 年调入核工业系统,先挺进大西北戈壁滩,后扎根大西南深山沟——人生的拐点,每每来得突然,但每次潘开太都很释然。

"1964年选调去核工业系统的某厂时，起初确定的24个人中本来没有我，但其中一人的专业不对口，组织让我去顶一下。"未曾想，这一"顶"，就从首都"顶"到了茫茫戈壁。

"1969年来'816'厂，也是临时接到通知，说选调工程技术人员还差一个人，又让我去顶一下，第二天就要走。"潘开太行李都来不及收拾，拎个手提包就上路了。孰料，这一"顶"，就扎根了，从风华正茂"顶"到了两鬓染霜。

"说走就走的旅行"，对现代都市人来说，是时尚和洒脱；对潘开太那代三线人而言，则是使命与担当。

1966年，也就是三线建设全面拉开帷幕的第二年，中央批准修建我国第二个核原料工业基地，代号"816"。号令一出，从全国各地选调的工程技术人员来了，工程兵部队来了……一时间，数万人云集乌江畔，靠山近水扎大营。

"三线建设要大干快上，我们又是搞核工业的，派到哪儿去就4个字：工作需要。不讲条件，也没想过讲条件。"

"816"的第一代人常说，当时四川涪陵白涛镇有两个特点：一是"一穷二白"，说这里经济落后，交通不便；二是"一清二北"，说这里的工程技术人员很多来自清华、北大等名牌大学。

"顶"到了"816"，潘开太内心的感受，最多的还是荣耀——那个特殊年代，自己"有海外亲戚关系"的背景，还能"好人好马上三线"、参加国家绝密的核事业，施展一腔报国热忱，这是何等的信任与幸运！

没有抱怨，就来了；没有"知识分子过田园生活"的浪漫，就如火如荼地开始了；没有什么惊天动地的誓言，就默默扎根了……

"守"出来的神秘——

**地图上消失的山沟**

从涪陵下高速，乌江蜿蜒路旁，一路山水，入诗成画。重庆主城至白涛，两小时左右的车程，印象最深的是"乌江画廊"之美。

第一次白涛之行，潘开太记忆犹新，是跋涉之苦。从重庆乘轮船，顺长江东下，到涪陵港转船，再取道乌江逆流而上，算上等候时间，辗转两天。

曾经的偏僻、闭塞，是白涛"硬币的另一面"。

"靠山、分散、隐蔽"，是三线建设项目选址的重要标准。白涛毗邻乌江、背靠武陵山，山高林密，地质稳定，是选址专家眼中的"黄金宝地"。

踏破铁鞋，几经比对，"816"定址白涛。白涛地名从中国地图上一度消失。

建厂伊始，"816"生产区遍插"军事禁区，严禁入内"的牌子。职工进厂第一课，便是保密课。对外称"国营建新化工机械厂"。对外通信，地址只能写"重庆市4513信箱"，一直沿用至今。

保密要求近乎"苛刻"。当时，工程建设者的家人不知道亲人到底在什么地方、干什么工作。一看地址，还以为是在大城市。数年后，当他们追随建设者的脚步，来到白涛安家时，才知道这些"住在"信箱里的人，竟"窝"在距重庆主城近200公里的山沟里！

那时，潘开太也纠结于如何讲好对熟人的善意"谎言"。有次出差，火车上碰到一位老同学，就糊弄说自己搞矿山器材销售，没想到对方说他们厂正要购买这种器材，非要来潘开太的厂里看看，他无奈只好找个借口提前下车。

"816"洞体附近的住户都迁走了。即便工程参建人员，也不准串岗，不准互相打听。湖南的兄弟俩，都是工程兵，都在"816"军工洞体中开挖作业，就是互不知道，三四年没见，直到一天在白涛街头意外碰面，相拥而泣。

2002年，洞体解密，退伍几十年的老兵，才知道当年自己为之流血流汗的是什么工程。

时至今日，"816"的信息，"百度"一下，多如牛毛。但很多"816"人潜意识里还是"不该问的不问，不该说的不说"。

有这样一个故事：几年前，一位80多岁的"816"老人，病得连认人都困难，一听记者要采访工程建设情况，老人神志突然清醒："这是党和国家的机密。我无权告诉你。我没有接到通知。"

"凿"出来的壮烈——
## "五块石头夹一块肉"

麦子坪,名为"村",实为"816"的生活区。半山坡上,一幢幢居民楼,排排叠叠绕山转。

潘开太的家,就在其中一幢普通居民楼的6层。120平方米的房子,朴素整洁。"楼层高了点,上来一趟,中间得歇歇。"老人呵呵一笑,美中不足的是凭窗难望"馒头山"。

麦子坪的"村容村貌",很长一段时间比白涛镇繁华得多,"除了火葬场,什么都有"。初夏的夜晚,凉风习习。散步的老人、嬉戏的孩童、打球的小伙、打山泉水的妇女,说着天南地北口音的普通话,在这片与周边农村环境迥异的"飞地"里怡然自乐。

抚今追昔,潘开太等老一辈"816"人感慨万千。

工程一上马,人员潮水般涌进偏僻小镇,睡觉都是问题。最困难时,一顶帐篷挤进100多人。潘开太一度住在席棚里,下雨就漏,睡觉时被子上得盖塑料布,床头还要支把伞。

一边是洞体开挖,一边是公用工程建设,乌江两岸,会战一个接一个。"白天提笔,晚上扛锹",是那段激情燃烧的岁月里,知识分子们的集体记忆。

潘开太既干"白领",在工程指挥部干设计管理的老本行,也干"蓝领",捡过石头,糊过水泥,什么都干,自称"民工队长""干打垒专家"。

最不能叫人忘怀的,是工程兵54师数万官兵掘洞的壮烈。没有先进设备,全靠工兵镐、工兵铲、炸药、风钻,凿开坚硬的岩石层。人歇机器不歇,24小时昼夜施工。

施工艰苦卓绝,超乎潘开太的想象,"战士们在作业面上掘进时,除身后以外,上下左右以及前方五个方向都是坚硬的岩石,可谓'五块石头夹一块肉'。"

有人测算,如果将开挖出来的石渣筑成一米见方的石墙,长达1500公里。

今天,如果不走进这个通道连廊交错纵横的迷宫,零距离感受这个"世界最大人工洞体"的震撼,很难体察这个工程凝聚了一代人怎样的经历、沉淀了一代人怎样的情感。

每当听到别人的不以为然——"就是个空洞子",潘开太心里就不是滋味:"它是座地下城啊,熔铸了前前后后6万创业者的忠诚与心血!"

时光如橡皮擦拭着一切,但也总有擦拭不去的东西。一位游客写道:"谁说,开拓者挖洞时,用的不是壮志、不是豪情、不是奉献?谁说,艰难仅一纸之薄?谁说,凿空了的山体是虚幻之境?"

离洞口约3公里,一个叫"一碗水"的地方,有座烈士陵园。纪念碑上镌刻着掘洞和军工建设过程中牺牲的53名烈士与病逝的18名战士,平均年龄只有21岁。有的墓碑只有姓名,没有入伍原籍地记载;有的信息全无,仅写着"烈士之墓"。

来自甘肃的刘世德于1968年牺牲后就长眠于此。由于涉密,其弟刘兴哥只知哥哥牺牲时在重庆,具体的掩埋地点不详。在有生之年到哥哥的坟前祭奠,一直是刘兴哥的心愿。

漫漫寻亲路,几多艰难。也许是上天眷顾,2011年5月,刘兴哥阑尾炎发作住院,与同病房的病友闲聊时得知,他亲手掩埋了哥哥刘世德的尸骨!

60岁的老人刘兴哥带着刘世德烈士的儿子,立即坐上了甘肃驶往重庆的火车,按图索骥,43年后终于来到哥哥墓前,一跪泪双流……

英雄默默埋骨异乡,将他们对"奉献牺牲"的诠释,留驻大山深处,长存人们心中。

一位名叫周德全的老人,在这里坚持守陵40年,于2014年去世,留下遗愿,埋在烈士陵园的围墙外,继续陪护这些鲜为人知的英烈们。周家后人,又开始接力守陵。

如今,"一碗水"烈士陵园已被列为重庆市级文物保护单位。每到清明,建峰集团领导都会来到这里敬献花圈;每个月,团员青年都会轮流来此祭扫;每个新员工,入职培训必有一课:参观洞体、瞻仰烈士陵园,重走创业路。

拼出来的刻骨铭心——

"'蘑菇云'里种蘑菇"

"你从哪里来？"

"建峰集团。"

一脸疑惑，摇头。

"'816'，知道吗？"

"那个与造原子弹有关的企业？"两眼兴奋，放光……

"阔别"4年，90后潘丽辉又回到麦子坪，回到建峰。抉择并不艰难，因为，她血脉中流淌着"816"的血，忘不了儿时外人"膜拜""816"的神圣感与自己的自豪感。

她是潘开太的孙女，2013年大学毕业后，又成为像爷爷奶奶、爸爸妈妈、叔叔婶婶那样的建峰人。

停"军"转"民"31年了，"816"人的核工业"胎记"仍然依稀可辨。

潘开太的两个儿子，一个叫红雷，另一个叫伟雷，1972年随母亲从湖南湘潭迁入麦子坪，自此就在这里上学、工作、结婚、生子，再未离开，属典型的"816"二代。两人名字都是父亲起的，一个源于1964年我国第一颗原子弹爆炸成功，一个源于1966年我国第一颗装有核弹头的地地导弹飞行爆炸成功。

麦子坪有座凉亭，名为"志同台"，上有一副对联："丰功伟业追忆蘑菇云彩，振奋精神展望锦绣前程"。"816"人说，漫步麦子坪，一个擦身而过的普通老头，就可能与我国第一颗原子弹爆炸现场腾起的蘑菇云，有着千丝万缕的联系。1985年，核工业部为"长期从事核工业建设做出贡献"的人颁发荣誉证书，"816"厂有1000多人获此殊荣。

"馒头山"的胸腔里，核反应堆的支架部分和空间堆芯模样如今依然保存完整，只是2001根核反应工艺管（俗称燃料棒）早已被取走。潘开太说，"816"军工洞体不仅可以生产核原料，还可以抵御100万吨当量氢弹空中爆炸的冲击或8级地震破坏。

时势巨变，这个反应堆从未开堆生产。1984年，中央根据国家战略需要，正式决定"816"工程停建。虽然两年前工程就已被确定缓建，但厂里开会宣布停建消息时，会场里还是有不少人失声痛哭。"我当时的感受有两个：一是难受，二要服从。"潘开太说，想得最多的还是今后厂子怎么办。

"情景可以用悲壮来形容，大家陷入了前所未有的困惑。"建峰集团原党委宣传部部长冯川勇说，上级拨给的1900万元经费，给全厂几千人发工资根本支撑不了多久。

而思想上的痛苦蜕变，更是"816"人必须直面的挑战。冯川勇1976年从邻近的武隆县招工入"816"厂，不知引来多少羡慕的目光。"央企、军工企业嘛，光环多，大家挤破脑袋想进来。"

耀眼的光环突然黯淡了，生存的严峻考验迫在眉睫，一时人心惶惶。

"816"厂原副厂长张晓东回忆，那段时间，从早到晚都忙于接待要求调离的职工，上班有人陪伴，吃饭有人跟到家里，甚至磕头的都有。

"816"何去何从？出路只有3条。

"等"，是坐以待毙。"散"，是不负责任。"干！"，从绝境中杀出一条血路。

潘开太也接到重庆、湖南等各方面的邀约，但他选择留下，就因为当时刚上任的厂党委书记徐光的一句话："现在是最艰难的时候，希望你别走，咱们一起把困难扛过去！"讲到这里，老人开起了玩笑："我到厂里的第一天就遇到徐光，他热情地帮我安排了住处，彻夜长谈，还请我吃了8分钱一碗的面，或许就是因为15年前欠他这一碗面吧！"

尽管那一两年走了不少人，但"816"厂大部分骨干保留了下来，队伍没有散。潘开太认为，这除了得益于军工企业政治思想工作的力量外，还归功于厂领导人格力量的感召。"当时厂领导多数都是高级知识分子，完全可以调到大城市更好的岗位，但他们都没走，这就是最好的'定心丸'。"

停"军"转"民"，谈何容易？核工业专业性强，加上地处深山，交通不便，信息不灵，无资金、无经验，困难重重。

但"816"人义无反顾，开始二次创业。开荒山、栽茶树、糊纸扇、养蚯蚓、种蘑菇、打铁钉、烤面包……只有想不到的，没有做不到的，尝尽了市场摔打的酸甜苦辣，很多人至今仍刻骨铭心。

"816"退休员工孙竹军，当年和几名职工买来菌种、稻草和锯末，在侧洞种蘑菇，每天拉着平板车，在厂区叫卖。虽只种了一年，但记了一辈子："平时出去吃饭，总喜欢点份蘑菇……"

有人戏谑"816"人："'蘑菇云'里种蘑菇。"但面对"816"人的韧劲——十年磨一剑，终成核工业系统成功军转民的一面旗帜，说过风凉话的人也不禁肃然起敬。

豁出来的铸剑为犁——
**"不救活'816'死不瞑目"**

徐光去世5年来，潘开太一直想写篇纪念文章，但都未果，"每次提笔都控制不住感情。"

"不救活'816'，死不瞑目！"停"军"转"民"最困难的时候，年近花甲的徐光拍着桌子砸出的那句铮铮誓言，激励了多少困境中迷惘的"816"人。时至今日，每每想起，潘开太依然心绪难平。

铸剑为犁的转身，"816"人每一步都走得艰难。刚开始，全厂以各分厂、部门为单位，"能干什么干什么"，各自为战，转产自救。从电视共用天线到摩托车消声器，5年开发了16个项目19种产品，基本都是"短平快"，小打小闹，自己养活自己。

转型里程碑式的转机出现在1993年，"大化肥"梦想成真，才立起了支柱性产业，挺直了脊梁，奠定了今天"打造百亿建峰，塑造百年建峰"的基础。

路是脚踏出来的，历史是人写出来的，然而，从核化工一步跨到大化肥，以徐光为代表的"816"人，踏遍千山万水，历尽千辛万苦。

竞标激烈。徐光带领大家精心编制可行性研究报告，堆积如山的论证资料，可以用小卡车来装；最后报送的6册资料摞起来有一尺多高、13公斤重。

工期紧张。所有参建人员及总厂有关领导吃住在现场，大年初一也不休息；不少青年职工主动推迟婚期、生育，退休职工随叫随到……

5年争取项目、4年工程建设,在徐光卸任党委书记4年后,1993年10月14日,凝聚着"816"人全部希望的大化肥装置终于试车成功!当晶莹洁白的尿素颗粒从高高的造粒塔顶飘洒而下,多少人激动得热泪盈眶。

徐光退下来后,有次生病在北京住院,潘开太去看望,临走时徐光面有难色地说:"我身上的钱不多了,这张300元的医药费发票麻烦你带回去,如果可能的话尽快帮我报了。"潘开太也没多想,接过来道了别就走,"到了电梯里我才反应过来,眼泪忍不住就流下来。"

敢于开拓、甘于奉献,"816"人蹚过二次创业的冰河封冻期。

企业的名字,从"中国核工业总公司816厂"到"中国核工业建峰化工总厂",再到"重庆建峰工业集团有限公司",军工的色彩逐渐褪去,历史渊源日渐模糊。身为"816"二代,潘伟雷表示,大家情感难舍,但大局上必须自觉服从与主动适应。

从与重庆化医(控股)集团重组整合,到借壳"民丰农化"上市;从公安分局、中小学移交地方管理,到辅业改制,近年来建峰集团改革调整从未停歇,努力冲出传统军工企业观念的"深山"和体制的"峡谷"。

但阵痛难免。作为集团的总经理助理兼人力资源部部长,潘伟雷坦言,随着企业改革深入,承受着分流转岗与稳定骨干开发人才的双重压力。

如今,建峰再次站到了改革调整的风口浪尖。受天然气持续涨价和尿素价格大幅下降的双重挤压,建峰面临严峻的生存和发展压力:去年出现自1998年以来连续15年盈利后的首次亏损。

但生于忧患的建峰人,没有乱。

作为在二次转民创业的磨砺中成长起来的年轻一代,建峰集团董事长何平说:"不管顺境逆境,我们从不畏惧任何困难;无论千辛万苦,我们从不缺乏勇气和决心。"

建峰人将今年定为"拼搏突围年"。

"有一种创业的感觉。"80后冯俊去年加盟建峰集团瑞康旅游开发有限公司,担任市场开发部经理,正忙着"816"核军工洞体的旅游开发策划、规划。

冯俊是冯川勇的儿子,典型的"816"第三代。外出读书和当兵之后,冯俊也可以选择"飞出"麦子坪，但他还是回到了建峰，"根还是在这里。"

冯俊透露，集团规划把这个被专家誉为"绝世的和氏璧"的洞体，打造成为核科普中心、爱国主义教育基地及互动体验中心。"外公他们当年是建设这个洞，后来父亲他们是要保住这个洞，现在，我们是要开发这个洞！"

（原载《人民日报》2015年6月26日，此稿获人民日报2015年精品奖）

## 附（原稿）：

成立一年半　问责 484 人

# 辽宁营商环境建设监督局打出组合拳

盘锦房产交易中心双台子分中心乱收费，分中心主任受党内警告处分；阜新务欢池镇一位副镇长强制企业购买指定商品，被留党察看一年……日前，辽宁省营商环境建设监督局公开曝光 13 起破坏营商环境典型案例。

2017 年 3 月，不增一编、不进一人，通过对原企业服务局转变职能，辽宁省营商环境建设监督局应运而生。当年，营商局就对 628 个营商环境案例启动问责机制，党纪政纪处理 306 人。今年以来，该局又公开曝光 31 个典型案例，内部通报 112 个案例，178 名责任人被问责。

成立一年半，问责 484 人。醒目的数字背后，是辽宁营商局打出有力组合拳：开展日常监督和专项整治，解决当下问题；进行一系列体制机制改革，解决长效问题。

受理投诉，明察暗访，日常监督不放松。

"我就打了个电话，没想到工作人员真挨处分了。"今年年初，朝阳县王先生到县公安局出入境业务窗口补办护照，工作人员却无故早退，拒办业务。王先生愤而拨通辽宁省营商局投诉电话。营商局立即启动调查问责程序，这名工作人员被通报批评，调离原岗位。

2017 年 6 月，辽宁省营商局公布了投诉电话、邮箱和投诉地址，随时受理公众投诉。"我们接到投诉后，会按相关程序分级负责，通过约见双方当事人或现场走访等方式，对投诉案件调查核实，并规定 7 日内必须给予答复。"省营商局负责人介绍，至今共受理投诉案件 876 件，办结 501 件。

2016 年 12 月，辽宁颁布了东北首部省级优化营商环境条例，条例执行情况如何？自去年6月开始，省营商局对全省14个市和所有省（中）直部门，逐个开展专项检查。对受理投诉、明察暗访中梳理出来的共性问题，集中开展专项整治。

干部办事"推绕拖"，利用职权之便"吃拿卡要"，企业和群众对此深恶痛绝。今年3月以来，辽宁营商局深入开展"纠四风"和"办事难"专项整治行动，先后两次公开曝光干部不作为、收取好处费等反面典型案例。"第一时间问责、第一时间曝光，虽然丢了面子，但有利于倒逼职能部门履职尽责，提升公共服务水平，有利于知耻后勇，推进干部作风的真正改变。"辽阳市委常委、副市长何亚琼认为。

欠账不还、承诺不兑现等政府失信行为，严重影响政府公信力。今年3月，辽宁营商局制定《关于推进整治政府失信行为的工作方案》，对政府供地、招商履约等问题进行整治，并按"一事一策"原则研究解决方案。截至目前，全省共偿还政府欠款111.5亿元。此外，辽宁省还抽查了2298个招商项目，对142个未履约项目进行跟踪督导，避免出现"新账"。

梳理共性，举一反三，改革机制立长效。

辽宁针对发现的典型问题，举一反三，进行一系列体制机制改革。如今在辽宁，全省720个无休窗口实现节假日开放2/3；省政务服务中心审批用时比法定时限平均压缩一半；驾驶证等9项证件实现即办即给……"下一阶段，我省将强化改革的整体性、系统性和集成性。"省营商局负责人介绍。

建立科学评价体系是改善营商环境的抓手和杠杆。今年5月，辽宁营商局制定了《营商环境评价工作实施方案（试行）》，按照客观公正、简便易行原则，设立考核指标、数据采集和评分办法，10月中旬起即在全省开展试评价工作。

久久为功，辽宁营商环境持续改善，也激发了人们在辽宁投资创业的热情。今年上半年，辽宁全省新登记各类市场主体32.1万户，同比增长8.8%；全省完成固定资产投资同比增长12.1%，其中民间投资增长13.5%，外商及港澳台商投资增长44.9%。

## 附（见报稿）：

前 10 个月全省新登记各类市场主体近 54 万户

# 辽宁出实招优化营商环境

王金海　刘洪超

一个电话，慈春兰要回了拖欠 5 年的工程款。"现在本金还清了，前天我们刚签了利息偿还协议。"11 月 1 日，慈春兰告诉记者。

2013 年全运会前夕，慈春兰任总经理的照明公司与辽宁省沈阳市皇姑区城市建设管理局签订合同，负责全运会亮化工程，垫付了 665 万元工程款。谁知项目完工后，城建局却迟迟不付款。

"公司一年工程款也就 1000 万元左右，这么多钱欠着不给，不是逼我们关门嘛。"5 年来，慈春兰几乎每个月都要去催一回款。

"那时想，这件事一了，我就撤出辽宁。"慈春兰说。

今年 4 月，慈春兰看新闻得知，辽宁正在开展清偿政府工程款专项行动。"死马当活马医。"她拨通了省营商环境建设监督局公布的投诉电话。1 小时后，该局工作人员就主动联系了她。1 周后，皇姑区政府制订还款计划。

从今年 1 月起，辽宁严厉整治政府失信行为，对政府拖欠工程款、未及时供地等"旧账"全面摸底调查，并按"一事一策"制订整改计划。为避免出现"新账"，省政府要求各地对 30% 以上新引进项目进行抽查。截至目前，全省共偿还政府欠款 111.5 亿元，抽查项目 2298 个，对发现的 142 个未履约项目持续跟踪督导。

事实上，这只是辽宁近年来出重拳、下猛药，痛下决心改善营商环境的系列举措之一。2016 年 12 月，辽宁颁布东北首部规范营商环境建设的省级地方法规——《辽宁省优化营商环境条例》，完成顶层设计。

2017年3月，不增一编、不加一人，通过对原企业服务局转变职能，辽宁省成立全国首家省级营商环境建设监督局。接受投诉、暗访调查、公开曝光、问责处理，成为这个局的"四大利器"。今年以来，已公开曝光39个反面案例，对178名责任人问责处理。

辽宁省今年以来还明确提出打造发展环境最优省目标。对标最优，聚焦"痛点"，开展纠"四风"和"办事难"专项整治；攻克"卡点"，建设营商环境"一套标准、一个流程、一个窗口、一张网、一批项目"的"五个一"工程；疏通"堵点"，建立健全通报、约谈、督办等长效机制；瞄准"关键点"，设立营商环境评价体系。

辽宁还施行一系列利企便民举措，如公布统一的行政审批中介服务事项清单，取消调整253项涉及企业群众办事创业的证明，推行双休日无休窗口……

营商环境的逐步好转，使辽宁的投资吸引力也不断增强：今年前三季度，全省固定资产投资同比增长4.8%，实际利用外资同比增长10.9%；前10个月全省新登记各类市场主体近54万户，同比增长4.9%。

"你相信吗，营商局帮我要回这么大笔钱，可我连营商局干部的面都没见过。"慈春兰说，这件事让她看到了辽宁真正改善营商环境的决心，"我决定留下来，还要现身说法，动员我认识的企业家来这里投资兴业。"

（原载《人民日报》2018年11月9日，此稿获人民日报2018年11、12月好新闻一等奖）

# 把故事点当作一条线

"河南扛稳粮食安全重任",如果给你这么个题目写篇消息,你会怎样架构报道呢?

哦,当然首先得讲个故事,得从一个小一点、生动一点的场景切入。

不错。这几年人民日报社编委会一再要求注意讲故事,这个理念已深入人心。可是讲完了开头的故事,接下来怎么叙述呢?

反映河南一项全省性的工作,自然要从全省层面上,对这项工作的做法和成功经验做提炼概括。你或许这么想。

《河南扛稳粮食安全重任》,是 2019 年 7 月 2 日《人民日报》一版刊出的一篇消息(见附文)。

报道从延津县农民耿传华麦收时节忙抢收的场景入笔:

喜悦、兴奋,又有点紧张,忙活了一季的河南延津县农民耿传华,听说第二天有雨,一路小跑赶到地头找收割机手,只盼快点抢收。

麦收时节,田野一片金黄。麦浪翻滚,收割机在大田撒欢。今年,延津种下 100 万亩小麦,有 65 万亩是高标准良田。收割机开进耿传华的地里,不过半小时,5 亩多麦子便已收完。打开出仓口,"麦瀑"倾泻而下。"种子好、技术好,保底一亩 1200 斤!"耿传华抓一把麦子捧手心,长出一口气。

"喜悦、兴奋,又有点紧张",短词短句起笔,似给报道节奏定下一个调性,长短错落的句式,贴切地表达出忙活了一季的农民丰收的喜悦和激动。这个开头很生动,见人见事见氛围见心情。

接下来,延津县农民耿传华虽然在文里离开了,但报道一直不离延津县,就延津县在选种、种植技术支持、种植规模化建设、保收和加工等方面的各项举措,一一做故事化讲述。

比如保收。

在延津榆林乡一个小麦收购点,拖拉机、四轮车,一辆挨一辆,等待验质、过磅。"这里专收有机麦,供茅台酒厂酿酒。全县2.1万亩有机麦,每年为酒厂提供原料1万多吨。"县高级农艺师李生堂说。

比如加工。

距麦田不远,是延津县产业集聚区,聚集鲁花、克明等数十家企业,生产挂面、蛋糕、沙琪玛等各类产品,年加工能力200万吨小麦。在克明面业厂区,重型卡车缓缓开进卸货仓,小麦从仓库出发,传送到磨面车间、加工车间,变成一袋袋挂面、乌冬面、儿童面等几百个品种,畅销世界。

全篇报道9个段落,前面7个段落不枝不蔓,说的全是延津县"藏粮于地,藏粮于技;种专用粮,种放心粮"的事,而这也正是河南如何扛稳粮食安全重任的工作思路。直到最后两段,笔墨才转入介绍河南省粮食工作全貌——

扛稳粮食安全重任。河南持续推进国家粮食生产核心区建设,建设6163万亩高标准农田。种植1200多万亩优质专用小麦,订单率90%以上,平均每亩增收100多元。食品加工业向高端化、绿色化、智能化发展,跻身超万亿元产业,助力河南"大粮仓"变"大厨房""大餐桌"。

"收麦如救火,龙口把粮夺。""三夏"期间,河南投入410多万台农机,全省8600万亩小麦已经收完,又是一个丰收年!

数据翔实、扎实,点和面契合,严丝合缝。

时任人民日报社社长李宝善对分社记者在讲故事方面的努力多有肯定,但也曾这样一针见血地指出:"我平日看稿,一个突出的感受是很多稿子开头套路化、程式化。我们提倡讲故事,很多稿子开头就来一段'故事',其实根本算不上故事,没什么情节,只是给文章戴了个'故事帽'。"显然,《河南扛稳粮食安全重任》这篇消息不是只在开头戴个"故事帽",而是打破了以往的套路和程式,讲故事的理念贯穿了全篇。

这是一篇用讲故事手法采写的好报道。

"稿子写得好!慈春兰的故事有说服力。"李社长曾对2018年11月9日刊出的一版头条《辽宁出实招优化营商环境》(见本书第244页)热情肯定。这也是一篇反映辽宁全省性工作的报道,慈春兰的故事不仅是个"帽",而且成为报道的主体,篇幅占一半之多。且故事讲得更活,起于慈春兰,也结于慈春兰。

在《环球时报》上看到有篇外媒报道,曾令我颇生感慨。这篇题为《巨型起重机显示贸易战接下来可能造成多大破坏》的报道,如果让我们来写,巨型起重机无非做个由头,最多只是一个好看一点的"故事帽"。因为是篇经济形势分析性报道,往下继续时,故事化讲述很可能就丢一边了。

进口了两台中国造巨型起重机的事发生在美国弗吉尼亚港。和《河南扛稳粮食安全重任》一稿的架构相似,报道开头就讲故事,从弗吉尼亚港的起重机操作员鲍比·拉斯科入笔:

起重机离地约15层楼,鲍比·拉斯科在操作室里俯瞰弗吉尼亚的伊丽莎白河和东海岸第三大港。这些高耸的起重机是中国制造,只有它们才能在跨度和高度上达到条件,应对这些巨大的远洋货轮。拉斯科坐在装有空调的操作室里,熟练地操控下方6吨重的钢抓斗,从货船上卸下2

万多个集装箱,"就像起重机中的凯迪拉克。非常平稳。"

随着报道展开,鲍比·拉斯科虽然不再提到,但弗吉尼亚港几乎在后面每个段落里都会出现:

> 弗吉尼亚港首席运营官约翰·莱因哈特上月订购了两台中国造起重机。
> 莱因哈特说,事实证明,(购买中国巨型起重机)这类投资是值得的。
> 莱因哈特说若美国关税把中国起重机的成本提高25%,他可能不得不设法在别处省钱。
> 在巨型中国起重机上方的机房,莱因哈特指出哪些设备是美国公司造的……这些美国公司可能会受连带损害。

莱因哈特是弗吉尼亚港首席运营官,其身影一直在报道中闪现,直到报道结尾。作为一篇经济形势分析报道,莱因哈特毕竟面对的只是个弗吉尼亚港,所以有些宏观、深入的分析还须记者综合其他采访和思考,比如:

> 美国至少有12个港口如巴尔的摩、新奥尔良、西雅图、劳德代尔堡等,都要面临数百万美元关税。这些港口订购了20多台此类中国制造的吊车。
> 确保港口竞争力不仅对弗吉尼亚经济重要,对美国经济也很重要。抵达这些码头的货物逾1/3通过铁路运往内陆诸州如俄亥俄州、伊利诺伊州、肯塔基州和密苏里州。美国军方也通过港口运送食物、服装和配件。

但通篇报道不离弗吉尼亚港,让莱因哈特始终活跃在报道中,穿针引线,融通上下,也就大大增强了报道的可读性。

何为讲故事?于新闻报道而言,自然不是说像文学作品那样故事环环相扣、情节一波三折,而更多强调那种态度:力争有一个主旨鲜明的主体,少一点随便出入的"路人";多一点主要情节的完整,少一点"例子举了三个"的碎片。一句话，千方百计增强报道的可读性——报道事件化，事件人物化，人物命运化。

至于到底怎么个"化"法，无拘于形，只求传神。

《河南扛稳粮食安全重任》一稿刊出后，记者马跃峰写了一篇业务研讨：

"就是它！"当我从郑州出发，来到延津县的田边，看麦浪翻滚、起起伏伏，不由激动地喊出这三个字。的确，寻找一个市县典型，能代表河南全省，讲清如何扛稳粮食安全重任，很不容易。而整个过程，正应了那句"众里寻他千百度，蓦然回首，那人却在灯火阑珊处"。

全国"两会"期间，习近平总书记参加河南代表团审议，强调做好"三农"工作，对河南具有重要意义。他叮嘱河南，要发挥好粮食生产这个优势，立足打造全国重要的粮食生产核心区，推动藏粮于地、藏粮于技，稳步提升粮食产能，在确保国家粮食安全方面有新担当新作为。

扛稳粮食安全重任，河南怎么落实？这篇稿要按以前的思路，反映一项全省性工作，先找部门座谈，归纳特色做法、成功经验，提纲挈领，而后围绕经验、做法，或具体展开论述，或找到故事支撑，并在段与段之间形成内在逻辑。这样一来，有做法、有背景、有故事、有数据，"菜"算配齐。可是，怎么按照报社要求"增强故事性，减少工作味"呢？

我先到省农科院采访，想从"藏粮于技"入手，重点写农业科技创新带来的新变化。在实验室，见到小麦专家、全国人大代表许为钢。他讲育种攻关的重大突破，讲河南产粮的巨大潜力，讲小麦新种的最近试验。之后，到黄河北岸，走进农业科技试验基地，看小麦新品种筛选、认定。现场有了，缺故事；而且单讲科技进步，也只是保粮的一个举措。

但也不白采访。科学家提供了线索，加上平时走访积累，一幅河南省小麦生产的"梗概图"逐渐在脑海中形成。从北向南，依次描绘：滑县素有"豫北粮仓"之称，种粮大户多，机械化程度高；延津县打造"中国第一麦"，良种、种植、深加工、绿色生产可圈可点；永城市种植优质专用小麦，面积大、产量高，拉长产业链；尉氏县打造高标准良田，习近平总书记曾于 2014 年到此视察指导。再往南，周口市重视改造土壤、绿色生产；平顶山建设现代生态循环农业试验区，成效明显；驻马店农产品深加工，农产品展销闻名全国。反复比较，缩小目标，备选延津，理由是：在河南代表团，习近平总书记对"三农"工作提出 6 点要求，其中有关粮食生产有 3 点，在延津县都有体现；从良种试验到食品加工，延津拉长产业链，能代表全省特点；有现场，有故事，有个性。

距离麦收还有一个月，采访还欠火候，等到麦子从南到北，依次成熟，南阳开镰了，许昌开镰了。6 月上旬，延津县终于开镰。我有些兴奋，想起小时候，为了抢收麦子，父辈在前面割，我在后面抱，送麦到麦场，碾碌、扬场、装粒，一周左右，忙忙碌碌，辛苦伴随喜悦。多年不见麦收，恨不得一下跑到地头。

赶到麦田，农民果然在抢收。见麦粒归"车"，被拉到附近收麦点，再运到不远处的面粉厂，加工成挂面、乌冬面、儿童面。活生生的现场、热腾腾的故事，不正是河南人民的担当作为吗？采访归来，稿件一气呵成。

回头看，找到这个故事点有两点体会。一是这个"点"要有能力反映"面"，也就是有普遍性。二是这个"点"不能类型化、概念化，要有个性特征。文学上的典型，称为"熟悉的陌生人"，即典型人物是鲜明、独特的个性同集中、深刻的某种共性的统一，是现象和本质、个别与一般的"聚合点"。作家通过强化、扩大和生发"聚合点"，才能塑造典型。我们不是作家，不能虚构典型，唯一的办法是"找"到这个具有典型意义的故事点，找到那个令人心动、有血有肉的人或事，你就会激动地告诉自己："就是它！"①

---

① 马跃峰《找到共性与个性的交汇点》，人民日报社地方部《业务研讨快讯》2019 年第 79 期。

附：

### 又是一个丰收年
## 河南扛稳粮食安全重任

**本报郑州7月1日电** （记者**龚金星、马跃峰**）喜悦、兴奋，又有点紧张，忙活了一季的河南延津县农民耿传华，听说第二天有雨，一路小跑赶到地头找收割机手，只盼快点抢收。

麦收时节，田野一片金黄。麦浪翻滚，收割机在大田撒欢。今年，延津种下100万亩小麦，有65万亩是高标准良田。收割机开进耿传华的地里，不过半小时，5亩多麦子便已收完。打开出仓口，"麦瀑"倾泻而下。"种子好、技术好，保底一亩1200斤！"耿传华抓一把麦子捧手心，长出一口气。

耿传华选的麦种，是河南省农科院研发的优质强筋麦，产量较高，抗病性好。播种前，农民与企业签订单，每斤比最低收购价高0.1元。播种后，合作社以入股、托管、半托管等方式，提供化肥、农药、技术指导，每亩综合增收200多元。今年，延津共推广50万亩优质强筋小麦。

藏粮于地，藏粮于技；种专用粮，种放心粮。延津制定无公害强筋小麦、绿色、有机小麦生产技术规程，45万亩绿色食品原料基地通过农业部验收。正在创建的国家现代农业产业园，致力于小麦良种繁育、优质小麦种植、小麦产品加工、面制品电商物流、农业废弃物资源化利用。

在延津榆林乡一个小麦收购点，拖拉机、四轮车，一辆挨一辆，等待验质、过磅。"这里专收有机麦，供茅台酒厂酿酒。全县2.1万亩有机麦，每年为酒厂提供原料1万多吨。"县高级农艺师李生堂说。

"起初推广要两年转换期，不用化肥、农药，产量较低，我们不理解。现在，施有机肥，洒生物农药，产量高，价格高，尝到了甜头。"麦农张洪达种了22

亩有机麦，比种普通麦增收 1 万多元。

围绕"粮头食尾""农头工尾"，小麦怎么加工？距麦田不远，是延津县产业集聚区，聚集鲁花、克明等数十家企业，生产挂面、蛋糕、沙琪玛等各类产品，年加工能力 200 万吨小麦。在克明面业厂区，重型卡车缓缓开进卸货仓，小麦从仓库出发，传送到磨面车间、加工车间，变成一袋袋挂面、乌冬面、儿童面等几百个品种，畅销世界。

扛稳粮食安全重任。河南持续推进国家粮食生产核心区建设，建设 6163 万亩高标准农田。种植 1200 多万亩优质专用小麦，订单率 90% 以上，平均每亩增收 100 多元。食品加工业向高端化、绿色化、智能化发展，跻身超万亿元产业，助力河南"大粮仓"变"大厨房""大餐桌"。

"收麦如救火，龙口把粮夺。""三夏"期间，河南投入 410 多万台农机，全省 8600 万亩小麦已经收完，又是一个丰收年！

（原载《人民日报》2019 年 7 月 2 日，此稿获人民日报 2019 年精品奖）

附：

### 巨型起重机显示

# 贸易战接下来可能造成多大破坏

戴维·林奇

起重机离地约15层楼，鲍比·拉斯科在操作室里俯瞰弗吉尼亚的伊丽莎白河和东海岸第三大港。这些高耸的起重机是中国制造，只有它们才能在跨度和高度上达到条件，应对这些巨大的远洋货轮。拉斯科坐在装有空调的操作室里，熟练地操控下方6吨重的钢抓斗，从货船上卸下2万多个集装箱，"就像起重机中的凯迪拉克。非常平稳。"这可能是当地最后几台此类起重机了。特朗普威胁将对剩下的中国输美产品——包括此类起重机加征25%关税。

这意味着给美各地关键港口的现代化项目增加意外成本，也损害当地经济并危及美国跟上外国竞争对手的希望。这还折射出特朗普试图施压北京，影响将超出美中贸易，产生更广泛的经济代价。

弗吉尼亚港首席运营官约翰·莱因哈特上月订购了两台中国造起重机，关税意味着成本会增加近600万美元。美国至少有12个港口如巴尔的摩、新奥尔良、西雅图、劳德代尔堡等，都要面临数百万美元关税。这些港口订购了20多台此类中国制造的吊车。莱因哈特有个雄心勃勃的扩张计划——与过去20年来的全球化贸易环境相匹配，而非特朗普那种动辄"美国优先"的理念，订购中国制造的起重机就是该计划的一部分。

确保港口竞争力不仅对弗吉尼亚经济重要，对美国经济也很重要。抵达这些码头的货物逾1/3通过铁路运往内陆诸州如俄亥俄州、伊利诺伊州、肯塔基州和密苏里州。美国军方也通过港口运送食物、服装和配件。莱因哈特说，事实证明，（购买中国巨型起重机）这类投资是值得的。

这种观点不同于一些白宫顾问。保护主义及由此引发的贸易伙伴报复，加剧金融危机后的跨境商贸减速。

莱因哈特说若美国关税把中国起重机的成本提高25%，他可能不得不设法在别处省钱，比如砍掉面向美国制造设备或美国建筑承包商的开支，或推迟把柴油电力换成低排放电力。美国企业已几十年没生产此类起重机了。莱因哈特的港口扩建计划取决于位于上海的起重机制造商。在他看来，中国企业是唯一能生产确保港口竞争力所需设备的厂家。

关税会抑制中企在美销量，但也会损害美国公司。在巨型中国起重机上方的机房，莱因哈特指出哪些设备是美国公司造的。特朗普称其贸易政策会给本土制造商带来好处。但至少就弗吉尼亚港而言，这些美国公司可能会受连带损害。

（原载《华盛顿邮报》2019年6月26日，《环球时报》2019年6月28日转载，乔恒译）

## 双线叙事　交织并进

2017年11月29日,《人民日报》刊发通讯《"第一书记"收牛记》(见附文),青海省委常委、西宁市委书记王晓当天批示:"深为湟源县委组织部干部、湟源县巴燕乡下胡丹村第一书记刘文慧同志舍小家、顾大家,为下胡丹村集体经济'破零'、贫困群众增收致富忙碌奔波的事迹所感动。"

报道讲的是西宁基层扶贫干部的故事,得到市委书记的肯定也好理解。而一位作家也予以好评,便颇耐人寻味了。青海作家龙仁青读过报道后给通讯作者、人民日报社青海分社采编中心主任姜峰发来微信,称赞"走双线叙事,有小说笔法"。

姜峰在业务研讨文章里道,这篇通讯写作时思路就很清晰,便是"尝试用'给公家收牛+给孩子治病'的'双线叙事'手法"。

为何选择"双线叙事"?

笔者到下胡丹村前,当地组织部门已提供了一份刘文慧其人其事的材料,颇为详尽。

人们常说"典型人物的一生,不如典型人物的一天"。笔者从这份材料中挖掘"一天的剖面",相中了"收牛"这件事儿——时间不到一个星期,新闻事实冲突集中、主题鲜明,讲好这个故事,便能折射出第一书记们的苦辣酸甜。到下胡丹村实地采访时,我对刘文慧"开宗明义":"今天就听你讲收牛!"

然而，只谈收牛，"第一书记"这张面孔仍欠丰满。细嚼材料时，发现其中提及主人公上高原收牛前，刚出生的儿子因黄疸高住进了新生儿重症监护室，不得不留下刚出月子的妻子独自照料……只是寥寥数语带过，但顿时眼前一亮。笔者亦为人父，深知个中艰难，便在采访时对这条线索"刨根问底"，竟问出了可与收牛这条主线等量齐观的另一条故事线，同样几经波折，打动人心。

"娃和牛，都不敢耽误"，事业与家庭的矛盾冲突，极富张力。于是，高原收牛与给娃看病"双线叙事、齐头并进"的想法，开始在笔者脑中酝酿。

既然新闻事实成立，接下来就是完善细节，采访也变成"双线程"：具体到每一天每一个地点，详细询问刘文慧收牛进程如何、娃的情况咋样，每个细节必求真实准确。

两条线的素材已充足，如何展现好"双线叙事"的阅读魅力，再下来就得考究谋篇布局。

"双线叙事"如何铺陈？

从新闻事实出发，设置两条线、分叙两件事，同时彼此交叉、映照、冲突，从而带给读者更丰富更新奇的审美感受……"双线叙事"不能是两条平行线，而是两条线之间频频互动，并保持好悬念，将高潮"炸点"留到最后。

《"第一书记"收牛记》，笔者有如下浅尝：

第一，打乱顺叙、跳跃行文、铺垫出"两条线"。报道以倒叙开篇，一上来先写刘文慧一行跋涉在黄河源头广袤高原、主人公心事重重的场景，然后才交待刘文慧的第一桩心事，当了第一书记、村子基础差底子薄，接着打断行文节奏，回到高原行车途中，一行人有的因高原反应撤了下去、刘文慧咬着牙继续前行，进而引出他带领贫困村发展中药材种植、新婚前夜还在村里发扶贫款的拼劲，写到家庭，这才交待主人公的第二桩心事，出世不久的儿子住进重症监护室、刚出月子的妻子独自陪护，最终引出为何发展集体经济、为何舍家收牛、收牛的急迫性……运用大量倒叙和插叙的铺垫，直至文章第一段末，两条线才正式浮出水面，隐隐有冲突之势。

随后，文章才回到顺叙，两条线变得"势同水火"起来，两次收牛不利，两次被家人埋怨，最后的"炸点"呼之欲出。最后，第三次收牛成功，孩子也顺利出院，两条线完全汇合。读者并非想看"爆炸"，而是想看倒计时最后一秒前的"拆除炸弹"。

如此铺陈，既遵照了新闻事实，没有"虚构冲突"或"粉饰团圆"，同时也通过倒叙插叙等手法，营造出动静相间、跳跃起伏的文章结构。

第二，隐藏记者、急话徐说、让故事带故事。笔者写作时，虽仍是第三人称视角，但尽力避免与新闻主人公发生联系，力求退出场外，让新闻事件中的人物自己去经历、去感受、去体味、去成长，有助于让"双线叙事"充分互动、保持悬念。

第三，突出对话、还原现场、赋予读者亲历感。笔者在文中每写到家庭线，就发挥人物对话或独白的作用，特别是刘文慧与妻子之间的情节，文中三次出现，每次都是以对话的形式呈现，力求还原现场，保留原汁原味，如刘文慧的妻子的昵称"娟儿"和儿子的小名"聪聪"。如此，增强读者的亲切感和代入感。

典型报道最怕读起来"假"。事迹都是真实感人的，主人公是真诚的，记者更是真诚的，但为何读者有时却"敬而远之"？其中一个原因就在于这些事迹多少脱离了读者的日常生活体验，有些不食人间烟火。

怎么让典型事迹回归日常？"双线叙事"便有这样的好处，既写事业线又写家庭线，二者齐头并进，又交织冲突。在这冲突间，人物的痛苦与欢笑、纠结与超脱、取舍与担当得以淋漓尽致地呈现。

但这两条线的冲突仍应是有限度的。笔者在从业之初，给自己立了个"小规矩"：凡遇诸如"父母病故却仍坚守在工作一线"之类的素材，慎重使用。

因此，尽量还原有血有肉、真实可学的人物或群像，也是对"不食人间烟火、没有七情六欲"的典型人物刻板印象的"祛魅"。

《"第一书记"收牛记》文末,以刘文慧收完牛办了件"头等要紧事"、给妻子和妈妈各买了件首饰、表达心意作结尾。

时代大幸福的注脚,离不开个体的小确幸。①

人民日报社山东分社社长徐锦庚认为,还有一种双线叙事的形式不大被记者注意。他采写的通讯《因为爱 所以爱——援藏博士夫妻马新明孙伶伶的家国情怀》,采用了日记体的形式,便是以马新明为主线,以"我"为副线。

双线叙事既丰富了内容,交互叙事也增强了"文如看山不喜平"的效果。

在突出现场感的报道中,由于"我"的存在——"我"看到的、"我"听到的,不仅描绘对方的工作与生活,而且写进自己的意见和感受,相对于只用"第三人称"客观叙述,其实也形成了两条线,即所谓一主一副两条线,彼此呼应。

主人公有的事迹,在别人看来或许平淡,却让我产生强烈共鸣。比如听人讲述马新明痛风发作爬楼时,我这痛风之人顿生痛感。在常规通讯中,这些"顾影自怜"式的共鸣难以入文。

我们从初学新闻时就被告知,新闻要客观陈述,忌讳把自己摆进去。常规的通讯,大多以第三人称行文。这种写法,犹如隔岸观景,虽然能看到它的气势恢宏,却看不到它的九曲回廊。气势恢宏能使人血脉偾张,却无法让人潸然泪下。动情之处,往往藏在曲径通幽处。这个"幽",就是柔软的内心。

如何让读者身临其境、产生共鸣?我想到了报告文学。报告文学可以把作者摆进去,犹如一叶扁舟,能载着你划到对岸,让你融入美景之中。但是,我们毕竟是写新闻作品,必须体现出新闻特性。于是,我想到了

---

① 姜峰《双线叙事,为典型人物刻板印象"祛魅"》,人民日报社地方部《业务研讨快讯》2017年第62期。

日记体，把日记体与报告文学相嫁接。

人物报道，要融入主人公的内心世界，触摸最感动自己的地方，运用最合适的表现手法；选择表现手法时，不要墨守成规、机械套用模式，要有创新意识，勇于突破窠臼，做到千人千面。①

勇于突破窠臼，也受到了编辑部的肯定。时任总编辑李宝善在总编室夜班日记上批示：

昨晚看版，是一口气读完六版整版长文《因为爱 所以爱》。文章虽是日记体、流水账，但恰恰这种文章最难写好，最见功力。文章行文流畅，取舍得当，人物鲜活，生动感人，平实中见真情、见精神、见境界，体现了作者驾驭题材、刻画人物的深厚功力。

在《因为爱 所以爱》里，副线是以"我"的形式出现的，比较明显。还有一种情形，便是记者的情感或是观点，并不以"我"的形式出现，但你依然可以从文章的字里行间强烈感觉到那个"我"、那条副线的存在。

第八届中国新闻奖一等奖作品《别了，不列颠尼亚》（见附文）便是如此。全篇在结构上主线十分清晰，以时间为纲，从下午4时30分一直写到午夜0时40分，将其中一幕幕精彩场景生动、形象地再现在读者面前。很多新闻教材中讲到以时间为序的结构方式时，常以此篇为例。

依照事件自身发展过程或者把材料依照时间的推移进行组合，这种结构方式符合事物发展进程，也符合人们认识事物的规律。但这样结构很容易平铺直叙，写成流水账。而《别了，不列颠尼亚》却丝毫没有拖沓松散之感，主要有这样几个原因：

一是突出主要场景的表达。如"面色凝重的彭定康注视着港督旗帜在'日落余音'的号角声中降下旗杆""此时，雨越下越大。查尔斯王子在雨中宣

---

① 徐锦庚《把自己摆进去》，人民日报社地方部《业务研讨快讯》2014年第84期。

读英国女王赠言……""广场上灯火渐暗,开始了当天港岛上的第二次降旗仪式""在新的一天来临的第一分钟,五星红旗伴着《义勇军进行曲》冉冉升起""刚刚参加了交接仪式的查尔斯王子和第28任港督彭定康登上'不列颠尼亚'号的甲板"……

二是紧扣主题作铺陈。如"这是英国撤离香港的最后时刻""在蒙蒙细雨中,末任港督告别了这个曾居住了二十五任港督的庭院""最后一次离开了港督府""这座古典风格的白色建筑成为历史的陈迹""恰好构成这个'日落仪式'的背景""英国对香港长达一个半世纪的统治宣告终结""解放军开始接管香港防务""'不列颠尼亚'号很快消失在南海的夜幕中""大英帝国从海上来,又从海上去"。这些或说明或议论的笔触,进一步丰富了感情主线。

三是对典型环境着意渲染。如彭定康告别港督府时的"蒙蒙细雨",注视降旗时的"面色凝重","日落仪式","雨越下越大",举行第二次降旗仪式时的"灯光渐暗""很快消失在南海的夜幕中"……通过典型环境的渲染唤起受众的视听感受和心理感受,将主体情感委婉表达出来,文字简洁而富张力。

而这几个方面事实上又构成了一条情感副线,加上通过插叙,或者说加入闲笔等手法,让历史与现实对接,时空交叉,彰显厚重。如港督府"曾居住了二十五任港督","根据传统,每一位港督离任时,都举行降旗仪式","掩映在绿树丛中的港督府于1885年建成","一百五十六年前,一个叫爱德华·贝尔彻的英国舰长带领士兵占领了港岛,在这里升起了英国国旗"……

全篇中那些或说明或议论的笔触,看似闲笔,其实墨淡情浓,无一"我"字而满篇皆"我"。在明暗交错的结构安排中,在冷静严谨的客观呈现中,使报道更紧凑,也更具张力。

附:

# "第一书记"收牛记

姜 峰

高原秋已重,阔野百草黄。

10月18日一早,颠簸行进在海拔4600米的青海省鄂陵湖畔,刘文慧却无心观赏沿途风光,心事重重。

昨天开了6个小时车,傍晚才赶到黄河源头果洛州玛多县城。今儿凌晨,来自西宁市湟源县巴燕乡下胡丹村这一行人,又背上氧气袋摸黑出发了,"上牧区收牛,路不好,离县城不过100多公里,来回就得9个小时"。

### 说啥也得让村里人见着牛

放弃湟源县委组织部的"安稳日子",20多岁的刘文慧去年申请做了下胡丹村第一书记。"原以为娃娃来是'搞资历''混日子',没承想还真吃得下苦。"58岁的下胡丹村支书李生玉说。

文慧有心事:下胡丹为啥这么穷?

吃住在村、登门入户,一番摸底他有了数,也犯了难:全村295户1034人,人均耕地面积才2.2亩,七成还是"跑水跑土跑肥"的山坡地;海拔2780米,倒是可以搞畜牧,但却没有草山,"巧妇难为无米之炊,真着急。"

"嘀嘀嘀",文慧的思绪被汽车喇叭声打断。停下来一看,坐在后车上的李生玉脸色涨青、嘴唇深紫、呼吸急促,其他村"两委"人员也出现不同程度高原反应。

"收牛队"只得兵分两路,后车立即把李生玉等人送回县城就医,刘文慧则吸着氧继续前行,"说啥也得让村里人见着牛。"

文慧初到下胡丹村,财务账上不但没有一分钱,还欠着债。幼儿园,冬天把娃冻得直跺脚。老年活动室,顶棚漏雨漏了两年。村民张秀华得了尿毒症,带人慰问,想捐钱,会计把他拉到一边,"账上连一百块都拿不出来",文慧自掏腰包,心里憋口气,"下胡丹一天不脱贫,我一天不离村!"

2016年,下胡丹村2860亩薄地,1000亩集中连片改种了中药材,当年人均收入增加了2520元。也是在去年底,文慧大婚之日的前一天晚上,他还住在村里,"给大伙发扶贫项目款,实在走不开。"

想到这儿,文慧赶忙掏出手机准备拨电话,这才发现车辆深入高原腹地后,没有一格信号。

他还有一重心事:儿子聪聪,这时还在省红十字医院新生儿重症监护室。

今年9月17日,文慧初为人父,但聪聪由于黄疸严重,已经两次入院。在最需要他陪护的日子里,赶上"湟源下胡丹农牧生态开发有限责任公司"挂牌,文慧只得让刚出月子的媳妇去西宁陪娃看病,自己亲自带人上高原收牛。

怎么想起打牛的主意?种中药材施肥多,造成土壤养分下降,每年都得倒茬。刘文慧发现,下胡丹虽然没有草山,但却可以发展圈养育肥,村里有个能人党员付有太,牦牛养殖合作社就做得有声有色。

经过调研,他的想法得到湟源县委组织部的大力支持,通过与县财政局、农林牧和扶贫开发局协调,落实项目款200万元,今年10月成立了以下胡丹村两委班子为主要成员、李生玉为法人、村能人党员付有太入股的湟源下胡丹农牧生态开发有限责任公司,计划以牦牛育肥为主,壮大村集体经济。

"穷人家"算细账:付有太以2个牛棚和青储窖入股,公司再采购撒料机等机械,成本50万元;计划收购300头牦牛,成本100万元;育肥期间饲料、人工等成本少说50万元。"200万元不经花,而且必须赶在入冬前牧区牦牛良种多、收购价低的市场风口,以最快速度收牛入圈,否则花高价也收不来好牛。"

急等米下锅:收牛顺利与否,事关成败。

**牛没找着,自己娃看病的钱也没着落**

"只有 30 头?"

一路跋山涉水,终于来到牧民家中。却不料当头一棒:玛多县牧区牦牛品质虽好,但数量不够,且牧民居住分散、距离遥远,"从各牧委会调运,恐怕一个月都收不够……"

10 月 18 日晚,徒劳无功回到县城,文慧赶忙给媳妇拨通电话:

"娟儿,咋样?"

"聪聪黄疸有好转。"

身心俱疲的文慧长出一口气。

"你不用管了,反正我是个单亲妈妈,孩子又没爸爸……"

19 日,回到湟源。20 日,文慧急忙赶去西宁,在医院给娃做了核磁共振检查。21 日一早,他带着同事又赶赴海北州海晏县看牛,仍是无功而返,"出手价格太高,每头比我们心理价位还高了 400 元。"

两次"出师不利",就在下午返程途中,获悉海南州贵南县有批牦牛出售的消息,他们决定立即赶过去。"商机宝贵,你不抢有人抢",途经湟源县城,"当晚肯定要在高原上过夜,气温低,打电话让我妈把棉服送下楼,我拿上车就走了。"

赶到贵南县过马营镇已是晚上 8 点,一行人继续开夜车进山,到达洛加村牧民更太本家里的时候,已是次日凌晨 1 点。

"夜已深,牦牛入圈无法掌握真实情况,只能天亮后再看",有人提议回镇上休息,刘文慧一盘算,"前两次收牛,尽管大家省吃俭用,仍然花掉了 1000 多块,村集体好不容易筹点钱,今晚干脆就在牧民家的帐篷里凑合睡一宿吧!"

裹着棉衣,挤着取暖,深秋草原之夜依然寒冷。所幸手机有信号,凌晨 2 点,文慧与微信那一头也是未眠的媳妇发着语音:

"娟儿,检查结果出来没?"

"好着呢,脑神经没受影响。"

"谢天谢地……住院卡里还有钱吗？"

"只剩800多了。"

新生儿重症监护室，每天诊疗费就要5000元。工作时间不长的小夫妻俩，囊中羞涩，住院前文慧找朋友们借了两万元，已经花完了。

"娟儿，别急，我再借。"

文慧深夜拨通发小电话，"好兄弟，救救急，能借我15000元吗？娃可能还得住两三天……"

"啥？你在牧民帐篷里？收牛？"电话里发小很吃惊，"你肯定入股了吧，公司给你分红挺多吧，要不然你开着私家车跑上高原，这么拼为啥？"

文慧笑笑，说："我还倒贴呢。"

发小沉默了一阵，说："兄弟手头也紧，但啥也不说了，借8000，咋样？"

挤在帐篷窝一宿，终于牵回百头牛。

22日天一亮，首笔生意终于谈成了：130头。

可麻烦又来了：当天是周日，公司对公账户无法提款转账。无奈之下，文慧提出能否先拉牛，周一再交钱。这可是一笔40余万元的款项！

没想到这样的要求，更太本竟然爽快答应，"为了省钱，你们这些干部肯挤在帐篷里窝一宿，我们藏族牧民最佩服你们这样的人，牛先拉走吧，共产党员不会昧咱的钱！"

赶回镇上联系到货车，晚上装车运送，直到23日凌晨，村里收购的第一批130头牦牛终于拉回了下胡丹。

深夜飘着雨，牛场里却灯火通明。大伙把牦牛一一过磅入圈，衣裤鞋子上沾满了牛粪和泥土，却个个喜上眉梢。这还不算完，刘文慧又连夜带着村"两委"工作人员核对账目，"明天就得给村民们公示"，就这样，一直折腾到凌晨4点。

晚睡早起。23日上午，巴燕乡信用社刚上班，刘文慧已经守在门口。一进信用社，看着工作人员都穿着薄秋装，他才意识到自己还裹着厚棉服，鞋上沾满牛粪。

钱货两讫，好事成双，当天聪聪也顺利办理了出院手续，忙着转账的文慧又托朋友把妻儿从西宁接回了湟源县城家中。傍晚，一家人终于团聚。满心愧疚的文慧抓住一切机会"讨好"老婆，"娟儿，我给你炖鸡汤""娟儿，我给娃冲奶粉去""娟儿，你躺着，你教我咋喂药……"

一晚上断断续续没睡，第二天，得知乡卫生院牦牛防疫疫苗断货，文慧又赶忙找县上兽医站打听。出门前，妈妈已经把沾满牛粪的鞋子擦得干干净净，换洗衣服也摆好了。

娃和牛，都不敢耽误。

这些天，文慧和同事又跑了不少地儿，继续收牛。乐观计算，300头牛冬季育肥下来，明年利润能有20万元。

下胡丹在改变，而刘文慧这位第一书记的担子仍不轻：养殖经验需补课，牦牛防疫得做好，市场销路要理顺……

千头万绪，步步为营。倒有件头等要紧事，文慧不敢马虎：抽空给妈买了一只手镯，还给媳妇买了一条项链，算补了结婚一周年的礼物，"娟儿，等咱有钱了，再给你买个好的。"

（原载《人民日报》2017年11月29日，此稿获人民日报2017年11、12月好新闻二等奖）

**附：**

援藏博士夫妻马新明孙伶伶的家国情怀

## 因为爱　所以爱

徐锦庚

9月8日下午　拉萨　晴

**"我们好好爱"**

下午4时许，我走出贡嘎机场，天空湛蓝得令人眩晕。虽然烈日当空，短袖衫已抵挡不住凉意。

阔别6年，我再度进藏，专为一对伉俪而来：马新明，北京市委宣传部干部，曾任拉萨市副市长，市委常委、宣传部长，现任拉萨市委副书记；孙伶伶，中国社科院学者，曾任西藏社科院《西藏研究》编辑部副主任，现任当代西藏研究所副所长。2010年，夫妻俩成为中组部选派的第六批援藏干部，期满后又转为第七批，创造了援藏史上多个第一：第一对援藏夫妻、第一对博士、第一对北大校友、第一对两届援藏……用真情谱写出一曲华美乐章。

西藏巨变，随处可见：10年前，我进藏时，从机场到市区，东绕西拐，逾两小时；6年前，我离藏时，嘎拉山隧道贯通，路程缩短一半；这一次，沿高速公路疾驶，半小时足矣。

入住后，我迫不及待联系马新明。他语带关切："您刚进藏，会有高原反应，要不今天先休息？"

我笑了："我在西藏工作过4年，能适应，没问题，只要您方便，随时可见面。"

"那好，今天正巧是中秋，晚上援藏干部组织中秋联欢会，请您感受援藏生活。"马新明说道。

拉萨东郊，纳金西路36号，北京援藏干部公寓楼（以下简称北京公寓）。走进院子一看，20多张桌子，都坐满了人。一位面孔黝黑、皮肤粗糙、戴眼镜的中年男子迎上来，热情握手："我是马新明，欢迎您！"

我的第一反应是：1972年生人，咋这么沧桑？

正愣神时，一位身着藏装的俏丽女子含笑走来，马新明介绍：她是我爱人孙伶伶。

这回，我更诧异：年纪不大，头发咋这么稀疏？

我掩饰住惊讶，问马新明："这么多人，都是北京援藏干部？"

他解释道："中组部选派的援藏干部76人，还有北京援藏指挥部干部、支教老师、志愿者等，共有230多人。另外，八一双鹿篮球队和北京首钢篮球队进藏交流慰问，我们一起共度中秋良宵。"

舞台是临时搭建的，背景展板喷着一行字：月满中秋、情系拉萨——北京援藏干部与CBA运动员联谊会。文字下方有一组图案，中间是巍峨珠峰，左侧是布达拉宫，右侧是北京天坛，中间彩带相连，象征北京、拉萨情相连。

马新明是第七批北京援藏干部领队和北京援藏指挥部总指挥。他致辞时的一句话，拨动了我的心弦：今天是团圆之夜，大家别忘打个电话、发个短信，向家人报声平安，告诉亲人们，我们过得很好！

节目自编自演，水平业余，倒也有趣。有个"三句半"，道具是盆、铲。一位女演员使大了劲，把铝盆敲了个凹槽，旁边的厨师哎哟一声，心疼得直咧嘴。

汪峰那首《北京北京》，听过无数次。但在今晚，拉萨之夜，听北京人唱，别有一番感触。浓浓真情，如泣如诉，直走我心，湿了双眼。

整个晚会，马新明没闲着，撺掇这个献歌，怂恿那个炫技。临结束时，他倡议一起唱《我们好好爱》。

20多人应声上台。这曲藏歌，美丽动听：

风儿吹过圣湖的时候 / 你牵住了我的手 / 宽宽的草原我为你停留 / 从此美丽在我左右

　　雪莲花盛开的时候 / 云儿停下了游走 / 我在你身后藏不起眼眸 / 我愿为你一生守候

　　你是我最深最深的爱 / 让雪山依然洁白 / 我心永不变 / 你是我最后最后的情 / 那云在千里外 / 世界再大我们好好爱

　　……

　　我心里一动：这些援藏干部，抛家别舍，远离亲人，不正是为了民族团结"好好爱"吗？

　　晚会结束，夜已10点，该赏月了。拉萨的中秋，曾让我陶醉：硕大银盘，低低悬着，落在屋檐，挂在树梢，恨不得跳将起来，一把摘下。可惜，今晚不巧，云层越聚越厚，银盘若隐若现。

　　客人散尽，马新明邀我：赏个月？

　　我试探道：我想去你们家看看，行不？

　　当然可以！他俩异口同声。


9月8日夜　北京公寓　雨

**中秋月未圆**

　　马新明伉俪住在公寓5楼，室内布置简单，摆着藏式家具，与藏家相比，缺了雕梁画栋，少了酥油清香。

　　我对马新明的出身好奇：彝族。费了好大劲，才记住他的家乡：云南省丽江市宁蒗彝族自治县战河乡子差拉村马家窝子自然村，从村寨到县城，需步行3天。"我的彝族名字叫马海龙江，现名是老师取的。"马新明说。

　　他的家世奇特：母亲原是父亲之嫂，父亲之兄早逝，按彝族风俗，父亲娶了母亲。

　　孙伶伶拿出一张照片。马新明抱着一个幼儿，依偎在一对彝装老人身边，老人脸上荡漾着幸福。"这是爸爸妈妈。爸爸今年 68，妈妈 72。"听她口气，像在介绍自己父母。她是山东烟台人。

"这是你们孩子？"我问。

"不是，我侄儿。"

"你们的孩子呢？"我没心没肺地问道。

马新明看一眼孙伶伶，声音低了下去："结婚头几年，一直忙于工作、学习，又先后出国深造，聚少离多，孩子的事情就耽误了。前些年正准备要时，赶上来援藏。这几年，怕高原对孩子有影响，不敢要。"

孙伶伶轻轻叹了口气："随缘吧。"

我一时语塞，无言以对。在这雪域高原，奉献，未必非要轰轰烈烈。有所为，是奉献；有所不为，也是奉献。

这对中国政法大学同学，都是田径健将，皆为长跑冠军，因体育而结缘。大学毕业后，马新明边工作边学习，是北大新闻传播学院和政府管理学院双硕士，又获中国社科院国际政治学博士。孙伶伶则考入北大法学院，从硕士读到博士，毕业后进中国社科院，是日本研究所科研骨干。

2010 年 4 月。一天下班后，马新明扳着妻子的肩膀，认真地说："我想和你商量个事。"

孙伶伶吓一跳："什么事啊，这么严肃？"

"北京推荐第六批援藏干部，我报名了。"

孙伶伶一愣："你不是准备读博士后吗？怎么想到要去西藏？"

"学习以后还有机会。"马新明动情地说，"我是少数民族出身，如果没有国家的多年培养，我可能现在还在穷山沟里放牛牧马。我要知恩图报，反哺社会。眼下，援藏是很好的报答机会。"

孙伶伶当然明白，但她有点担心："你的身体吃得消吗？"

马新明拍拍胸脯："咱年轻力壮，又是运动健将，怕什么！"

孙伶伶低头不语，马新明以为她不同意，逗趣道："你这个女汉子，觉悟不是向来很高的嘛，怎么拖起后腿了？"

孙伶伶抬起头，白他一眼："我啥时拖过你后腿了？我是有一个想法。"

"啥想法？"

"你自理能力差，不会照顾自己，我不放心。西藏社科院需要一名懂英语的援藏干部，我们院正愁没有合适人选，我懂英语、日语，身体又棒。要不，咱俩一块去？"

"好啊！"马新明应声叫好，转念一想，"你不是盼着评研究员吗？舍得放弃专业？"

"在西藏也可以建功立业。"孙伶伶态度坚决。

往事历历在目，恍如昨日，"时间真快，一晃4年多过去了。"

"听说你们都患上了高原病？"我问。

"其他病还好，就是痛风受不了。我的尿酸指标是常人两倍多。"马新明摇头叹息。

我的脚趾不由得抽了一下。高寒地区常年不出汗，容易得痛风病，我也患有此疾。虽然不算严重，但那切肤之痛，让我明白："疼"与"痛"，是两个不同概念。

"我俩过去从没进过医院，进藏后，记忆力衰退，我患了溃疡性结肠炎，头发大把大把掉，都快掉光了。"孙伶伶摸摸脑袋自嘲道。

心理学家说，头发是女性最大的装饰物，女性最在意的是自己的头发，也最舍得为头发花钱。

"你后悔吗？"我问孙伶伶。

"跟着他，哪怕去当乞丐也愿意！"孙伶伶望着丈夫，眼里闪着光。

马新明嘿嘿一笑，显得十分受用："这话我最爱听！我还是穷学生时，她就这样对我说了。"

孙伶伶反唇相讥："你现在不还是穷光蛋？"

我一瞥挂钟：已经凌晨1点半了。连忙起身，抱歉地说："对不起，耽误你们休息了。"

"哪里，我们经常两三点睡。"马新明指指身旁的拉萨市委副秘书长、北京援藏干部孙德康说："过会儿，还要商量几项工作。"

"我送你下楼，顺便到院里赏赏月，现在一定是个大圆盘了。"孙伶伶提议。

我们这才想起，聊得兴起，忘了这档大事。兴冲冲下楼，才发现雨正下得紧，哪有啥圆月！

虽然月未圆，但这个中秋最难忘。

9月9日中午　藏餐馆　阴

### "三分钟"与"十年功"

孙伶伶的同事要读博，夫妻俩约几个朋友，中午为她饯行，马新明邀我同去。我求之不得，正好借机采访。

团结新村有家藏餐馆。4位客人如约而至，都是社科院同事。主角边巴拉姆，一位年轻女性，美丽质朴，也是当代西藏研究所副所长，将赴四川大学深造。她三言两语，概括出孙伶伶特质：敏锐犀利，知识渊博。

后来的台湾之行，更让边巴拉姆肃然起敬。2011年5月，应东吴大学邀请，西藏社科院组团赴台交流，她俩是团员。座谈时，边巴拉姆刚谈几句，就被对方一位教授打断，引用境外资料，指责西藏破坏生态环境、压制宗教自由、不尊重藏族文化，气氛顿陷尴尬。

"这时，伶伶不慌不忙，从西藏特殊的婚姻习俗、藏语言文字推广、文物立法保护、西藏宗教活动、国家拨款修缮寺庙等方面，摆事实，讲道理，侃侃而谈，驳得那位教授哑口无言，在场的人连连点头。我听了也很吃惊，伶伶进藏不到一年，想不到情况这么熟悉，知识这么渊博。"

还有一件有趣的事：开始，对方学者们以为，西藏贫困落后，代表团成员都是"土包子"，听说这4名成员中，有3人留洋而归，2人是洋硕士，十分惊讶，立马谦恭有加。

"台上三分钟，台下十年功。伶伶这份功力，与她的艰辛努力分不开。她一方面甘当绿叶，为他人作嫁衣裳，承担了大量的汉文版编辑、英文版创刊筹备工作，另一方面又出了很多科研成果。"《西藏研究》编辑部副主任刘红娟钦佩地说。共事多年，她对孙伶伶的成就如数家珍：已完成2项国家社科基金课题、3项个人主持课题，参与9项国家级及有关部门委托课题，发表及结项成果近百万字,在国家核心期刊及报纸发表 10 余篇学术论文及文章……

本来主题是饯行,在我的诱导下,不知不觉,成了孙伶伶的总结会。这让孙伶伶发窘,频频支开话题。

临分别时,边巴拉姆与孙伶伶紧紧相拥:"伶伶,我会想你的!你要到成都来看我哦!"

说这话时,她的眼圈红了。

9 月 10 日上午　拉萨教育城　晴

**铁打的汉子**

今年西藏气候异常,雨水偏多,拉萨持续下雨 40 多天。我发现,与 6 年前离开时相比,山上绿色明显增加,空气湿润多了。当地百姓高兴,欣喜气候变好。我却忧从中来:这是地球变暖迹象,高原雪线上升,带来"蝴蝶效应",导致海平面上升,海洋气候恶化。

今天是教师节,马新明要去北京实验中学慰问。9 时,我赶到北京公寓会合。

马新明的眼里布满血丝。"昨晚又熬夜了?几点睡的?"我问。

"3 点多。白天太忙,只有晚上才腾出时间处理公文。"马新明揉了揉眼,转过身,捂着嘴打了个哈欠。

他的忙碌,我真见识了。昨天下午,他去拉萨群众文化体育中心,检查体育馆工程收尾情况,部署 CBA 西藏行活动,我也如影随形。

文体中心坐落在火车站旁,是北京援藏计划资金之外支援拉萨的项目,耗资 7.35 亿元,包括体育馆、体育场和牦牛博物馆。建成后,将填补西藏无大型文体设施的空白。

整个下午,马新明泡在体育馆,爬上爬下,四处查看,口里不停地盼咐这个、安排那个,几个项目负责人点头如捣蒜。我茫然跟着,居然腰酸腿软,走哪坐哪,沾了一屁股灰。我发现,他的嘴唇发紫,这是缺氧的症状。大概是说话太多,口渴了,边说边舔着嘴唇,旁边一个小伙子,连忙递上半瓶矿泉水,他毫不介意,一仰脖子,喝了个底朝天。

傍晚返回时,我在车上问他:"你这个总指挥,咋管这么细?"

他看我一眼:"北京援藏项目,我敢马虎吗?百年大计,我敢大意吗?细节决定成败,丝毫来不得半点马虎。我多唠叨几遍,不断提醒他们。"

我原打算晚上再与他聊,见他疲劳的样子,加上自己也很累,遂改变了主意。没想到,他又熬了一个长夜。

曾听人说,援藏干部的工作状态是"半休闲"。这实是误解。仅从一个马新明身上,就可得出结论:满负荷。

北京实验中学位于拉萨教育城,在拉萨河对面。汽车驶上崭新的纳金大桥时,我不由感叹起来:七八年前,拉萨河上仅有一座拉萨大桥,是连接前、后藏的唯一通道,被列为战略要地,桥两端有士兵站岗,现在,拉萨河上已新架起5座大桥,拉萨大桥再也不用守卫了。

纳金大桥上游,一大片现代建筑群让我目瞪口呆——我在藏时,这里是荒滩,人迹罕至。"去年4月,这里还是一片空地。现在,已有北京实验中学、江苏实验中学等十多所学校了。"马新明欣慰地说。

北京实验中学投资2.5亿元,仅两年就建成了,骨干教师均由北京派出,秋季刚刚启用,可以容纳3000名学生,学生包吃、包住、包学费。"学校的硬件设施不仅在西藏是最好的,北京有的重点中学也比不上。"神情自豪的校长张大力,来自北京市石景山实验中学,两个月前刚进藏。

检查完食堂、宿舍等场所后,马新明又与老师们座谈。会议室在5楼,没有电梯,我们登到5楼时,个个气喘吁吁。孙德康给我讲了一个故事:

今年夏天,马新明痛风发作,还诱发滑膜炎,膝盖肿胀,无法屈伸,痛得脚底不敢触地,只能拄着双拐。一天,听说市委书记齐扎拉要去北京实验中学调研,他挣扎着要去。孙德康劝他:"你连拄拐杖走路都困难,还是向齐书记请个假吧。"

马新明连连摇头:"这哪成,我分管教育,看的又是北京项目,哪能不去呢?"为了不让外人看出,他连拐杖也不敢用。

齐扎拉平时健步如飞,上山如履平地。北京实验中学没装电梯,他一口气登上7楼。这可苦了马新明,他一手抓住扶梯,紧紧跟在齐扎拉后面,孙德康要搀他，被他推开。到达 7 楼时，额头上汗珠如豆，后背全部湿透。下楼时，他仍一步不落。整个调研过程，他谈笑风生，神态自若，旁人丝毫看不出异常，只有孙德康的心，一直揪着，生怕他会瘫倒。

"那两个小时，不仅是他的苦难，也是我的煎熬。那两个小时，让我见识到了，什么是铁打的汉子！"孙德康的眼睛泛起泪花。

听着孙德康的叙述，我脚底发虚、手心冒汗。同病相怜，我能感受到马新明的痛楚。但惭愧的是，我无法触摸到他内心的强大。因为，我这个凡夫俗子，实在做不到！

9 月 10 日晚　体育馆　雨
**CBA 的高原之行**

太阳还有几竿高，体育馆广场已经长龙蜿蜒。入口处的那行大字，让人们心旌摇曳：2014 CBA 西藏行。今晚，至少创造两个纪录：西藏首个体育馆首次启用；中国男子篮球职业联赛（CBA）首次在西藏赛场亮相。

当我步入馆内时，吃惊不小：昨天下午，还是一片狼藉，一夜之间，竟焕然一新。我无法判断，这是拉萨效率，还是北京效率？后来才知，为了今晚的赛事，体育馆通宵忙碌，孙德康盯在现场，一夜未合眼。

晚 7 时，体育馆内座无虚席，据说满员有 6000 人。第一场，西藏联队对垒 CBA 联队，八一队教练阿的江披挂上阵，黄忠不老；王治郅和孙悦里应外合，配合默契。显然，这不是一个等量级的比赛。可喜的是，西藏联队毫不怯阵，敢打敢拼，充分发挥高原主场优势，比分越追越近。第二场，八一队战北京队，前半场，两队真枪实弹；后半场，两队各留两人，其余队员由西藏联队球员担纲。可敬的是，CBA 队员既是灵魂，又当配角，把立功机会让给西藏球员。

高原上的剧烈运动，严重困扰着国手们。场上频频换人，队员一下场，就抱起氧气罐。这种奇特场面，世所罕见。

自始至终，观众情绪高昂，喊声震天。比赛结束时，CBA 队员集体亮相，与观众依依惜别。人们舍不得离开,掌声久久不息。这场赛事,与其说是竞技,不如说是表演。输赢已不重要,重要的是民族之间的水乳交融。

当CBA队员进入休息室时,发生一件意外:八一队队员阿尔斯兰,出现严重高原反应,突然神志不清,医生迅速抢救。这位队员刚满十八岁,是八一队控球后卫,今晚场上活跃。幸亏救护车在候,马新明连忙让孙德康护送病人到医院。

场外,大雨滂沱。我跟着马新明,来到CBA队员下榻的酒店,焦急等待消息。此时,已是夜里11点多,孙伶伶赶到酒店,捎来一包饼干,我这才知道,马新明还空着肚子呢。

12点,阿尔斯兰终于平安回到酒店。第七批援藏干部总领队王奉朝、自治区体育局副局长白喜林也赶来慰问。

白喜林是国家篮球队领队,也是第七批援藏干部,整个晚上,一直鞍前马后。我问起CBA进藏的缘由,他指着马新明说:"这是我俩在万米高空上谈成的!他这人呐,既会动脑子,又会抓机遇。"

原来,今年3月18日,马新明回京开会,偶遇同机的白喜林。"我俩热聊中,马新明突发奇想,说拉萨体育馆即将竣工,问我能不能把CBA请到拉萨来,借助体育活动,加强民族交往,促进民族团结,带动拉萨体育。我一听,这是好事啊,回京后就促成了这事。没想到,效果会这么好!"

9月6日,CBA的两支球队抵达拉萨后,克服高原反应,天天马不停蹄,开展公益活动:到福利院慰问孤儿,与西藏大学生互动,向北京援建的小学捐赠物资,与北京实验中学学生交流。每到一处,学生和孩子们欢呼雀跃,国手们也经历了一次灵魂洗礼。

阿的江感慨地说:"你们远离家乡亲人,为民族交流团结做了很大贡献,我是少数民族,体会更深,向你们表示敬意!"顿了顿,他又说,"我们已经拉了福利院孤儿的手,今后还要继续拉下去。"

马新明兴奋地说:"北京体育局已表示要加大力度支持拉萨。拉萨市委明天上午要开常委会,专门研究如何借此契机,促进群众体育文化活动,进一步促进民族团结交流!"

主宾们谈兴很浓,毫无倦意,一直聊到半夜1点半。马新明忽然想起:"哎呀,阿导(阿的江)明早就要出发去机场,你们早点休息。明早6点半,我来送你们。"

9月11日下午　堆龙德庆县农村　晴
### 为"亲戚"掏空口袋

马新明和孙伶伶要去乡下走"亲戚",我也跟着搭便车。

这些年,他俩攀了6门"亲戚",分别在林周县、尼木县和堆龙德庆县。今天去的是堆龙德庆县东嘎镇。"今年我已来了4次。中秋节时,我实在来不及,托闫伟去看望了他们。"马新明说。闫伟是拉萨市委办公厅工作人员,山东小伙子,西藏大学毕业后留下,已在藏10年。

两家亲戚都在桑木村,家庭条件较差。卓嘎是桑木四组村民,丈夫早年病故,长子因幼患重病,读书少,在理发店洗头;次子去年被第二炮兵工程大学录取。其美是桑木一组村民,4年前,丈夫开出租车发生车祸,赔得倾家荡产。

在去两家串门时,马新明里里外外都要看一遍。其美的厨房,有一处破漏了。"过几天,我安排人来修一下。"马新明说。她家客厅柜子上,摆着一盒"稻香村"月饼,马新明咦了一下:"这月饼怎么还没吃?可别过期喽。"

其美说:"这是你送的礼物,中秋节吃了一盒,孩子上学没回来,有一盒舍不得吃,给她留着。"

我注意到,无论是到两户亲戚家,还是去联系点嘎东寺,他们送去砖茶、大米、食用油,还送上红包。我悄悄问闫伟:"这是谁出的钱?"

"都是他俩自己出。"闫伟说,"马书记每次下乡,除了代表组织送慰问品外,自己还要另外备些钱,送给贫困群众,少则五六百元,多则一两千元。每次掏空自己口袋不算,还经常向我们借。有一次钱不够,还向随行记者借了2000元。"

"这些钱,是单位还,还是他自己还?"我问。

闫伟奇怪地看了我一眼:"当然是他自己还啊。"

这之前，听孙德康说了件趣事：有一次，马新明掏空自己口袋后，向他借钱，他刚巧没带，马新明又向司机借。"他这种悲天悯人的情怀，是与他的贫寒出身分不开的。"

"我是苦孩子出身，深知贫困的痛苦。我要尽自己的微薄之力，多做些雪中送炭的事。"家乡父老谁家遇到难处，谁家孩子考上大学，他都会慷慨解囊。为此，夫妻俩经常成了"月光族"，有时连房贷也还不起。

为了帮助更多的贫困孩子，早在1997年5月，马新明就与几位同学一道，发起并成立"未名奖（助）学金"，资助少数民族地区的贫困学生。18年来，"未名"规模不断壮大，已资助5200多名学生，其中有300多人考上大学。

9月12日夜　慈觉林　晴

**"有爱就是天堂"**

从布达拉宫南眺，拉萨河对岸山峦起伏。那里就是慈觉林，拉萨著名的四大林之一。当年，文成公主抵达逻些城（今拉萨）后，随行人员就聚居在慈觉林。如今，山腰处出现一处醒目的建筑，赋予了慈觉林崭新的内涵——西藏文化旅游创意园区。大型实景剧《文成公主》，就落户在此。

夜幕降临，我端坐在观众席上，这里可容纳4000人。前方，耸立着两座巍峨山峰——崩巴日山和那色山，须抬头仰视才能望到山顶。两山峰壑之间，便是实景剧的舞台，星空为幕，山川为景。

空旷的舞台上，灯光奇幻，音乐美妙，800名演员载歌载舞，演绎了一个荡气回肠的旷古传奇：1300多年前，唐贞观年间，吐蕃赞普松赞干布遣使长安，欲与大唐和亲。奉唐太宗之命，文成公主带着释迦牟尼12岁等身像，还有书卷典籍、五谷种子、锄犁和各种工匠，离开长安，踏上漫漫征途，历经九死一生，饱尝千辛万苦，终于到达逻些城，缔结了一段温暖千年的雪域情缘。

当我从剧情中走出来时，想起刘亮的一句话："这部大剧，耗尽了马新明书记的心血。"刘亮是拉萨市城关区区长，曾任拉萨市委宣传部副部长，对《文成公主》剧场版和实景版的诞生了如指掌。

2011年底，为贯彻落实党的十七届六中全会精神，西藏自治区党委决定，为推进西藏旅游文化发展，以文成公主为主题，打造一台实景演出，大力宣传汉藏民族交流融合，突出藏民族歌舞禀赋，用歌舞音乐剧的形式来表现。拉萨市委接受任务后，指定马新明为副组长兼实景办主任。随即，从洽谈合作、剧本及音乐创作、选址和征地，到演员选拔、排练，马新明亲力亲为。

《文成公主》剧场版从筹备到进京正式上演，只花了4个月。因阵容庞大，只能在国家大剧院演出，但国家大剧院档期一年前就已确定。马新明与各方商谈协调，国家大剧院终于同意挤出5天时间。那段日子，马新明与演职人员同吃同住，组织协调、媒体宣传、票务销售、进场施工、生活保障、观众组织……在京20多天，从未回过家。受文成公主事迹的感召，著名歌唱家谭晶和王莉不计条件，倾情加盟，欣然担任A、B主角。

2012年10月，《文成公主》首演时，很多观众泪洒剧场，首都艺术界高度赞誉。北京市文联党组书记陈启刚激动地说："太壮观、太美丽、太感人、太震撼！我给这部剧打满分！"

为了确保实景剧的质量和进度，马新明事必躬亲，要求下属"当日事当日毕""只能说如何行，不能说不行"。那些日子，工作人员经常凌晨两三点敲他的门。

拉萨市委常委、宣传部长占堆介绍说，去年8月1日，《文成公主》实景剧正式开演，迄今为止已演出220场，接待观众38万余人，票房收入1.3亿余元。实景剧的推出，使西藏文旅产业迈上新台阶，同时，也结束了拉萨旅游"白天看庙，晚上睡觉"的尴尬，游客慕名而来，趋之若鹜。

"实景剧还为农牧民提供了就业机会。"刘亮说，项目建设阶段，仅慈觉林村群众就增加了约3000万元收入。开演后，又为群众提供演员、保安、保洁、管理等近千个岗位，每年为群众增加收入5000余万元。"很多群众白天是农牧民，晚上是演职人员，连各家各户的牦牛、马、羊、藏獒，都成了舞台上的'明星'。"

我告诉马新明,很喜欢剧中的几句歌词:"我想要生者远离饥荒,我想要贫者远离忧伤,我想要老者远离衰老,我想要逝者从容安详。"

"我最喜欢的还有三句,那是我们的内心写照。"马新明轻轻哼唱,"天下没有远方,人间都是故乡,有爱就是天堂。"

(原载《人民日报》2014年9月17日,此稿获人民日报2014年精品奖)

**附：**

# 别了，不列颠尼亚

周树春　胥晓婷　杨国强　徐兴堂

在香港飘扬了一百五十多年的英国米字旗最后一次在这里降落后，接载查尔斯王子和离任港督彭定康回国的英国皇家游轮"不列颠尼亚"号驶离维多利亚港湾——这是英国撤离香港的最后时刻。

英国的告别仪式是30日下午在港岛半山上的港督府拉开序幕的。在蒙蒙细雨中，末任港督告别了这个曾居住了二十五任港督的庭院。

4点30分，面色凝重的彭定康注视着港督旗帜在"日落余音"的号角声中降下旗杆。

根据传统，每一位港督离任时，都举行降旗仪式。但这一次不同：永远都不会再有港督旗帜从这里升起了。4时40分，代表英国女王统治了香港五年的彭定康登上带有皇家标记的黑色"劳斯莱斯"，最后一次离开了港督府。

掩映在绿树丛中的港督府于1885年建成，在以后的近一个半世纪中，包括彭定康在内的许多港督曾对其进行过大规模改建、扩建和装修。随着末代港督的离去，这座古典风格的白色建筑成为历史的陈迹。

晚6时15分，象征英国管治结束的告别仪式在距离驻港英军总部不远的添马舰军营东面举行。停泊在港湾中的皇家游轮"不列颠尼亚"号和临近大厦上悬挂的巨幅紫荆花图案，恰好构成这个"日落仪式"的背景。

此时，雨越下越大。查尔斯王子在雨中宣读英国女王赠言说："英国国旗就要降下，中国国旗将飘扬于香港上空。一百五十多年的英国管治即将告终。"

7点45分，广场上灯火渐暗，开始了当天港岛上的第二次降旗仪式。

一百五十六年前,一个叫爱德华·贝尔彻的英国舰长带领士兵占领了港岛,在这里升起了英国国旗;今天,另一名英国海军士兵在"威尔士亲王"军营旁的这个地方降下了米字旗。

当然,最为世人瞩目的是子夜时分中英香港交接仪式上的易帜。在1997年6月30日的最后一分钟,米字旗在香港最后一次降下,英国对香港长达一个半世纪的统治宣告终结。

在新的一天来临的第一分钟,五星红旗伴着《义勇军进行曲》冉冉升起,中国从此恢复对香港行使主权。与此同时,五星红旗在英军添马舰营区升起,两分钟前,"威尔士亲王"军营移交给中国人民解放军,解放军开始接管香港防务。

0时40分,刚刚参加了交接仪式的查尔斯王子和第28任港督彭定康登上"不列颠尼亚"号的甲板。在英国军舰"漆咸"号及悬挂中国国旗和香港特别行政区区旗的香港水警汽艇护卫下,将于1997年年底退役的"不列颠尼亚"号很快消失在南海的夜幕中。

从1841年1月26日英国远征军第一次将米字旗插上海岛,至1997年7月1日五星红旗在香港升起,一共过去了一百五十六年五个月零四天。大英帝国从海上来,又从海上去。

(此稿获第八届中国新闻奖一等奖)

## 讲故事不能只会"分段式"

红色遗址如何保护利用？这个话题一看工作味就很重。

可是，2019年9月下分社、还没干几个月的江西分社记者戴林峰写的《红色资源，引入民间守护人》一稿（见附文），却通过讲述一位民间守护人的故事，把这篇工作性报道写得生动可读。

"长征是一支脚踏草鞋的队伍走出来的，于都人民不仅在长征出发前紧急赶制了20万双草鞋，为避免红军战略转移被敌人发现，更创造了30万人共同保守一个秘密的奇迹，瞧这块'草鞋重地'字样的门牌，大家有没有谍战片里的紧张感？"老罗讲解的话锋一转，人群中传来阵阵欢笑。"听说过军事重地，草鞋重地还是头一回见。"不少游客纷纷拍照留念。为了让观众有沉浸式体验，老罗想了不少办法：在"草鞋重地"门牌前的长板凳上，放上稻草、麻绳、草鞋编织机，游客在现场能亲手体验编织草鞋的工艺。

地方部一周采编述评这样评说此稿："报道打破了以往常规报道三段式、段与段之间相互没有联系的写作套路，而是全篇以人带事，通过长征源民俗博物馆罗小龙的故事串起全文，革命旧址如何'国有民用'、与社会各界'共护共建'，民间守护人如何守护红色资源，成效如何等等，在人物故事的讲述中一一展开。"

这句话点出了这篇报道为何生动的关键——打破了以往常规报道三段式、段与段之间相互没有联系的写作套路。

"三段式"，是个通俗说法，也叫"分段式"，为目前稿件中常见、堪称最主要的方式——用小标题将素材分成若干各自独立的部分。这种方法的最大好处，是条理清晰，写作方便，同时也便于阅读。

但由于各部分独立，往往行文时对文意、语句的勾连便不大讲究，阅读中停顿较明显，行文不够流畅，诚如地方部周评里所批评："报道三段式、段与段之间相互没有联系。"况且，老是"分段式"，既容易滋长记者的惰性，也让读者感觉过于单调。

《红色资源，引入民间守护人》则打破了这个形式，采用的是"扣题式"——报道每个段落都扣着主题的各个要点，比如"革命旧址如何'国有民用'、与社会各界'共护共建'，民间守护人如何守护红色资源，成效如何"等。

当地探索新模式，将修缮后的革命遗址免费提供给民间文化工作者签约使用，鼓励"守护人"在妥善保护的前提下开办工作室、民营博物馆等，通过扩大社会参与面和引入市场化经营的方式，与民间文化工作者共建共护，将红色资源用活用好。作为试点，葛氏宗祠很快迎来了"守护人"。

罗小龙是个收藏迷，20年间累计投入300多万元，藏品达2万余件。此前老罗曾利用一处三层民房，开办了于都第一家红色主题的民营博物馆，但效果并不十分理想，"那里缺少与红色文化的历史联结"。

前一个段落提出革命旧址如何"国有民用"这个问题，后一段紧扣这点引出罗小龙的故事。

下面的段落里罗小龙的故事继续展开，讲他在葛氏宗祠里"放上稻草、麻绳、草鞋编织机，游客在现场能亲手体验编织草鞋的工艺"，把现实与当年红军长征前做准备的"草鞋重地"这一红色文化进行有效的"历史联结"。

接着，记者继续围绕"历史联结"来讲述罗小龙的故事，并扣住了与社会各界"共护共建"这个报道要点：

> 当地不少微信公众号还会转载老罗写的"于都红色收藏"连载文章。从红军使用过的破甲锥，到一枚银币、一颗土制信号弹，他的笔下是娓娓道来的红色沉淀；老罗还发起成立了于都县红色收藏协会，不收会费，定期举办公益性的文物赏鉴活动；还有素不相识的老表得知这所博物馆后，无偿捐赠珍藏多年的红军草鞋。在这里生活了20多年的老住户涂玉宝感慨："当年荒草丛生、破败不堪的老宅院，转眼间就'活'过来了！"

报道以人带事，同时，还注意穿插进一些以事见人的细节。

> 长征源民俗博物馆的名声越来越响，忙得不可开交的老罗索性住进了大院。受制于文物建筑结构不得更改的规定，院里无法装配卫生间等设施，他只有早晨洗澡才回趟家。"很多人都不理解，家里守着这么些'宝贝'，不买车也不买房，图个啥？"老罗的妻子黄检英笑道："但我知道他在做有意义的事，支持他。"

这一段貌似形散，但由于扣着主题，实际上形散神不散。增加了这一细节后，"守护人"的形象更饱满——民间守护人在守护红色资源的过程中，自己的心灵也经红色文化的润滋而净化、升华。罗小龙索性住进修缮后的革命遗址葛氏宗祠这个细节，使报道更为真实，也使故事获得了更深远的意义。不仅人物形象变得立体，报道也更加生动。

除了"扣题式"，还有一种常用笔法是"盘旋式"。

人民日报社总编辑庹震此前表扬了《村里来了100万，怎么花》（见附文），认为故事讲得生动流畅。

此稿发在四版新开的专栏《蹲点乡村看治理》，这个专栏旨在"呈现乡村治理的鲜活故事和基层实践的生动样本"，内容生动相对容易一些，而要做到行文流畅,却不是桩容易的事。那么,贵州分社记者程焕是怎么做到的呢?他在呈现故事时,用的便是"盘旋式"。

"牌子什么时候做的,我咋没见过?"
"就前几天的事,在村小学外面挂着呢。"
村里公布第一季度财务收支明细,一笔224元的小额支出,引起了王明伟的注意。值班村干部魏文兴告诉他,村里的集体经济宣传牌被大风刮坏,这次换个地方重新做一块。

故事从"一笔224元的小额支出"说起,开门见山点明,这是因为村集体经济宣传牌被刮坏要重做。在这部分结束时,记者特别写了这么一段:

新竖立的宣传牌上,印着一排商铺的照片,王明伟瞅着很有亲切感。毕竟,这些房子,是在自己眼皮子底下盖起来的。

报道第二部分,讲的就是村里盖商铺的故事,从开始时群众反对,到获得村民代表会议表决通过。

有了第一部分末"宣传牌上印着一排商铺的照片"作铺垫,第二部分里,这个盖商铺的故事道来就显得自然而然。

同样,在第二部分末,记者又写下这样一段:

随后,商铺建设的工程立项、场地勘探、项目招投标等工作,都在有条不紊地推进。每一道程序,村务监督委员会都参与其中,并且提醒村里及时张贴相关公示材料。

和上面两部分的衔接如出一辙,接下来,第三部分便是讲村务监督委员会监督工程质量和工程账目的故事。虽然这几个部分都有小标题隔开,但有了这几处铺垫、过渡,内容上是关联的,文意浑然。

可见，所谓"盘旋式"，就是后一部分对前一部分里提及的事情做进一步的展开。其中要注意用专门的段落作衔接，上勾下连，前后呼应，让故事圆融如一，读着顺畅。如果没有勾连，没有适当的话语过渡，发生了的事情便容易四处飘散，容易造成读者情绪的断层。

当然，"分段式""扣题式""盘旋式"，这几种方式并不是互相对立的，在报道中可以交替使用。比如，程焕的《村里来了100万，怎么花》一稿，既运用了"分段式"——做了三个插题，同时，又用了"盘旋式"，如上述分析，报道前后部分都勾连呼应着，文笔"盘旋"而下。

这几种方式也不存在孰高孰下的问题，还是要根据题材量体裁衣，融合运用，目的无非是让形式可以更好地展现内容。但对于形式本身，仍然有个需领会其精髓，令其作用发挥到位的问题。

比如"扣题式"，要求在段落安排上，以富有表现力的概括性句子起头，接下去再解释或者详述首句的内容。

《红色资源，引入民间守护人》一稿，段落开头的首句，虽然都扣着题，有的扣得精彩，有的便过于平淡。

"长征是一支脚踏草鞋的队伍走出来的"，这一句意蕴颇丰。由这句首起，再提"草鞋重地"的来历，便挺抓人。

"当地不少微信公众号还会转载老罗写的'于都红色收藏'连载文章。从红军使用过的破甲锥，到一枚银币、一颗土制信号弹，他的笔下是娓娓道来的红色沉淀。"这个开头第一句就不抓人，不如从后面的例子中找一个有点传奇性的入笔。比如，红军在反围剿作战中用的信号弹，是来自缴获还是自己生产？不妨先说这个，再来说老罗写"于都红色收藏"连载文章的事。

人民日报传媒广告公司发起组织庆祝共和国70华诞的全国短视频大赛，我在颁奖会上看到"老潘"——在中国已生活30多年的厦门大学管理学院教授潘维廉——登上了领奖台。老潘是我国经济特区首位荣誉公民，我在人民日报社福建分社工作时就听说过他热心帮福建招商引资的故事。有件事印象很深，说老潘给外商介绍福建时，第一句话便是：没有中国的"观音"，就没有美国的"自由女神"。

啥意思？我当时眼睛就瞪大了。这个说法也太奇葩了，你怎么能按捺住好奇不接着往下听呢？

老潘参与拍摄的短视频获奖后，人民日报《环球人物》杂志采访他做了报道。我的坊间版本在此被"正版正解"佐证：

"你们也许不知道，没有闽南就没有美国。"有一次，潘维廉向全球客商推介来福建投资时，上台第一句话这样说。

他说这句话是有历史依据的。1773年，受英国殖民的波士顿人民为反对英国东印度公司垄断茶叶进口贸易，抵抗英国政府在殖民地征税并控制本地政府，12月16日晚间，登船将全部茶叶倒入大海，史称"波士顿倾茶事件"。随后，英国政府采取强硬措施，导致1775年爆发了独立战争，这才有了后来的美国。当时船上被倒入海中的就是福建安溪茶。安溪是"铁观音"的发源地。

"所以，没有安溪茶商的船，就没有'波士顿倾茶事件'，就没有独立战争，也就没有美国。"潘维廉话音一落，台下先静了一会，然后掌声一片。

这么看，坊间传闻"没有'观音'就没有'自由女神'"，当是从"没有闽南就没有美国"演绎而来的，其中的关联是：安溪是名茶"铁观音"的发源地。

而无论是"正版"还是"坊间版"，第一句话都着实精彩，极富表现力。高水准的"扣题式"当如这般扣人心弦。正像有位作家说的：

在每件事的心脏处，都有一个独属人类的元素，一个能通向世界上最美的三个字的元素。那就是："然后呢？"如果你回答了这个问题，那你就是一个会讲故事的人。

**附：**

江西于都——

## 红色资源，引入民间守护人

戴林峰

江西于都，红军长征的出发地。在于都县城，那间二井三厅的葛氏宗祠，是 116 处蕴含红色文化的革命遗址中的一处。

初见老宅，粉壁、黛瓦、马头墙；窄门、高屋、古院落。罗小龙挨着大门站，穿件印有"于都县红色收藏协会"的 T 恤，头戴扩音耳麦，熟练地招呼大伙儿参观。老罗是土生土长的于都人，如今就住在这里，守护一手"拉扯"起来的长征源民俗博物馆。

这座始建于清中期的宅子，是江西省重点文物保护单位。1929 年，毛泽东率红四军进入于都，军部曾驻扎于此，时任军长朱德就住在上厅厢房。但几年前，这里却是另一副模样：385 平方米的院子里最多时挤了 10 户人家，10 余处私自开墙。朽坏发霉的木柱，逼仄的小隔间，压得百年老宅喘不过气。

2017 年，于都投资 100 余万元全面修缮葛氏宗祠，住户陆续迁出安置，工程当年完工。但修缮只是开始，保护还需守护。怎么让救下来的文物活起来？

当地探索新模式，将修缮后的革命遗址免费提供给民间文化工作者签约使用，鼓励"守护人"在妥善保护的前提下开办工作室、民营博物馆等，通过扩大社会参与面和引入市场化经营的方式，与民间文化工作者共建共护，将红色资源用活用好。作为试点，葛氏宗祠很快迎来了"守护人"。

罗小龙是个收藏迷，20 年间累计投入 300 多万元，藏品达 2 万余件。此前老罗曾利用一处三层民房，开办了于都第一家红色主题的民营博物馆，但效果并不十分理想，"那里缺少与红色文化的历史联结"。

致力于传播红色文化的老罗，也曾多次将自己的藏品借予于都县博物馆展出。"基于长期合作的信任，'守护人'模式一提出，双方便一拍即合。"于都县博物馆党支部书记管冬梅说。2018年初，老罗的长征源民俗博物馆在葛氏宗祠正式开馆。

"长征是一支脚踏草鞋的队伍走出来的，于都人民不仅在长征出发前紧急赶制了20万双草鞋，为避免红军战略转移被敌人发现，更创造了30万人共同保守一个秘密的奇迹，瞧这块'草鞋重地'字样的门牌，大家有没有谍战片里的紧张感？"老罗讲解的话锋一转，人群中传来阵阵欢笑。

"听说过军事重地，草鞋重地还是头一回见。"不少游客纷纷拍照留念。为了让观众有沉浸式体验，老罗想了不少办法：在"草鞋重地"门牌前的长板凳上，放上稻草、麻绳、草鞋编织机，游客在现场能亲手体验编织草鞋的工艺。

根据协议，长征源民俗博物馆要保证每周开放35小时，并按国家规定对学生、教师等群体实施免费开放或票价优惠。很快，这里便成了于都实验二中的校外课堂。"年轻人愿意走进革命遗址、了解长征历史，让我感到付出是值得的。"老罗说。

当地不少微信公众号还会转载老罗写的"于都红色收藏"连载文章。从红军使用过的破甲锥，到一枚银币、一颗土制信号弹，他的笔下是娓娓道来的红色沉淀；老罗还发起成立了于都县红色收藏协会，不收会费，定期举办公益性的文物赏鉴活动；还有素不相识的老表得知这所博物馆后，无偿捐赠珍藏多年的红军草鞋。在这里生活了20多年的老住户涂玉宝感慨："当年荒草丛生、破败不堪的老宅院，转眼间就'活'过来了！"

长征源民俗博物馆的名声越来越响，忙得不可开交的老罗索性住进了大院。受制于文物建筑结构不得更改的规定，院里无法装配卫生间等设施，他只有早晨洗澡才回趟家。"很多人都不理解，家里守着这么些'宝贝'，不买车也不买房，图个啥？"老罗的妻子黄检英笑道："但我知道他在做有意义的事，支持他。"

长征源民俗博物馆为共建共护模式积累了宝贵经验。如今，不少修葺一新的革命遗址都迎来了民间"守护人"。据于都县博物馆副馆长张小平介绍，县苏维埃政府裁判部旧址被辟为非遗传习所，集中展示客家古文和木偶戏；长征前夕毛泽东旧居何屋的部分空间交由红色研学机构运营展示；红三军团二师五团团部旧址红军标语示范区主动纳入乡村振兴发展规划……据统计，今年1至9月，于都县接待红色旅游人数达329.5万人次，同比增长38.1%。国庆假期共接待游客56.9万人次，同比增长52.6%。

（原载《人民日报》2019年12月12日，此稿获人民日报2019年11、12月好新闻三等奖）

# 附：

## 村里来了 100 万，怎么花

### ——一名村务监督员履职的蹲点观察

程　焕

"牌子什么时候做的，我咋没见过？"

"就前几天的事，在村小学外面挂着呢。"

村里公布第一季度财务收支明细，一笔 224 元的小额支出，引起了王明伟的注意。值班村干部魏文兴告诉他，村里的集体经济宣传牌被大风刮坏，这次换个地方重新做一块。

贵州兴义市马岭镇平寨村，一个典型的布依族村寨，风光秀美、民风淳朴，老百姓向来不爱招惹是非。王明伟之所以要"找茬"，因为他担任着村务监督委员会主任的职务。

新竖立的宣传牌上，印着一排商铺的照片，王明伟瞅着很有亲切感。毕竟，这些房子，是在自己眼皮子底下盖起来的。

### "老百姓反映强烈，有必要解释清楚"

平寨村是马岭镇的重点乡村旅游村寨。2017 年初，平寨村的集体账户上，收到一笔 100 万元的进账，这是从省里争取来的专项资金，规定只能用于壮大村集体经济。村"两委"立即召开联席会议，研究如何将这笔钱用到实处，王明伟应邀列席了会议。

平寨村紧邻马岭河风景区，发展种养殖业限制较多。考虑到引进的民办学校即将开学，届时将有 2000 多名师生涌进来，而村里还没有一处像样的购物点。为此，会议拿出一个初步方案，准备先动用部分资金，将村小学附近的一片弃土场利用起来，新建一排商铺用于招租。

"村小学才几个娃娃，能养活那么多商店吗？""村里有山有水，办个生态养殖场不更合适吗？""按人头平分最靠谱，大家都能得到几百块现钱，总比打水漂强。"……消息传开，老百姓议论纷纷，普遍不认可村里盖商铺。

在走访中，村民们的质疑声，让王明伟感到不安。"对于盖商铺的事，老百姓反映强烈，有必要解释清楚。"王明伟找到包村干部、马岭镇副镇长黄伟，建议村里在形成决议前，应该广泛征求群众意见。

王明伟的建议得到了重视，村干部进组串寨，以村组群众会、院坝会的形式，面对面回应大伙提出的各种问题。村"两委"结合专项资金的使用规定，详细介绍村集体经济的发展规划，老百姓渐渐打消了疑虑。当年6月，使用专项资金修建商铺的决议，获得村民代表会议表决通过。

随后，商铺建设的工程立项、场地勘探、项目招投标等工作，都在有条不紊地推进。每一道程序，村务监督委员会都参与其中，并且提醒村里及时张贴相关公示材料。

### "工程有人盯与没人盯，完全两个效果"

平寨村村务监督委员会有3名成员，商铺建设正式动工以后，他们也随之忙碌起来。"三天两头往工地上跑，一段时间不去，总感觉睡觉都不踏实。"王明伟清楚，好不容易才做通村民们的工作，如果工程质量出现问题，恐怕再难赢回信任。

在一次检查中，王明伟觉察到有些不对劲，房屋侧面的坪地出现坡度，水泥地面也存在裂痕。"很明显，地基在下沉，如果不及时处理，可能会威胁到房子的安全。"他第一时间向村里报告情况，村干部不敢懈怠，现场约谈施工方，对质量问题提出具体整改意见。

污水管道直径从10厘米扩大到20厘米，电表从多户共用改成单独设表……在建设过程中，村务监督委员会成员紧盯施工质量，发现了不少问题，也提出了许多有价值的解决方案。"整体情况都有本账，主要看之前发现的毛病有没有整改到位。"2018年4月,6间依次排开的商铺完成施工,王明伟全程参与项目验收。

"到底花了多少钱,钱都花在哪些地方,总得给老百姓一个交代。"此次商铺建设,包括前期弃土场的土地平整工程,总共花费34万元。工程结束之后,在王明伟的见证下,村里对所有工程账目进行梳理,形成一张详细的支出清单,并在村务公开栏进行张榜公示,接受村民监督。

"工程有人盯与没人盯,完全两个效果,特别是一些隐蔽工程,日常监督把许多隐患给排查出来了。"黄伟说,通过这次工程建设,平寨村展现出高度责任感,镇里计划在这里打造一个教育园区。

### "给百姓一个明白,还干部一个清白"

"你能不能解释一下,为什么底价少了2000元?""我们开了群众会,大家反映第一年形势不明朗,呼吁把'起步价'定低一点。"

工程顺利通过验收,进入商铺招商阶段,村"两委"抓紧商议出租方案,将每套商铺的招租底价定为每年6000元。然而,到村民代表会议表决时,招租底价又变成了每年4000元。王明伟感到事情有蹊跷,要求村支书张应兴说明事情原委。

张应兴的话,并没有令王明伟完全信服,他组织村务监督委员会重新开展走访,村民们的确表示难以承受原来的底价。"降低底价符合实际情况,我们没有异议。"王明伟建议将招租公告,贴到每个村民小组,让老百姓充分了解公开竞价规则。

在乡镇领导和村民代表的见证下,7名"吃螃蟹"的村民经过竞价,最终由5名报价最高者,将6套商铺全部租走。

租户们现场与村委会签约,并将2.4万元租金交到王明伟手中。等所有事项结束,王明伟又将租金转交给村报账员存入集体账户。

不久后,在镇里的帮助下,平寨村又引进了一家铅笔厂,村里用剩下的资金修建厂房主体工程,公司以每年20万元的价格承租,目前已交付首期3年的房租。"被监督也是一种保护,给百姓一个明白,还干部一个清白。"张应兴表示，因为商铺建设开了个好头，干部和村民彼此更加信任，铅笔厂项目建设迅速推进。

现在，集体账户上有了余钱，村里要开展基础设施建设，村务监督委员会的监督自然不可缺位；骑着摩托车穿梭于村寨之间，王明伟也注定没法闲下来……

（原载《人民日报》2019年11月26日，此稿获人民日报2019年11、12月好新闻二等奖）

# 好结尾令结构更完美

《永远做草原上的"红色文艺轻骑兵"》(见附文),结尾结在乌兰牧骑第一代队员、当过第五任队长、77 岁的巴图朝鲁和 3 年前退休、当过第九任队长的斯琴高娃,双休日辅导被牧民群众称为"小小乌兰牧骑"的苏尼特右旗少儿合唱团的场景:

"我们是世界的未来／我们热爱美好的生活／言语不同天南地北／我们有共同心愿……"

歌声飘荡,清澈、明亮,让人想起苏尼特草原的天空,瓦蓝瓦蓝,白云朵朵。

一边是已退休的"老乌兰牧骑",一边是他们在辅导、培育的"小小乌兰牧骑"。乌兰牧骑后继有人,这一寓意于对比中油然而生,从而令主题更加突出,蕴涵更显深刻。

报道刊出后,有人称赞这个结尾构思巧。

这个结尾得来也有点巧。

那天,我们在苏尼特右旗采访吃早餐时,偶遇从呼和浩特来的巴图朝鲁老人,获知他的身份后,顿时眼睛一亮,当即定下,旗少儿合唱团排练时我们去采访。到了那儿,又是一个惊喜,又见到一位老队员斯琴高娃。现实的场景立刻让人想到对比手法。

对比有两种，一种是把两个相反、相对的事物放在一起，还有一种是把同一事物相反、相对的两个方面放一起。前者更突出对立，后者多强调反差。都有使事物特征或本质更鲜明、突出的效果。现在这个结尾，对比还是较隐蔽的，虽强化了老与小的反差，但给人的冲击力还相对较弱。最能显现对比效果的，是置事物于对立中，揭示冲突，读来便格外惊心，令人过目不忘。

第八届中国新闻奖一等奖作品《别了，不列颠尼亚》（见本书第281页），在香港回归报道那场新闻大战中可谓异峰突起，其中所运用的娴熟的对比手法令人印象深刻。

作者的视角十分别致，没写交接仪式多么庄严，没写欢庆回归的人们多么激动，而是运用电影特写镜头的手法，选择英方撤离这个场景，把末代港督乘英国皇家游艇"不列颠尼亚"号撤离香港这一事件放在宏大的历史背景中，从而更加突出了这一事件的历史意义。

我特别喜欢这篇特写的结尾：

0时40分，刚刚参加了交接仪式的查尔斯王子和第28任港督彭定康登上"不列颠尼亚"号的甲板。在英国军舰"漆咸"号及悬挂中国国旗和香港特别行政区区旗的香港水警汽艇护卫下，将于1997年年底退役的"不列颠尼亚"号很快消失在南海的夜幕中。

从1841年1月26日英国远征军第一次将米字旗插上海岛，至1997年7月1日五星红旗在香港升起，一共过去了一百五十六年五个月零四天。大英帝国从海上来，又从海上去。

历史与现实交错出现，不仅画面感很强，而且突出了英国在香港156年统治的终结，历史的回顾更强化了永不再来的深长意蕴。不仅进一步丰富了主题、主线，而且也成就了结构的完美。

此为新华社记者力作。

人民日报在这方面做得怎样呢？

2010年首届夏季青年奥运会闭幕，人民日报记者薛原、季芳写了一篇综述《自青春落笔 向未来出发》。报道这样结尾：

> 26日晚，华灯璀璨的新加坡滨海湾畔，燃烧了13天的青奥圣火缓缓熄灭。3600名运动员相拥道别，由他们写下的这段关于青春、奋斗、友谊、欢乐的奥林匹克故事，不过刚刚落笔。

青奥会是百年奥运打造的第三个赛事，旨在吸引青少年建构一种健康快乐的生活方式，让奥林匹克运动的未来更充满生机。比赛成功闭幕，于首届而言，新的奥运盛典却是"刚刚落笔"，这个评价恰如其分。是结束，更是开始，强烈对比中，积极向上的奥运精神更令人期待，戛然而止中溢出深长意味。

人民日报地方分社的记者也曾奉献过可圈可点的佳作，原驻四川站记者陈华的《守水记》（见附文）堪称代表。这篇通讯说的是夏天水稻进入孕穗期、灌浆期后，乡村两级干部白天黑夜为村民守护灌溉用水的事。结尾是这样的：

> 此刻，已是6月8日凌晨。沿渠而行，不时碰上守水人，望着他们辛劳而疲惫的身影，耳边响起了他们自编的歌谣："月亮越守越大，星星越守越亮，蚊子越守越凶，人越守越瘦……"。

中国古代画论有"深情冷眼"一说，道出了内容与形式相反相成的精义。"深情"的内容，以"冷眼"的形式呈现出来，便近似有了一种背景，把"深情"衬托、突现得更鲜明。《守水记》便是如此，守水人的辛苦，记者是用一种冷静的口吻道来的，质朴无华，"深情"寓于"冷眼"，似抗衡而统一，相反相成。而美，就在相反相成中。

心理学家考夫卡说过："艺术品是作为一种结构感染人的。"好的报道从结构上看，都注重自然和均衡感，给人一种文字建筑的严整美。在审美过程中，意义与形式是不可分割的。结构上的殚精竭虑、力求完美，也会让人在形式美的感受中倍加体味报道的价值和意义。

本书收录的多篇报道，结尾都颇见用心。如《辽宁出实招优化营商环境》一稿（见本书第 244 页），以慈春兰一个电话要回了被拖欠 5 年的工程款的故事开头，以点带面，报道结尾时又回到慈春兰：

"你相信吗，营商局帮我要回这么大笔钱，可我连营商局干部的面都没见过。"慈春兰说，这件事让她看到了辽宁真正改善营商环境的决心，"我决定留下来，还要现身说法，动员我认识的企业家来这里投资兴业。"

有开头的故事做充分铺垫，这样的结尾就很自然，"水到渠成，非由车戽"，而且内容上也递进了，首尾照应，结构圆融。

同样，《他有一股无畏无惧的"犟"劲》（见本书第 94 页）一稿也是这样。开头是去世的检察官范万震家的场景，他的爱人回忆：

"你跟着我吃苦了。过几年我退休后，一起到北京看升国旗。"话犹在耳，人已不在，范万震的爱人高从姣潸然泪下。

而这篇报道最后也是用范万震爱人的话来收结：

高从姣下岗失业，只身赴宜昌打工，夫妻俩两地分居 10 年，直到 2013 年因为要带孙女，才辞职回汉川。
"你这样一直在外奔波，怎么没让老范向院里反映一下困难，或者通过他的关系，帮忙换一个单位？"记者问高从姣。
"我还不了解他？他说过，以公谋私的事儿，坚决不能做。"高从姣含泪答道。

从做事说到做人，写出了范万震的境界。如此收尾收得了无痕迹，也令全篇结构天衣无缝。

受到李宝善社长表扬、宁夏分社采写的《白了滩羊 绿了草原 红了日子》

(《人民日报》2019年4月4日)一稿的结尾也很独特,报道介绍盐池县不仅在宁夏率先脱贫,而且,生态环境也极大改善。记者这样收结:

> 路况好,路上不颠,大家越聊兴致越高。同行的工作人员告诉我们,这回不只是摘掉贫困县的帽,继前几年捧回"全国防沙治沙先进集体"荣誉后,盐池还被评为"全国绿化先进县"。正聊着,他突然手指天空:"看,老鹰!好多过去消失的野生动物,这些年都回来了。"

鹰的出现,富有极强的象征意味。同时,也拓展了文章的意境,令人宕出远神。

可见,结尾是表现主题的最后一锤,也是令全篇结构完美的重要部位,精彩的结尾可以起到深化主题、画龙点睛、激发感情、引发思考的作用,让报道最后给受众留下一个完整、深刻的印象。

进入新媒体时代,结尾这"最后一锤"又增添了新的更重要的内涵。一位由媒体人转行去写公号的作者说:公号写作要求文章结尾有很高的水准,因为通常情况下,读者看到最后,才会转发。

例：

内蒙古苏尼特右旗乌兰牧骑：

## 永远做草原上的"红色文艺轻骑兵"

费伟伟 吴 勇

7月的苏尼特草原骄阳似火，印着"乌兰牧骑"四个字的大巴车颠簸在砂石路上，赶往距旗政府所在地136公里的赛罕乌力吉苏木额很乌苏嘎查。

我国第一支乌兰牧骑诞生地——内蒙古锡林郭勒盟苏尼特右旗，乌兰牧骑又下乡演出了。这是今年的第六十八场演出。这趟出来，要走十几个嘎查。

"上午有党日活动，接下来要开牧民大会，说村务公开情况，还要商量草场、草料分配。人挺多，牧民就说了，快把我们的乌兰牧骑请来吧。这不，一联系，孟克队长就带着他的'兵'来了。"嘎查长（村委会主任）同嘎拉嘎高兴地说。

"习近平总书记于2017年11月21日给我们回信后，大家天天都有使不完的劲。去年我们演出了187场，有103场是下乡。往年天气允许才下乡，现在牧民们有需求我们都尽量满足。"苏尼特右旗乌兰牧骑队长孟克吉日嘎拉告诉我们。

**"回信为我们明确了创作定位"**

苏尼特右旗乌兰牧骑成立于1957年6月17日，是全国第一支"红色文艺轻骑兵"。在乌兰牧骑诞生60周年之际，大伙儿都有一个心愿，给习近平总书记写封信，汇报汇报。

"没想到，总书记给我们回信了。"今年12月就年满60岁的刚宝力道，是苏尼特草原上名闻遐迩的说唱演员,"看到总书记回信的当天晚上,我就创作了牧民们最喜欢的说唱'好来宝',让苏尼特草原更多人分享我们的喜悦。"

歌曲、好来宝、器乐演奏、舞蹈……在额仁淖尔苏木阿尔善图嘎查的草原上,一个个节目相继登场。地方小,牧民们挤坐一起,有的还特地换上过节的民族服装。来晚了,就靠人群外圈站着。不少人边看边用手机拍摄。每个节目结束,都会爆发出热烈的掌声和喝彩声。歌舞正酣,几位牧民按捺不住兴奋,也入场一展歌喉。

"每次下乡演出,都像在家里一样亲切。"舞蹈演员黄小云艺校毕业后曾到深圳工作过一年,起初回到家乡加入乌兰牧骑时不太适应。"在草地上跳舞,脚崴过的次数数不清,但我现在越来越离不开乌兰牧骑了。被牧民们需要、欢迎的感觉很美。"黄小云本来不是舞蹈编导,去年,她根据第一代乌兰牧骑3位女队员绣队旗的故事,主动编创了三人舞《乌兰牧骑之花》,在2018年9月举行的中国蒙古舞大赛中获得编导优秀奖和表演铜奖。

"总书记回信后,大家热情高涨。排一场晚会,过去要3个月,现在主动加班加点,20天就能排练出一台晚会。"今年58岁的老队员乌力吉图告诉记者,他这个快退休的人现在也像年轻人一样充满干劲,去年3月创作的好来宝《守法好公民》,迄今为止已演出100多场。

"接地气、传得开、留得下,回信为我们明确了创作定位,是我们努力的方向。"孟克吉日嘎拉告诉记者,在去年7月内蒙古首次举办的乌兰牧骑新人新作展演中,他们蹲点两个月,根据牧民剪驼毛、搓毛线场景创作的舞蹈《苏尼特布思贵》,获表演一等奖。2018年,全队先后有6部作品获自治区级奖项。

前不久,队员们在牧区表演小品《相亲》,倡导牧民少饮酒,演出结束,一位看演出的牧民找到孟克队长:"你们演得太好了,酒喝多了确实误事!"

**社会服务"搭车"乌兰牧骑**

婉转沉郁的琴声、抑扬顿挫的说唱、声情并茂的表演,在额很乌苏嘎查,记者又见到了临近退休的刚宝力道。

他已在苏尼特右旗乌兰牧骑工作 43 年，原本可以留在队里带带学生、搞搞创作。但现在每次下乡演出，刚宝力道都请缨，"不能辜负了总书记的嘱托"。刚宝力道这天表演的是自己新创作的好来宝《法治铁拳除罪恶》。

"他唱得对着呢！我们也要学会用法律保护合法权益。"牧民额尔登巴特尔告诉记者，听说乌兰牧骑来了，他们一家三口兴冲冲地一早就从 6 公里外赶到嘎查，"不仅看演出，还能学到很多知识呢。"

寓理于情，寓教于乐。同嘎拉嘎告诉大家，村务公开内容现在上了网，以后不用到嘎查，在手机上就能看到，"今天乌兰牧骑的孩子们来了，不会弄的让他们教教你们。"

为广大农牧民送去欢乐和文明，传递党的声音和关怀，是乌兰牧骑始终秉承的优良传统。

2018 年底，内蒙古开展"弘扬乌兰牧骑精神，到人民中间去"基层综合服务活动，借助乌兰牧骑演出时群众相对集中的机会，联合多个部门，将政策宣讲、文化辅导、医疗帮扶、农牧业知识普及、法律援助等服务项目整合，为偏远农牧区提供综合性服务，使这项活动更加规范化、制度化。

苏尼特右旗畜牧工作站站长额尔德木图介绍，最近有一次综合服务下基层活动，他才讲了几分钟，牧民们就迫不及待地咨询各类问题。"接羔保育、疫病防治、养殖技术、牛羊诊病、价格走势，可多啦！我讲完，还有好几个牧民追出屋外拉住我问。"额尔德木图说，"我们参加综合服务活动的几个部门都觉得，搭上乌兰牧骑这个'车'真好，牧民一听乌兰牧骑来了，跑来快着呢，比我们单独组织活动效果好多啦！"

额很乌苏嘎查地处偏远，144 户居民中有贫困户 24 户。2016 年，苏尼特右旗乌兰牧骑全体队员集资 3 万多元，为这个嘎查的牧民打了口井。牧民在井旁立了一块碑，取名"乌兰牧骑井"。

去年他们了解到这里的牧民办红白喜事，要到百公里外的旗所在地，是一笔不小的负担。乌兰牧骑帮助嘎查提建议，协调到一笔专款，新建了一个 200 平方米的活动室，捐赠了音响设备，购置了电子屏，还组织张罗文艺演出。

牧民们如今在嘎查就可办事宴,再也不用奔波100多公里了,少花钱,还省时间。

### "当一辈子'红色文艺轻骑兵'"

7月10日,夏日炎炎,77岁的巴图朝鲁从呼和浩特坐长途班车来到苏尼特右旗,花了4个多小时。退休多年的他是苏尼特右旗乌兰牧骑第一代队员,曾担任第五任队长。

第二天,巴图朝鲁出现在旗少年活动中心,同他在一起的,还有4年前退休、第九任乌兰牧骑队长斯琴高娃。他们利用双休日,前来辅导少儿合唱团训练。

演出、宣传、辅导、服务,是乌兰牧骑的四大职能。走过60多年历程的乌兰牧骑,一茬一茬队员,初衷不改。"总书记回信后,我们每个人心里都燃着一团火。我要当一辈子'红色文艺轻骑兵',为乌兰牧骑事业多做贡献,再苦再累心里也甜。"巴图朝鲁笑着说。

苏尼特右旗少儿合唱团成立于2017年,有40多名队员,从小学3年级至5年级学生中选出,绝大多数是来自牧区的孩子。去年7月,他们参加了第十四届中国国际合唱节,广受好评。回来后,他们多次为牧民群众演唱,被称为"小小乌兰牧骑"。

"我们是世界的未来/我们热爱美好的生活/言语不同天南地北/我们有共同心愿……"

歌声飘荡,清澈、明亮,让人想起苏尼特草原的天空,瓦蓝瓦蓝,白云朵朵。

(原载《人民日报》2019年8月12日,此稿获人民日报2019年精品奖)

**附：**

龙居大旱，水贵如油。为合理分配用水，乡村干部脸瘦了一圈，村民多了理解，少了怨言。记者夜行踏看，写成——

## 守水记

陈 华

到四川省什邡县采访，没想到当地眼下矛盾最大的，既不是收购打"白条"，也不是乱摊派。让农民最揪心的，是"双抢"缺水。

县水电局局长余存忠向记者介绍，今年5月1日至6月7日，全县降雨量不足去年同期的三成。

龙居乡旱情最严重。这个近1.6万人的乡，在1.48万亩耕地中，水田就占了1.32万亩。靠水维生的龙居人，邻里常常为争水而产生纠纷，"有时，连儿子老子都不认得。"

到了乡政府，见一黑板上写着：6月7日晚到第二天上午11时守水人员名单。"守水？"乡长吕贤江向我解释，由于缺水严重，采取了统一协调、轮流灌溉的办法。什么时候、灌溉什么地方、放多大的流量等具体工作，都是由坚守在4个支渠、12个斗门和2个流动组的乡村干部承担。

夜幕已经降临。乡党委书记刘朝荣陪着我去看看守水的同志。车沿着四支渠行驶，迎着车灯，走来一荷锄农民，对着车嚷了句："快点去看一下，水咋那么小？咋个淹田嘛。"走不多远，来到红星村的"幺店子"，店主刘友庸一见刘书记就反映："上头都淹成了海，可我这儿还是干的，你说咋办？"我一打听，原来他家的3亩多地，处在"尾水"的不利位置，水流到地里已很小了。

沿着水渠边走边谈，忽见前面有电筒光，走近一看，是两个乡干部在查看斗门。老者叫惠远德，已到了抱孙子的年龄，为了乡里人搞好栽种，老人身裹雨衣，手拿电筒，没日没夜地在沟渠边巡视。乡长吕贤江说，打 5 月 13 日以来，乡、村干部就没睡过好觉，全乡 20 余公里的渠道上，到处留下了他们的足迹。

正说着，一辆巡夜的摩托车走近了，上面是副乡长唐庆光和乡水管员文少奇，他俩负责用水的总协调，被称为"掌勺的"。文少奇已连续熬了 6 个通宵，累得便血，他声音嘶哑，借着手势直说："没啥。"

乡亲们是这一幕幕的见证人。农民梁廷贵讲，"我半夜三点还看到渠边有电筒光。"正在灌田的农民告诉我们，没有干部守水，就要发生纠纷，还要毁坏水利设施，地里的秧苗就活不了。

当然也不是人人都满意。一晚，刘书记在三支渠守夜，来了一群年轻人冲着他发火。面对大家的情绪，乡干部总是因势利导，一方面讲清道理，另一方面把水的分配情况公开。人心都是肉长的，看到这些日子，上自县委书记董玉梅，下到自己身边的乡、村、组里干部日渐消瘦的面容，龙居人也多了份理解，少了些怨言。看着一亩亩得到灌溉的田地，刘朝荣感到很欣慰："今年是天最干的一年，但基本上做到了不死苗，人心不慌。"

此刻，已是 6 月 8 日凌晨。沿渠而行，不时碰上守水人，望着他们辛劳而疲惫的身影，耳边响起了他们自编的歌谣："月亮越守越大，星星越守越亮，蚊子越守越凶，人越守越瘦……"。

（原载《人民日报》1993 年 6 月 10 日，此稿获第四届中国新闻奖二等奖）

**附录一**

# 上海长江医院的行骗黑幕是这样被撕开的

2006年,继北京新兴医院之后,央视连续两年的医疗广告"标王"、自称"送子医院"的上海长江医院,成为媒体口诛笔伐的标靶,并由此牵出了民营医院"莆田游医"的背景内幕,引发了舆论对民营医院的大规模质疑。有人因此而感叹:中国民营医院的冬天到了。而引发这场风暴并持续推动这场风暴的,就是我们——人民日报社主办的《市场报》。

1月23日,《市场报》以头版头题刊出报道:《揭开上海长江医院暴利黑幕》。报道披露,以宣称治疗不孕不育、靠电视广告狂轰滥炸而闻名全国的民营上海长江医院,2005年6月,将来求诊的安徽患者叶雨林及其丈夫分别诊断为"原发性不孕"和"男性不育",治疗5天索要3.7万元。而事实上,叶雨林此时已经怀孕。怀孕少妇竟被诊为"不孕"!报道拷问这家赫赫有名的"送子医院",巨额财富究竟从何而来?一石激起千重浪,这篇报道抓住了广大读者的目光,引爆了全社会对这家骗子医院的强烈关注。

由此发轫,截至5月29日,《市场报》先后共刊出10篇报道:《对这种骗子医院,不能再视而不见了!》《上海长江医院:致人死亡事故重金摆平不了了之》《卫生部门官员:将严查上海长江医院》《政协委员:这么大的骗子医院为何整治不了》《上海长江医院再曝"孕妇不孕"丑闻屡演重金"摆平"闹剧》《"广告医院"只是看上去很美》《长江医院3次将孕妇诊断为不孕症》《上海长江医院冒用全国放心医院》《上海长江医院:穿新鞋就能走老路?》。在近半年的时间里,《市场报》强势介入,重磅引爆,穷追不舍,屡掀全国舆论界对上海长江医院大规模声讨的热潮。

是役,《市场报》打出了声势,极大地提升了社会影响力。尤其值得一提的是,近年来,迅速增加的新闻官司,以及在地方保护、行业保护背景下,一些地方政府部门对舆论监督报道过多干涉,让许多媒体头疼不已。但这组历时近半年的连续报道,由于时刻注意把握分寸,掌握火候,既没引起批评对象的强烈反扑,也没引发当地政府或相关部门以组织身份出面的干涉,在各篇报道重磅落地的同时,又安全运行,使连续报道得以顺利推进。这一批评报道在组织策划方面应该说是相当成功的。

回顾这次报道,我觉得有这样几点值得总结。

### 一、批评性报道选题要注意宏观思维

对上海长江医院"孕妇不孕"事件的报道,《市场报》并非首家。2005年下半年,上海几家地方媒体即曝出有关上海长江医院"孕妇夫妇被当作不孕不育治疗,五天花掉三万五"的丑闻,一些网站也做了转载。到《市场报》再度报道时,事情已过去了好几个月。对这一"旧闻"我们为什么还要做报道?为什么这团"冷饭"让我们一"炒",竟成了轰动全国的新闻?

关键就在于我们秉承多年来高举舆论监督大旗、维护市场秩序的办报理念,试图抓住怀孕少妇竟被诊断出"不孕症"这一事件,对上海长江医院戴着"送子"光环的骗子行径进行深入剖析,从而对医疗市场秩序的整治起到推动作用。这样一个报道的出发点,使我们的报道跳出了就事论事的窠臼,而站到了一个较高、较为宏观的层面上。

在时效大大滞后的情况下,我们仍然确定长江医院这一报道选题,主要出于这样几点考虑:

1. 我们认为,几家地方性媒体的报道之所以没有引起全国性关注,很快陷入沉寂,原因在于其报道自身存在硬伤,即关注的层面较浅,使这一起本来性质相当严重的医疗事件变成了一则茶余饭后的社会新闻。

如某网站的标题为:

**孕妇夫妇被当作不孕不育治疗　五天花掉三万五**

某报的标题为:

(引题) 5 天花去治疗费 3.7 万元　安徽夫妇经历悲喜两重天
(主题)**怀孕女子被诊断成不孕症**

标题立意低俗,制造了这幕荒诞闹剧的上海长江医院,在标题中竟全然失去踪影。这无疑大大弱化了报道批评的力度。综观这次报道,无一家媒体将批评的锋芒触及上海长江医院把行骗作为其盈利模式这一较深层面。

2. 虽然事件过去了好几个月,但上海长江医院并未吸取教训、改恶从善,而是变本加厉,进一步加大了在央视和地方电视台广告投放的力度,企图以此消除之前媒体报道的不良影响。收集相关材料时我们进一步发现,早在 2003 年初,成立不久的上海长江医院便曾因患者举报而被上海虹口区药监局查处。当时这家医院被抽查的 19 种药品中,有 16 种被认定是假药、劣药,故被处以 20 万元罚款(据上海《新闻晨报》)。

由此我们判定,如果继续深挖,这家屡屡被打而屡教不改的黑心医院,肯定还存在其他严重问题。由于其对社会的危害性仍在继续,因此,我们做这一选题应该仍具相当新闻价值和社会效应。

3. 医疗市场和公众切身利益息息相关,近年来该领域的转轨、变革较为迅猛,成为新闻事件高发区,也一直是广大读者关注的热点。抓住热点问题深入挖掘,当可大有作为。

中国民营医院出现于 20 世纪 80 年代,但直到 2001 年医疗市场开放,才算真正进入市场。民营医院本来是医疗市场的一种有益补充,从理论上讲,它的进入只会引发"鲇鱼效应",给广大患者更多的优化选择。而事实上,理论的龙种,收获的却是现实的跳蚤。

近几年,不少民营医院通过精心包装各种"专科""专家",大搞铺天盖地、真假难辨的广告轰炸。有的还通过各种手段,在当地拉拢公权充当保护伞。

那些能够识破其骗局的群众，义愤填膺而又无可奈何；很多受广告迷惑上当受骗的弱势患者，往往被榨光最后一个钢镚儿，负债累累甚至倾家荡产。由于这些骗子医院通过强势广告流毒全国，客观上需要媒体多提醒，反复提醒，这类报道有持续的读者需求。

因此，我们不避"炒冷饭"之嫌疑，并将其作为一个战役性报道选题精心准备。1月23日，《揭开上海长江医院暴利黑幕》刊出，报道中虽然不乏独家发现，如首次披露了上海长江医院长期从事国家严格限制的输卵管吻合手术，并且一个小小的外科手术，收费竟达数万元，但新闻事实的主体，还是原来多家地方媒体披露的那个事件。

然而，由于我们通过对事实更为详尽的披露，客观揭示了上海长江医院牟取暴利的行骗内幕，使许多读者读后深为震惊。报道刊出当天，迅速登上各大门户网站的显要位置（人民网当天新闻点击率排行第一）；1月24日，众多报纸纷纷转载；此后多天，新华社、《中国青年报》、《光明日报》、《工人日报》等众多主流媒体纷纷发表评论。上海长江医院迅速成为全国媒体关注的焦点。

## 二、重大批评报道要善于营造声势

这组报道选择在岁末年初推出，主要考虑此时为所谓的"新闻淡季"，各媒体、门户网站稿件都少，好的批评性报道更少，此时发表，社会关注度会高于平时。报道刊出后引出的强烈反响证实了我们的想法。

"新官上任三把火"。批评性报道要强势出击，也要踢响前三脚。《市场报》为周三刊，1月23日，头版头题推出第一篇；1月25日，紧接着下一期《市场报》又在一版醒目位置，推出《对这种骗子医院，不能再视而不见了！——人民网、新华网网友热评本报〈揭开上海长江医院暴利黑幕〉》。

我们原设想首篇报道由人民网转载后，一定会引发人民网网友的热评，计划综合网友热评做一篇。结果刊出后社会反响之强出乎我们意料，许多网站都转发了，网民热评如潮。最后决定，只综合人民网、新华网两家主流网站的网评来做。

接下来就是春节了。春节结束刚上班,2月6日,许多读者惊喜地发现,《市场报》再度出击,在头版头题刊出了上海长江医院的连续报道:《知情者再曝上海长江医院黑幕——致人死亡事故重金摆平不了了之》。

我们原先计划推的第三篇报道有两个设想,一是就此事件,请在上海的人民日报社华东分社采访上海市卫生行政部门,了解他们的相关态度;二是在北京采访国家卫生行政管理部门,反映有关部门的意见。首篇报道一推出,即着手联系此事,可时近年底,采访等遇到很多困难。

但东方不亮西方亮。首篇报道刊出后,读者拍手称快,有了解内情的读者主动联系《市场报》编辑部报料,我们慎重进行了核查,有关同志春节放弃休息做调查,最后值班副总编辑亲自斟酌稿件,推敲字句,赶在节后上班第一天,同样是"新闻淡季",同样是最易引起社会反响的黄金时段,推出了抨击上海长江医院的第三篇报道,顿时又掀起一轮媒体关注的热潮,人民网转载后当天点击率排名第二。

一周后,2月15日,我们又在一版显要位置推出了第四篇报道:《卫生部门官员表示将严查上海长江医院》。

此后,我们一方面密切关注上海长江医院和相关管理部门的动态,另一方面,在一时没有发现新的新闻事实的情况下,主动抓住时机营造新闻点,不让上海长江医院这一未有结果的新闻话题在媒体、大众的视野中沉寂。比如,"两会"期间,我们安排上会记者采访时,特别策划了一组就上海长江医院事件对全国政协卫生界委员的采访。随后,在3月15日,作为"3·15"特别报道的一部分,在一版显要位置刊出《全国政协卫生界委员抨击上海长江医院 这么大的骗子医院为何整治不了》。既满足了读者的阅读需求,同时也保持了重点批评报道的热度。

要营造声势,当然首先在于自己,报道要组织充分,策划周详,要用足各种版面语言。《市场报》在这次历时近半年的追踪报道中,先后刊出10篇稿件,或作为最抢眼的头版头题,或置于一版显要位置,"虎头猪肚豹尾",一直给予最好的版位。

此外,要营造声势,还要善于与其他媒体结盟,发展壮大统一战线。多年从事舆论监督的实践告诉我们,容易惹新闻官司的,往往是首发媒体、独家报道。况且这次我们对长江医院的报道,在收集素材的过程中,拿不到政府部门出具的证明,而"神通广大"的长江医院则很可能拿出政府出具的什么证明,钻法律的空子而置我们于不利。但是,倘若我们变"独唱"为"领唱",尽快使这把火烧成燎原之势,形成人人喊打的局面,那么,就能始终牢牢掌握报道的节奏,赢得这一战役性报道的主动权。

因此,首篇报道《揭开上海长江医院暴利黑幕》刊出后,凤凰卫视和《南方周末》等媒体与我们联系时,我们要求记者毫无保留地按照对方的要求提供相关帮助,全力以赴予以配合。2月19日,凤凰卫视在晚间黄金时段的《文涛拍案》节目中,推出了与《市场报》记者连线合作的关于上海长江医院的报道。3月2日,《南方周末》也在头条刊出《"送子神话"的背后 上海卫生局、药监局全面调查上海长江医院》。

事实上,媒体间的合作是互惠互利的,本报记者通过与凤凰卫视的合作,又了解到了部分此前尚不掌握的新闻事实。就在凤凰卫视有关节目播出后的第三天,2月22日,我们又在头版头题作导读,用整版篇幅刊出了两篇报道:《上海长江医院再曝"孕妇不孕"丑闻 屡演重金"摆平"闹剧》《"广告医院"只是看上去很美》。

与此同时,各新闻单位也纷纷转载我们的报道,发表评论,短时期内迅速形成了强大的舆论压力。在这一强大的舆论压力下,上海市开展了为期一个月的规范医疗服务专项整治,对几百家民营医疗机构展开大清查,上海长江医院也几乎每天都要忙于"迎接"各个主管部门、各级机构的检查。

上海有关部门的专项整治虽然未能撼动长江医院的根基,但强大的舆论压力之下,它的嚣张气焰不得不有所收敛,原本铺天盖地的广告剧减,甚至有些地方已经不见踪影。由于我们及时营造声势,形成了一种对上海长江医院人人喊打的局面,使批评对象四面楚歌、应对不暇而无力反扑。这样一来,又保证了我们后续报道的安全运营。

### 三、批评报道要重视培养专家型记者

好鼓要重锤。在确定了将上海长江医院报道作为一次战役性报道组织后，我们将最关键的开篇报道的采写重任，交给了在医疗报道领域从事批评性报道已有相当经验的两位年轻记者王海、张向永。两人合写的《河南肿瘤医院有"黑市"》《药品走私黑手伸进病房——珠江医院使用走私药品的调查》《病房竟成走私药品销赃地》，以及王海参与采写的《安国：药都造假无法无天》，刊出后中央领导同志曾做出批示。

土地要向种田能手集中。我们认为，做批评性报道的道理也相同，也要有意识地培养潜力大、素质高的记者，给他们多压担子，引导他们在某一领域做深做强。河南肿瘤医院、珠江医院的报道线索是记者自己发现的，我们从这些报道中发现了两位年轻记者在医疗领域的潜力后，有意识地给他们安排相关选题，比如《安国：药都造假无法无天》一稿，就是我们掌握线索后安排王海和另一位记者采写的。上海长江医院的报道也是这样，我们定下这一选题后，于2005年末，安排王海、张向永两人开始做报道准备。

起初，王海和张向永通过登录各种医疗论坛，大量搜集和长江医院有关的论坛帖子，找到了一些对长江医院有所了解——比如在此治疗甚至工作过的当事人的线索，通过积极沟通，得到了许多和长江医院相关的有效信息，并对长江医院的盈利模式、操作手段有了基本的轮廓式了解，由此而进一步坚定了深入采访的信心。

2006年元旦刚过，两位记者即赴上海，开始了为期一周的调查。两人采取白天蹲守医院、晚上深入求医者所住旅馆的办法搜集病例、病历、费单、录音等资料，单是这项工作就进行了3天。大量的证据表明，大检查、大药方、高收费，甚至夸大病情，并不单是叶雨林及其丈夫的遭遇，而是长江医院对患者普遍采用的连环骗局。

之后，王海约了一位在上海读医学研究生的女同学，以打工夫妻的身份挂号就诊，全程实录了长江医院坐堂大夫无视医学常识恐吓、诱逼、承诺等种种暗含心理战术的说辞。

此外，记者走访患者时还了解到，长江医院长期从事输卵管吻合手术。这个手术由于违反计划生育基本国策，被国家严格限制。但长江医院利用正规医院不敢做这个手术的空子，大肆开展该手术项目。一个小小的外科手术，收费竟然高达数万元。

在掌握了大量事实之后，记者由暗访转为公开采访，在和长江医院的接触中，记者获得了院方种种破绽百出、十分可笑的辩解录音（而在报道中适当披露一些批评对象的说法，能使报道更加客观，消除读者对记者会不会"偏听偏信"的担忧）。证据确凿，事实充分，这也是我们虽然还缺乏政府部门出具的证据，但仍勇于向上海长江医院发起攻击的信心所在。

### 四、不圆的句号，沉痛的教训

2006年5月29日《上海长江医院：穿新鞋就能走老路？》一稿，是我们有关上海长江医院的第10篇报道，并不是我们计划中的最后一击。此稿刊出后，一方面王海、张向永两位记者通过包括内线在内的各方面关系，一直牢牢盯着长江医院方面的动向，《市场报》联系国家卫生行政管理部门的记者也始终关注着有关方面的动态；另一方面，由于人民日报社已决定2007年元旦起停办《人民日报·华东新闻》版，人民日报社华东分社对我们在批评报道方面的配合力度显著增强，《长江医院3次将孕妇诊断为不孕症》一稿就是华东分社主动提供的，他们明确表示将配合我们强力关注上海政府部门对长江医院问题的处理情况。

然而，9月份，在上海长江医院的网站上，却出现了"市场报授予上海长江医院'第四届中国市场用户满意品牌'"的头条新闻。

"人民日报社《市场报》今年初还在连续大骂'上海长江医院'是'骗子医院'，可是才几个月，又是这个《市场报》，竟然把'上海长江医院'评为'第四届中国市场用户满意品牌'。奇怪！奇怪！！奇怪！！！"一位网友在网上这样留言。失望之情溢于言表。

获悉此事，我的第一反应是：上海长江医院对我们恶意中伤。然而再仔细一了解，不禁扼腕长叹！

"第四届中国市场用户满意品牌"评选活动是由中国企业文化促进会、中国中小商业企业协会、《市场报》等7家单位联合主办的公益活动。在上海长江医院获奖的证书上，《市场报》的大印列在第三位，上海长江医院特地把它从这7家中挑出来，称由《市场报》授予他们"用户满意品牌"。司马昭之心，路人皆知矣。

但我们确实也是百口莫辩。这一由《市场报》经营部门参与其中的活动，此前已经进行了三届，《市场报》有关领导大概不会想到上海长江医院会跻身参评的上千家企业中浑水摸鱼，但可以肯定地说，《市场报》经营部门具体参与这项活动的同志是十分清楚上海长江医院的所作所为的。令人遗憾的是，完成经营任务的压力让他们闭上了另一只眼，或者说是装聋作哑。

《市场报》这些年确实一直面临着经营方面的极大压力。早在我们准备推出首篇《揭开上海长江医院暴利黑幕》报道之前，某报一位负责人就当面向我转达，如果此稿不发，对方表示可以考虑给我们若干专版或以其他形式合作。我们断然拒绝。

此前，我们反复强调的是新闻记者、编辑的职业道德，特别对记者采写舆论监督报道，制定了多项严格的规章条例，防止个别记者以舆论监督相要挟牟取私利，而对经营人员这方面的教育、要求重视不够，把关不严。

从事舆论监督报道，可谓阻力重重，风险重重。但《市场报》这组关于上海长江医院的系列批评报道，由于选题精准，采访扎实，把握火候到位，掌握节奏得当，还是受到了社会各界的广泛好评。犹如壮士起舞，虽脚戴锁镣，却依然跳出了一支激越优美的劲舞，赢得满场掌声，结果却不得不悄然收兵，好似被我们自己的舞台工作人员扔出的一根草绳绊倒了。此情此景，令人愤怒，又令人尴尬，只能是欲说还休了。但我们最后还是想说这样一句话——也是此事给我们的深刻教训：千里之堤，溃于蚁穴。要让舆论监督的旗帜高高飘扬，不仅要重视抓新闻记者、编辑的职业道德，而且必须重视抓好每一个新闻从业人员的职业道德，警钟长鸣！

（2006年12月23日，在北京第六届新世纪舆论监督论坛上的发言。作者时任人民日报社《市场报》副总编辑）

## 附录二

# 抓什么　怎么抓　怎么写

最近几位记者站的同志反映，原来写稿主要关注深度报道和舆论监督报道，今年改版后，编辑部要求各站多抓新闻，有点不大适应，不大明白按照改版后新定位的新闻要怎么抓。今天利用开记者站工作会的机会，谈一谈我个人对改版后新闻定位的理解。

## 一、抓什么

《市场报》总编辑王咏赋同志在《改版致读者》中给改版后的版面内容这样定位："坚持正确导向，突出市场特色，围绕百姓可感知、可进入、可享有的市场展开报道，贴近实际，贴近群众，贴近生活。"

这段话我以为说了两层意思。其一，是"突出市场特色"。年初，我曾就本报两篇稿件的修改谈过这个问题，在此重申一下：

请大家关注本报最近两篇报道，一篇是1月12日二版《"无假货"示范点将重新确认》，另一篇是1月15日四版《旅游度假区岂能这样建》。这两篇稿都是王总亲自修改的。

12日稿脱胎于《人民日报》11日消息稿，《人民日报》稿穿衣戴帽，中规中矩，从意义到各项工作面面俱到。15日稿，原稿记者采访扎实，叙事清晰，重点围绕开发公司非法圈地建高尔夫球场的事实展开，是一篇不错的调查性舆论监督报道。对前者，王总根据本报读者对象，就2007年"百城万店无假货活动"要开展的十项活动做了取舍，从标题到内容都突出与"市场"有关的部分；对后者，王总由原稿非法占地砸了数千农民饭碗的角度，扭到了如何规范建设旅游市场上。

王总为什么这么改？打一个不太恰当的比方，就是要把原先各报都可以刊登的"通用件"，改造为与我们改版后新的定位相吻合的"专用件"。"专"在哪里？就在于牢牢扣住"市场"二字，更加突出市场特色。

特地提出来这两篇报道请大家关注，是希望能够达成这样一种共识：今后，无论采写一般消息，还是包括舆论监督在内的深度报道，都要进一步围绕增强本报"市场"特色做文章。通过精准定位，逐步打造出新《市场报》更加关注市场、强化市场特色这一品牌。

记者站的同志在发言中还提到，对改版后有些比较宏观的话题能否再报道感到困惑。事实上，"突出市场特色"，并非完全否定其他非市场，但具有重要新闻价值的宏观性话题的报道。改版后特别强调"突出"市场特色，是针对以前《市场报》长期以来作为一种泛经济类报纸报道过于宽泛而言的。有些话题可能比较宏观，但如果有助于提升《市场报》的影响力，仍然是应该做的。只不过这类稿件不能再像以前那样视作重点，成为报纸的常态，数量上要控制，因为本报当下的常态，就是要"突出市场特色"。

其二，是"围绕百姓可感知、可进入、可享有的市场展开报道"。怎么理解？举例来说，上周开版面策划会时，有位编辑针对最近媒体披露的吉林大学负债60亿元的新闻，拟组织一篇有关高校资产经营亏损的分析性报道。社科院《2006年：中国社会形势分析与预测》显示，到2005年，我国公办民校向银行贷款总额达1500元—2000亿元，几乎所有的高校都有贷款。教育产业市场我们当然可以关注，问题是从什么角度切入。如果是从分析结构调整等较宏观的层面切入，普通读者就不爱看。王总提醒编辑不要着眼宏观，而要从普通读者熟悉的大学教育高收费的角度去切入，比如有些学校是不是通过提高学生的收费化解债务危机。道理很简单，眼下，教育、医疗、养老被称为百姓身上"新的三座大山",教育领域的高收费现象是读者十分关注的。这就是"围绕百姓可感知、可进入、可享有的市场展开报道"。

再举一例。今年改版后,汽车的版面虽然还保留,但由原来全面关注生产者、经营者、消费者,收缩为重点为汽车消费服务。那么,再从产业角度谈轿车工业的结构调整、自主创新什么的,显然就不符合今年改版后的新定位。但中国轿车如何创自己的品牌、如何生产让更多普通消费者消费得起的好车,同样是读者十分关注的。美女名车,人皆好之。名车背后的故事仍然值得我们关注,因为它同样是"百姓可感知、可进入、可享有的"。

3月30日《城际快递》版上,江苏记者站刘益广发了篇南汽生产的国际品牌罗孚的名爵轿车在南京投产的消息。王总把标题改为"MG名爵开辟'第三条道路'",从一条新车投产的动态新闻中,将这一整年最具新闻价值的那个点拎出来。此前汽车工业发展常说两条路,一条是自主打造民族品牌,另一条是通过合资,引进国外资金、技术、品牌打造品牌。而南汽是在全盘收购国际知名品牌的基础上,通过消化吸收创新,再打造完全自主的国际化汽车品牌,所以被业内称为"第三条道路"。它的意义实际上已不限于汽车工业,"第三条道路"的模式,对整个中国工业乃至中国经济如何在全球化的大背景下发挥后发优势加快发展,都有深刻启示,这同样是读者关心的话题。

王总在《改版致读者》中谈到新定位时还说:"市场动态、市场内幕、市场门道……这些信息是您想知道的,也是本报将努力提供的。"南汽是如何全盘收购国际知名品牌,如何通过消化吸收创新再打造完全自主的国际化品牌的,这一"市场内幕、市场门道"也正是我们改版后仍然需要关注的。

## 二、怎么抓

1. 抓全局——要善于抓具有全局意义的新闻

何为全局意义?就是要把一个具体的新闻事件放在全局中审读它的新闻价值,把微观与宏观相融通,从宏观的角度发现微观新闻的意义。新华社科技记者韩松讲过一件事,或许可以给我们一点启发:

有一次，我和一位科技记者去采访北京高温气冷核反应堆开工仪式。那位记者对我说，他为了写好这篇稿子，买了一堆讲核反应的书，花了几天时间，才把这件事搞懂了。他后来写的新闻主要是介绍这种堆型，用不少技术细节介绍它如何产生反应。这当然也是科技新闻，但我认为，因为作者把注意力放在科技上面了，就漏掉了真正的新闻。

真正的新闻是什么呢？是中国第一次在首都、在一座特大城市附近建一座核反应堆（虽然是一座试验堆）。新闻在于这件事本身的震惊性，而不是反应堆本身是什么堆型，如何产生反应。我换一种写法，题目是《中国在北京附近建设核反应堆》，没去介绍反应是如何进行的，而只用了一句话讲它是安全的、很先进的一种堆型，所以可建在大城市的附近。我主要解释这件事在中国和平发展核能源历史上的意义和它的兴建对中国未来经济发展、对世界和平的意义。写科技新闻要看科技事件之外隐含着的更重要的新闻价值。

对"更重要的新闻价值"我再多说几句。大家知道，建三峡工程时，反对意见之一就是万一国际环境发生变化，敌方毁掉三峡大坝的话，会导致滔天洪水一泻千里，小半个中国都变成一片汪洋。同样，在中国的首都、人口上千万的特大型城市的附近建核反应堆（虽然是一座试验堆），万一国际局势有变，便有可能诱发巨大的灾难。而中国政府做出这样的选择，表明我们决不允许让"万一"出现，也向国际社会清晰地传递了中国坚定不移地走和平发展道路这样一个信念。

这就是站在全局的高度来审视、把握具体新闻事件的新闻价值，从微观事件中发现其宏观意义。

记得一年前大致也是这个时候，江苏站刘益广同志发过一篇稿，说南京的普通市民现在没有吃刀鱼的口福了，每斤一千多元的天价，只有土豪们才消受得起，再次为长江环境生态的恶化、渔业资源的枯竭敲响警钟。新闻点抓得挺巧，写得也挺活，但影响并不大。什么原因呢？因为许多人从没尝过刀鱼的滋味，即使喝长江水长大的人，不少人也没吃过刀鱼，缺少感同身受，地域色彩过浓。

最近，刘益广写了篇南京一家医院强迫病人家属在手术前签生死状——履行"签字"程序的报道。这虽然是发生在南京一家医院的事情，但所反映的问题是普遍的，是医疗市场长期存在，并且许多读者都亲身经历过的，可以说是"司空见惯"。这个话题虽然人尽皆知，可并没人去认真关注，因此一提出来就触动了整个社会的神经，引起各界的强烈反响。人民网转载后，引起网民的热议。所以我们后来又做了几次后续报道，包括请国家卫生部门的权威人士发表对这一现象的看法。

这样的报道切入点是微观的，但事件的本质具有全局性意义。抓全局就是要这样善于把微观新闻放在全局的大背景下审视其新闻价值，从而发现具有全局意义的重要新闻。

2. 抓矛盾

《市场报》曾有一稿获1979年全国好新闻一等奖——《北京酱油为啥脱销》，作者是当时在《市场报》实习的中国社科院新闻所研究生院的学生。他是东北人，实习期间回家，客气一下，问实习指导老师从东北回来时想捎些啥，老师说方便的话就带两瓶酱油吧，他由此注意到当时北京的酱油问题。

如果是从山西回来，带两瓶地道的山西醋可以说很正常，而东北酱油什么说法也没有呀，可老师说眼下最愁的就是这个了。

这个"矛盾"触动了他的新闻敏感。出去一转，果然发现多家副食店里群众在排队抢购酱油。顺藤摸瓜深入采访下去，找到了原因：计划经济加官僚主义作风——有一个酱油厂本该在生产淡季时维修的，结果维修款要层层批，把时间耽误了，到需求旺季时，厂房不得不修，从而导致停产。

那时还是计划经济，连一盒火柴提价也要由中央讨论决定。搞计划经济的国家那时都这样。苏联飞船遨游太空，莫斯科却买不到手纸，引来西方媒体热炒，而行之有效的办法，就是裁用苏联《真理报》。同样实行计划经济的越南当时也流传着一则政治笑话，越南领导人请求苏联方面增加经济援助，苏方回答：请勒紧裤腰带。越方说：好的，请给我们裤腰带。

话题扯得这么远想说明什么呢？说明在当时的市场条件下，物品短缺、消费者排队这种现象可谓司空见惯。但这位实习生却没有"见惯不怪"。在强烈的新闻敏感驱动下,他由小见大,通过扎实的采访,剖析了这个人们"见惯不怪"的老大难问题,引起中央领导对抓百姓日常消费品、轻工用品生产的高度重视,国务院一位副总理在稿件见报当天就做出了批示。

好奇、敏感、冲动,应该是记者的职业本性。一个好记者就是要睁大眼睛去发现矛盾,抓问题。比如中央政策在各地执行过程中或是走样——好政策被歪嘴和尚念歪了经,或是和当地实际情况不符而产生的各种矛盾,政策滞后于实际,等等。

目前,编辑部强调要"突出市场特色",地方记者既要关注市场上发生的新鲜事,更要关注市场上发生的怪事蹊跷事。最近地方新闻版上刊出的一些鲜活的地方新闻,都是记者敏感地发现生活中的矛盾现象而抓来的。

比如,2月26日《城际快递》版头条《60元/月可获私人医生服务 南京首推国内"大众化私人医生"少人问津》。相对于私人医生这样的高端服务,每月60元的价格可以说相当低了,为啥还应者寥寥呢?这项服务年初才新推,记者就及时予以关注并抓住矛盾,逮到了一条挺有看头的"活鱼"。

3月9日《城际快递》版头条《郑州公铁联营叫好不叫座》一稿也是这样,公路和铁路两大部门互售车票,是便民之举,新政推出两个多月却同样少人问津。记者敏感地抓住了这一矛盾现象,对这一新闻进行了深入分析。既有可读性,也有相当深度。

可以说,新闻就在矛盾中,矛盾冲突性越强,新闻的可读性也就越强。

3. 抓苗头

抓矛盾就包括了抓苗头,为什么还要特别加以强调?因为某些事实的新闻价值,往往隐含在事物的一些细微变化上。新闻所关注的事实变化不外乎这样两类:一是从无到有(由不存在到存在),二是从有到变(存在状况发生变异)。作为一种不正常——矛盾的市场现象呈现在人们眼前时,事实上它已经形成了一定的势态,相对来说便容易发现。如果已引起不少人的关注的话,你也就抓不到"独家新闻"了。

因此,难的是发现不被一般人觉察的、有深意的细微变化。而有时具有新闻价值的事实往往只是一个细节，不为常人所注意。"诗家清景在新春，绿柳才黄半未匀。若待上林花似锦，出门俱是看花人。"（唐·杨巨源《城东早春》）发现苗头抓新闻也是如此，要在"绿柳才黄半未匀"时就敢于抢先。

获第十一届中国新闻奖一等奖的作品《法警背起生病被告》所报道的事实可以说是"微不足道"：一次，生病的被告不是由法警"带上"法庭，而是"背上"法庭的。具有新闻价值的事实便是这样一个不为常人所注意的细节。但是，这一微小的异常现象背后所隐含的、所折射的，正是由司法改革带来的一个深刻变化——执法过程中对于被告人格的尊重。

我们从市场上抓苗头类的新闻也是这样的，对新生事物大家往往都要看一看。看一看，有了结论当然可以做新闻，但不等"尘埃落定"，不等结论，更可以抢到新闻，抢到有价值的新闻。

2月26日湖北站荣先明写的《气象台该不该为收费预报担责》，抓得很及时，这个话题恐怕很长一段时间都不会有结论。等结论，报道就只能胎死腹中。上个月我们版上刊登的杭州组织吃河豚鱼旅游团的报道，也是一桩有争议的事，抓苗头不能怕争议。相反，有争议的话题中往往蕴藏着好新闻。"小荷才露尖尖角"，就要引起我们足够的重视。

4. 抓时机

时效是新闻的生命。抓新闻就是要及时、要快。但有时候，及时快速不等于就是最佳时机。新闻教科书上有句话：没有背景，就没有新闻。这里的"背景"，就包括报道刊出时机的选择。有的新闻需要涵养，选择一个最佳时机推出，使新闻获得最好的社会效果。比如今年央视的"3·15"晚会，曝光了著名相声演员郭德纲为"藏秘排毒"所做代言涉嫌虚假宣传的事。这个话题记者肯定早就做完了，就是要放到"3·15"这个万众瞩目的日子里，事半功倍，以求效果最大化。这种善抓时机的手法，确实有利于将新闻做足做大，充分发挥其影响力。

最近有篇文章里提到，2006年，湖北受理的行政诉讼案件中，城建类案件连续4年"名列榜首"。这个消息可能我们驻湖北的记者早就注意到了，单独发一条消息，意思不太大。如果你早就掌握了这个情况——很可能在城建类案件连续3年名列湖北行政诉讼案件"榜首"时就知道了，这一回在"重庆最牛钉子户"事件受到中外瞩目的时候，再补充了解些最新情况，然后"借东风"把这个消息发出来，那就肯定不是一则普通新闻了，而是重磅级的。

2月9日，大连站方世璞写了一篇《谁让专利发明者们倾家荡产》，披露某些专利管理、服务部门巧立名目，向发明专利持有人乱收费而导致部分专利发明家生活陷入困境。报道刊出后，在社会各界特别是民间发明人中引起强烈反响，有一些民间发明人专门进京到我们《市场报》反映情况，寻求支持。4月26日，是"世界知识产权日"，假设将此稿压一下，放在"世界知识产权日"再推效果会如何呢？我想，影响一定更大。

毛主席对新闻宣传艺术研究很深，他说过这样的话："对具体问题要做具体分析，新闻的快慢问题也是这样。有的消息，我们就不是快登慢登的问题，而是干脆不登。准确地把握新闻播发的时间节奏，才能实现新闻的最大价值，产生最理想的宣传效果。"巧抓新闻报道的时机，实际上是一种灵活运用时空差的艺术。

## 三、怎么写

### 1. 要具体

王总提出要写"百姓可感知的"，既是说选题的角度，也包括写作的角度。具体才能让读者感知，越具体才越生动。

前面提到《谁让专利发明者们倾家荡产》一稿，选题很好，写作上就不够具体。报道是这样开头的：

> 北京创新发明专利持有人李先生告诉记者，他是多项发明专利证书的持有人，缴纳高昂的专利费，已经让他的家庭陷于困境。据他介绍，全国像他这样状况的非职务发明专利的持有人成千上万，这些发明家对专利费的不合理现象十分痛恨。

"高昂的专利费",到底多高,占李先生收入的多少?"让他的家庭陷于困境","困"到何等程度?是由富裕返贫,或影响孩子上学、老人看病,还是已负债若干?

这些地方一定要写得具体,越具体越真实,也越有说服力。现代新闻报道特别强调量化,这是信息社会的必然趋势。"如果没有精确性,就不能称之为新闻,只能算虚构。"(《美联社新闻报道手册》)

新闻语言要具体,西方新闻界对此十分强调,他们的新闻教材里都认为:"气温高达38度",远比"天气很热"要明确有力;"掌声持续达10分钟"比"掌声雷动"更真实可信;"46000名球迷挤满了运动场的看台"比"成千上万人"给人以更深的印象。

具体、富有感染性的细节犹如珍珠,镶嵌在新闻作品中能产生光泽以及形象,使新闻更有说服力、感染力。

2. 要展现冲突

和记者交流时常说到这样一个感觉,我们很多报道的题材相当好,但是读来总觉得不带劲。原因在哪里呢?有一点,就是不大善于让事件或是问题在矛盾冲突中展开。2月9日的头条《寒假补习补掉亿元》,原稿开篇就说,寒假期间,记者发现,很多学生仍背着书包到各种补习班学习。

我们知道,近年来政府各相关部门三令五申禁止给中小学生以各种名义开设补习班,还学生一个轻松的假期。该稿作为头条备用稿报给我后,我让编辑商记者做点修改,把北京学生寒假依然"赶场"般到各种补习班上课这种现象,放在与有关部门再三申明的禁令明显抵触的冲突中来展开叙述。但最终上版的,仍然只是轻轻点了一笔:"尽管寒假之前,有关部门三令五申,禁止中小学校以各种名义开设补习班,但是记者发现,很多学生仍然背着书包,'赶场'般到各种补习班学习……"

没有具体的人、具体的事,没有细节,没能写出冲突的场景。

大家都爱看戏,戏里的矛盾冲突越厉害,戏也便越好看。那么,该如何在冲突中展开故事呢?大家都看过《水浒传》,书里武松打虎给人留下的印象最为深刻。按说,武松只打死了一只虎,李逵一下就杀死了四只虎,为什么武松打虎比李逵杀虎好看？就因为作者一直是通过展现武松的内心冲突过程写他怎么打的虎。正如著名批评家金圣叹评点所称道的：

> 读打虎一篇，而叹人是神人，虎是怒虎，固已妙不可说矣。乃其尤妙者，则又如读庙门榜文后，欲待转身回来一段（按：说明武松也怕虎，本待回店，怎奈已先夸口说绝了，不好回去得）；风过虎来时，叫声阿呀翻下青石来一段；寻思要拖死虎下去，原来使尽力气手脚都酥软了，正提不动一段；青石上又坐了半天歇一段；天色看看黑了，唯恐再跳出一只来，且挣扎下冈子去一段；下冈子走不到半路，枯草中钻出两只大虫，叫声阿呀今番罢了一段。皆是写极骇人之事，却尽用极近人之笔。

常言道：文如看山不喜平。注意冲突，同时善于展示冲突，文章便自然风生水起一波三折，也就好看。

3. 要发点议论

写新闻要适当插些议论，是毛主席多年前就倡导的。

毛主席在1931年3月12日写的《普遍地举办〈时事简报〉》一文中就提出了这样的写作要求。他说，写消息"也不是完全不发议论，要在消息中插句把两句议论进去，使看的人明白这件事的意义。但不要发得太多，一句新闻中插上三句议论就觉得太多了。议论要插得有劲，疲沓疲沓的不插还好些。不要条条都插议论，许多新闻意义已明显，一看就明白，如插议论，就像画蛇添足。只有那些意义不明显的新闻，要插句把两句议论进去。"（《毛泽东新闻工作文选》）

举例来说。20世纪80年代，我国重返奥林匹克大家庭，在奥运会上夺得第一块金牌的消息，世界各大媒体都做了报道。首先是对新闻事实的报道：1984年7月29日，中国选手许海峰在洛杉矶以566环的成绩获得男子自选手枪射击冠军。接下来，各媒体都加入了自己的议论。新华社的"议"：强调是中国选手获得了这届奥运会的第一块金牌。人民日报的"议"，强调中国在奥运会历史上"零"的纪录被突破。

西德一家媒体是这样"议"的：许海峰的枪声不但夺取了奥运会上的第一块金牌，而且宣告奥林匹克舞台上出现了一个新的体育大国。

可以看出，"议"其实是对新闻的开掘。读者可以通过记者的"议"，获得对与事实相关的未知领域的更多认知，或者说达到对新闻事实价值的较高水准的认识。

当然，"议"的层次和深度，也取决于记者的宏观意识，站得越高，议得越到位。如果说上例中新华社、人民日报的"议"，体现的还是中国眼光；那么，西德那家媒体的"议"，无疑体现了一种世界眼光。

4. 要有人情味

一切真正的艺术作品总是不忘其对于人类社会的使命和责任，总是倾心于普通人的生存及其命运沉浮。优秀的新闻作品也莫不如此。我们以前对新闻中的人情味强调不够，事实上，具有人情味的新闻作品最易引起读者的共鸣。人情味尽管不等于新闻价值，但它是可以和重要性、及时性等一起列为新闻价值诸因素之一的。

眼下我们的事件性报道往往是只见事件，不见事件中人物的命运，或者虽然报道是从某个人说起的，但人物只是报道的一个由起，而不是紧紧扣着人物的命运来展开事件性报道的。我们强调新闻要讲故事，要用故事来还原新闻。这个故事，当从人物着手，找到恰当的切入点，来展开叙述。任何事件都可以从人情味的角度给予某种处理。

美国的詹宁斯·布赖恩提出，一个有价值的新闻事件必须具有"五个基本特征"：个人化——它发生在真实的人身上；戏剧性，充满冲突、争议、反映强烈；实际具体，而不是理论抽象；新颖，反常规；与媒体正在关注的问题相联系。

他把"发生在真实的人身上"列在新闻报道价值的第一位。我们如果关注一下世界上最有影响的新闻奖之一——美国普利策新闻奖就会发现，那些获奖报道几乎每篇都是围绕"发生在真实的人身上"的命运故事展开的。

比如今年获普利策奖的有多篇有关中国题材的作品，《"长江女神"芳踪已逝？》报道的是中国长江白鳍豚濒危，但报道是围绕瑞士人弗鲁格被中国人王丁所从事的保护白鳍豚的故事感动,自己也率领科考队来拯救白鳍豚这个故事来展开的。还有一篇《中国赤脚医生打响环境保卫战》,说的是5年来福建省屏南县乡村医生张长建和当地村民一起保卫当地环境的故事。

今年普利策奖的突发新闻报道奖授给了《俄勒冈人报》,获奖理由是:该报对被暴风雪困在俄勒冈山区的一家四口人的遭遇进行了"娴熟的连续的"报道。

强调人情味,也包括对有些不适合围绕人物命运来叙述的报道,关键在于你要具备这种意识,那样的话同样可以从人情味的角度给予某种处理。比如抓一些富有人情味的细节。事实上,从小处着眼、具有人情味的真实细节,比雄壮的感叹更有感染力,更能震撼人心。

(2007年4月,在《市场报》记者站工作会议上的讲话)

## 后记

## 最好的感恩

人民日报出版社策划了一个"人民日报记者说"系列丛书,这是我写的第四本书。

第一本《典型人物采访与写作》,2016年4月出版,主要由人民日报社地方分社的记者们说,我把近些年他们研讨人物采写的文章收集后选萃、整理、编辑。

第二本《好稿是怎样"修炼"成的》和第三本《好稿怎样开头结尾》,主要由我自己说,把这些年从事编辑工作之余撰写的业务研讨文章做一汇总。出版社说做成一本的话太厚,所以分成了两册。

这一本是我和人民日报社地方部、国内分社的编辑记者们一起说,多数话题主要由他们说——大量辑录了他们发表在地方部(前身为记者部)主办的《业务研讨快讯》里的文章。"我"说和"我们"说杂糅交错,混声合唱,杂乱却非无章,混成更显丰富,我用自己认为讲好故事需要注意的若干话题,把它们结成了"统一战线"。

这期间,我还应人民日报出版社之邀,编写了一本《增强"四力"专题解读》,主要展现人民日报社地方分社近些年在自觉增强"脚力、眼力、脑力、笔力"方面的实践与思考。

加上这一本,五年出了五本书。

哪来这么大精神头呢?外因是市场反响不错,这几本书都先后重印过,特别是《好稿是怎样"修炼"成的》，已加印十多次，自然令我大受鼓舞。那内因呢？

2018年是人民日报创办70周年，报社召开座谈会，我以《弘扬传统 履行使命》为题做了个发言，大致把这个内因也说清了：

人民日报走过了光辉的70年，我是1983年到报社的，参与、见证了它半部历史。被推选作为在职员工代表来做这个发言，有点意外，但从某个角度看，可能真有点代表性——就是我可能是在报社编辑部转岗最多的人之一。

我在总编室上夜班两年，下了一年中央讲师团，回来后借调国内政治部近一年，参加"民族地区纪行"报道；后来调机动记者组；1989年底调经济部，其间分别在三个岗位工作过：工业组、经济周刊组、《中国质量万里行》杂志社；2005年调市场报任副总编（兼任《江南时报》总编辑）；2009年创办中国能源报；2010年底到福建分社，2013年调地方部。历经八个部门，十几个岗位。

这绝不是说在一个部门干到退休，对报社感情就不深，而是觉得在人民日报多部门、多岗位这个经历，本身就是一种感情不断积累、加深的过程。在多部门、多岗位上感受和体悟人民日报光荣传统的博大，在记者、编辑角色的不断转换中领会政治家办报的厚重，从大院外思考它的精深，在地方角度观察它的恢宏。不是说"两情若是久长时，又岂在朝朝暮暮"吗？不是有个说法叫作出了国的人更爱国吗？从夜班到白班，从记者到编辑，从大院内到大院外，从中央到地方，又从地方到中央，这样的经历，让我对人民日报感情更深、感触更深、感悟更深，对办好人民日报也更有激情，更加投入。多一份珍爱，便多一份责任；多一份真情，也便多一份担当。

也因为这种多部门、多岗位的经历，使我有机会得到更多老报人的关心指导，指点、指正。

我始终记得，我到人民日报社后写的第一篇稿是《今日谈》，副总编辑丁济沧亲自出的题，改的稿。

第一次采访，是后来任经济日报社社长的徐如俊带着我，教采访，教写稿，还教怎么当一个人民日报记者。印象最深一件事是，稿子署名时不仅要把通讯员的名字署上，而且还署在我们俩名字的前面。

第一篇大通讯被总编室副主任吴元富给"毙"了,但毙稿后找我谈话,仔细分析原因。我后来做报道站位较高,这种大局观的培养如果说有一个起点的话,我觉得就源于这次毙稿。后来吴元富任国内政治部主任,调我参加民族地区纪行活动,刊发约20篇通讯,当时人民日报还是8块版,这样的发稿量在年轻记者中堪称冒尖。

第一次率领采访组沿黑龙江采访写了一组报道,首篇上了头版头条,李仁臣副总编辑亲自配评论鼓励。而那时我仅仅是一个只有中级职称的普通记者。

我在经济部发的第一个头版头条,是部主任、后来任经济日报社总编辑的艾丰亲自出题,亲自修改,并作为一个采写案例收进他的《新闻写作方法论》一书。

第一次担任版面主编,创办人民日报第一个周刊——《经济周刊》,时任经济部副主任皮树义带着我做,手把手教,但获评中国新闻奖时,他却把自己的名字删掉了。

我也至今记得,我在机动记者组的同事、原记者部主任林钢,他搬家时打电话说:"你挺喜欢钻研新闻的,我有好多以前的新闻书刊、资料,来挑吧,你挑走的越多我越高兴。"

老一代办报人就是这样的,人民日报的传统就是这样的。一句点拨的话,一件指导的事,一篇费心改的稿,就像一场春雨,润物无声,但会长留心田。

我到福建分社后,因家庭出现困难,组织上照顾我,及时安排调回地方部。地方部摊子大,"三发"——发稿、发行、发展的任务重,社领导要求我协助部主任抓业务,把头条质量立起来。抓稿件是件很具体的工作,报道采写中的问题千差万别,我始终按照编委会的要求,坚持一个标准,敢抓敢管,不怕得罪人。时任地方部主任牛一兵开玩笑说,分社上一个头条,非叫费伟伟扒掉一层皮,送我个外号"费扒皮"。我把这个外号笑纳了。

因为我深深懂得,报纸是一种精致阅读体验,守住这份精致,才能在新媒体时代岿然屹立,这需要一批人怀抱理想,坚持不懈,守正创新。而坚持、坚守,总是要有付出的。

社领导多次肯定,这几年地方分社的头条质量有提高,我十分欣慰,因为这其中浸润着我付出的心血。

2015年,地方部举全部门和国内分社之力,创办人民日报第一个深度报道版——记者调查,通常是每期一篇稿子一个整版,从选题到采写,是极大的挑战。这项工作我管得多一些,在大家共同努力下,2016年,记者调查版《人民眼》专栏获中国新闻奖一等奖(名专栏)。

在日常工作中,我不仅像老同志那样认真把关,敢于批评,还像老同志当年带我那样,对年轻同志在业务上勤于指导,并组织、推动分社记者进行业务研讨。最近几年,地方部、国内分社的业务研讨氛围比较浓。分社记者队伍约占报社记者人数的1/6,近3年,他们在报社内网发表的业务研讨文章,每年都占到总量的1/2以上。

和20世纪80年代比,做新闻的大环境发生了很大变化,优良传统的传承不可能都在风和日丽中,风雨交加怎么办?需要我们有一种敢于迎着刺骨的风、敢于顶着冰冷的雨风雨兼程的精神。要保持这支队伍业务精湛的作风,需要有人较真、叫板,当战士,而不是做绅士。而我,愿意当一名这样的战士!

我近些年写的业务研讨文章集《好稿是怎样"修炼"成的》在人民日报出版社出版,我在书的后记里说了这样一段话:"我努力像当年那些对我耳提面命的前辈那样,格外认真地阅读,并遵奉鲁迅先生'批评必须坏处说坏,好处说好,才于作者有益'的教导,不揣冒昧,放下患得患失,实事求是地真诚道出自己的一点看法。"

愿当一名战士的精神力量,就来自人民日报的光荣传统,来自老同志们的教导、传承。他们当年就是这么做的,这么带我们的。指导,指点,指正,给力,给机会,给平台,给梦想和荣耀。

最后,我用那本书的后记里的一句话结束这个发言:

一代人是该有一代人担当的,而最好的感恩,莫过于使命承担!